¿En qué piensan los hombres?

Divulgación/Autoayuda

Últimos títulos publicados

W. Glasser y C. Glasser, *Ocho lecciones para un matrimonio feliz*

J. Kabat-Zinn, *Mindfulness en la vida cotidiana. Donde quiera que vayas, ahí estás*

M. Bosqued, *Superwoman. El estrés en la mujer*

T. Attwood, *Guía del síndrome de Asperger*

S. Berger y F. Thyss, *Diez minutos para sentirse zen. Más de 300 consejos y ejercicios para alcanzar la serenidad*

M. Williams, J. Teasdale, Z. Segal y J. Kabat-Zinn, *Vencer la depresión. Descubre el poder del* mindfulness

L. Purves, *Cómo no ser una madre perfecta*

G. Cánovas Sau, *El oficio de ser madre. La construcción de la maternidad*

C. André, *Guía práctica de psicología para la vida cotidiana*

M. McKay y P. Rogers, *Guía práctica para controlar tu ira. Técnicas sencillas para mejorar tus relaciones con los demás*

S. Gullo y C. Church, *El shock sentimental. Cómo superarlo y recuperar la capacidad de amar*

R. Brooks y S. Goldstein, *El poder de la resiliencia. Cómo superar los problemas y la adversidad*

B. O'Hanlon, *Atrévete a cambiar*

C. Coria, *Decir basta. Una asignatura pendiente*

A. Price, *Reinvéntate. Reescribe tu vida desde la experiencia*

M. McKay, M. Davis y P. Fanning, *Los secretos de la comunicación personal. Aprenda a comunicarse de manera efectiva en cualquier situación*

O. de Ladoucette, *Mantenerse joven no es cuestión de edad. Consejos, ejercicios y actitudes para vivir con plenitud a partir de los 40*

M. Bosqued, *¡Sé feliz! Ejercicios psicológicos para alcanzar la plenitud y el bienestar emocional*

E. J. Langer, *Mindfulness. La atención plena*

M. Neenan y W. Dryden, *Coaching para vivir. Aprende a organizarte y a ser más asertivo*

D. J. Siegel, *Mindsight. La nueva ciencia de la transformación personal*

B. R. Komisaruk, B. Whipple, S. Nasserzadeh y C. Beyer-Flores, *Orgasmo. Todo lo que siempre quiso saber y nunca se atrevió a preguntar*

D. Luengo, *50 preguntas y respuestas para combatir la ansiedad*

D. O'Brien, *Consigue una memoria prodigiosa. Consejos y técnicas que cambiarán tu vida*

D. D. Burns, *El manual de ejercicios para sentirse bien*

C. André (ed.), *Los secretos de los psicólogos. Lo que hay que saber para estar bien*

D. Greenberger y C. A. Padesky, *El control de tu estado de ánimo. Manual de tratamiento de terapia cognitiva para usuarios*

L. Glass, *Hombres tóxicos. Diez maneras de identificar, tratar y recuperarse de los hombres que nos hacen la vida imposible*

J. James, *El arte de confiar en ti mismo. Trucos y técnicas que te ayudarán a liberar todo tu potencial*

J. E. Young y J. S. Klosko, *Reinventa tu vida. Cómo superar las actitudes negativas y sentirse bien de nuevo*

F. Gázquez Rodríguez, *Mindfulness. El despertar a la vida. Cinco pasos para vivir el presente*

T. Baró, *La gran guía del lenguaje no verbal. Cómo aplicarlo en nuestras relaciones para lograr el éxito y la felicidad*

J. Bustamante Bellmunt, *¿En qué piensan los hombres? Todo lo que has de saber sobre el deseo y la sexualidad masculinos*

José Bustamante Bellmunt

¿En qué piensan los hombres?

Todo lo que has de saber sobre
el deseo y la sexualidad masculinos

Con prólogo de Sylvia de Béjar

PAIDÓS

Barcelona
Buenos Aires
México

Cubierta de Mª José del Rey

1ª edición, octubre 2012

© José Bustamante Bellmunt, 2012
© 2012 de todas las ediciones en castellano,
   Espasa Libros, S. L. U.,
   Avda. Diagonal, 662-664. 08034 Barcelona, España
   Paidós es un sello editorial de Espasa Libros, S. L. U.
   www.paidos.com
   www.espacioculturalyacademico.com
   www.planetadelibros.com

ISBN: 978-84-493-2762-9
Depósito legal: B-23.363-2012

Impreso en Artes Gráficas Huertas, S. A.
Camino viejo de Getafe, 60 – 28946 Fuenlabrada (Madrid)

El papel utilizado para la impresión de este libro es cien por cien libre de cloro y está calificado como papel ecológico

Impreso en España — *Printed in Spain*

*A Toni por enseñarme a disfrutar de la lectura
y a entender que también se puede hablar
sin palabras.*

*A Ana por ser Ana, por ese amor,
lucha y confianza incondicionales
que me han convertido en quien soy.*

*A Marta por estar siempre ahí,
por la valentía, por poner a mi servicio su inteligencia,
pero sobre todo, por la paciencia.
Le debo un viaje.*

Agradecimientos

Hay muchas personas a las que me gustaría agradecer este libro, pero la primera de todas es Sylvia de Béjar. Tengo grabados muchos hitos en esta andadura, uno de los más especiales fue aquel día en el que, comentando con ella un texto que le había mandado para *Deseo*, me dijo: «José, ¿sabes que escribes bien?». De ahí en adelante son incontables sus apoyos, ánimos, críticas y consejos para superar los momentos de duda. Gracias de todo corazón, Sylvia.

Siempre tendré presentes a quienes para mí han sido y son mis padres en la sexología. María Pérez desde Valencia y Juanjo Borrás desde donde quiera que vayan las almas de los más grandes. Agradeceré eternamente vuestra generosidad profesional, pero también humana.

No me quiero olvidar de esos profesionales que sin dejar de ser mis maestros han pasado a ser compañeros y hoy tengo el honor de considerar amigos. En riguroso orden alfabético. Gracias a Andrés López, Antonio Casaubón, Carlos San Martín, Eduardo Agulló, Felipe Hurtado, Froilán Sánchez, José Díaz, José Luis Arrondo, Marta Arasanz, Mª Carmen Pérez y Olatz Gómez. Os admiro profundamente.

Agradecer también a mi hermano Rubén que tanto me ha dado. Y a Manolo y a Nacho, mis hermanos de Madrid que me animaron y prestaron sus casas para ensuciar las primeras hojas en blanco. Os quiero mucho.

Nunca podría haber escrito este libro sin mis pacientes, y me gustaría que cada uno de ellos sintiera mi agradecimiento. Tanto los que me han prestado retazos de sus historias, como aquellos que «simplemente» me confiaron sus problemas. Gracias por ayudarme a ser mejor psicólogo.

Sumario

PRIMERA PARTE
LAS DIFICULTADES SEXUALES DE ELLOS...
LAS VIVENCIAS DE ELLAS

Prólogo

Entender la sexualidad masculina desde la piel de una mujer no es fácil, y lo habitual es caer en el estereotipo. ¿Qué fémina no ha dicho alguna vez aquello de: «Ellos piensan con el pene» y se ha quedado tan fresca? ¿Alguna lectora es capaz de tirar la primera piedra? Me temo que no.

Pero si miramos a los caballeros, tres cuartos de lo mismo. Suelen quejarse de que les criticamos por fríos, carnalmente expeditivos, pura testosterona en acción, pero luego todos acaban cayendo en la misma trampa. Buena prueba de ello son los chistes del tipo: «Las mujeres *necesitan* una razón para tener sexo. Los hombres sólo *necesitan* un lugar», atribuida al cómico Billy Cristal (aquel a quien Meg Ryan demostró lo fácil que es engañar a un hombre cuando se trata de fingir un orgasmo) o «los hombres somos como los bomberos, vemos el sexo como una emergencia, podemos estar listos en dos minutos. Las mujeres, en cambio, son como el fuego. Tienen que darse las condiciones precisas para que prenda la llama», Jerry Seinfeld, otro comediante ¿o filósofo?

Está claro que nada de esto ayuda a comprender a los caballeros. Ni les ayuda a ellos ni nos ayuda a nosotras a conjugarnos bien en la cama, porque con esta escasez de luces, ¿cómo funcionar adecuadamente cuando nos compartimos? Peor aún, ¿qué pasa cuando surge alguna dificultad? (Y tarde o temprano surge, no seamos ingenuos.)

Pobre del que no encaje en el estereotipo... ¡o sea la mayoría! Si se supone que siempre ha de estar apetente, jamás ha de dudar de su pericia, ni dejar de desear, ha de durar lo necesario, ni más ni menos de lo que le va a su chica, ha de saber latín... ¡Apaga y vámonos!

En fin, está claro que necesitamos asistencia, **tanto ellos como nosotras**, y, aleluya (leer con música celestial de fondo), eso es lo que con este libro nos brinda el psicólogo y especialista en sexualidad y pareja, José Bustamante: **la oportunidad de conocerles y que se conozcan ellos mismos**, a través de la mirada de alguien que, además de ser varón (¡y uno que se expresa de maravilla!), lleva años escuchando las historias, los deseos, los miedos, las necesidades, las alegrías, las frustraciones... de los de su género.

En nuestras manos, pues, tenemos una herramienta de lo más valiosa —mucho más de lo que marca el precio que indica su código de barras— que nos va a ayudar a desmontar mitos, falsas creencias, verdades absolutas que no lo son y a acercarnos a lo esencial, es decir, lo más que podamos a lo auténtico del varón sexual. Y nos esperan algunas sorpresas.

Por fin, un buen manual de instrucciones para entenderles y para que se entiendan de verdad en la cama.

SYLVIA DE BÉJAR
autora de *Tu sexo es tuyo* y *Deseo*

Introducción

«Los hombres son muy simples»

Durante mucho tiempo, esta frase lapidaria ha bastado para catalogar al género masculino y resumir nuestra sexualidad con un «es lo único que les importa y los mueve. Ellos piensan con la...». Fijaos hasta qué punto muchas mujeres piensan así, que cuando en alguna reunión he explicado que estaba escribiendo un libro sobre sexualidad masculina, me han dicho cosas del tipo: «¿Un libro sobre sexualidad masculina? Yo te lo escribo en medio folio y me sobra espacio. Los hombres son muy simples».

Llevo tanto tiempo escuchando ese mantra que hubo un momento, lo reconozco, en el que casi me convencí de que era cierto. Por suerte, cuando más cerca estaba de sucumbir, llegó al rescate la contradicción. Y es que debéis saber que cada día, en mi trabajo, me encuentro con más mujeres que me preguntan: «¿Qué les está pasando a los hombres? De verdad que yo no los entiendo».

¿En qué quedamos entonces? Si somos tan simples, ¿por qué no nos entienden las mujeres? Algo no cuadra.

Perdonad, no me había presentado. Mi nombre es José Bustamante y soy psicólogo especialista en sexualidad y pareja, por lo que una parte de mi trabajo es entender y ayudar a entender lo que sentimos, pensamos y hacemos unos y otros.

Para que me vayáis conociendo un poco, os confesaré que practico el noble arte de dejarme el género fuera del despacho cada vez que hago terapia. En ese tiempo me olvido de que soy hombre y consigo, la mayoría de las veces, que el paciente me vea como un ángel, por lo de no tener sexo, digo, no os confundáis, pues ni soy muy bueno, ni tengo alas, ni tampoco vengo del cielo.

Como os decía, me encuentro con mujeres que no entienden a sus parejas ni a los hombres en general. Algo ha cambiado, porque tampoco nosotros nos entendemos e incluso a muchos les ha cogido a contrapié vuestros avances y se preguntan también: «¿Qué les está pasando a las mujeres?». Para contestar a estas preguntas he decidido escribir este libro y hacerlo enfundándome la camiseta de mi género, dejando la *asexualidad* para la terapia y hablándoos a vosotras como sexólogo, pero también como hombre.

Recuperada mi masculinidad trataré de ayudaros a comprendernos y a descifrar las claves de cómo sentimos, pensamos y nos comportamos; si seguís leyendo os contaré lo que nos gusta, nos cabrea, nos asusta, lo que buscamos, queremos o nos frustra en la sexualidad.

Para ello me haré eco de las preocupaciones y dificultades más íntimas de los hombres y os enseñaré cómo las enfrentamos y nuestra increíble habilidad para transformar esas preocupaciones y dificultades en verdaderos problemas.

Es verdad, en este libro voy a hablaros sobre todo de nuestros errores y aciertos en el sexo, pero no os escabulláis; si tenéis, habéis tenido o pensáis tener pareja —estable o esporádica—, veréis que *un problema sexual es siempre un problema de dos*. No sólo porque nos afecta a ambos, sino porque también ambos tenemos en nuestras manos tanto el facilitar la solución como el complicarla. Luego os lo cuento.

Un aviso... En estas líneas aparecerán personajes ficticios cuyas vivencias están inspiradas en casos reales. Que estén tranquilos mis pacientes, nadie se va a encontrar nombrado aquí, faltaría más.

Instrucciones de uso

Como ya habréis comprobado, me dirijo a vosotras directamente. Lo hago por varios motivos. En primer lugar, porque este libro es una respuesta a todas esas mujeres que a través del correo electrónico, el teléfono, la consulta, las charlas o los talleres que he impartido me han preguntado de una u otra forma: «¿Qué les pasa a los hombres?». O más en concreto: «¿Qué le está pasando a mi pareja?».

Lo hago también porque para aprovechar este libro necesito que os impliquéis y que entendáis que todo esto también va con vosotras. Así que sed valientes, no vale escurrir el bulto, dejarle a él toda la responsabilidad o creerse que eso de tener alguna que otra dificultad sexual es cosa de los demás.

Ya me pesa que los hombres no se atrevan a coger este libro por ver que va dirigido a vosotras. Pero confío en ellos y en que sabréis recomendarles la lectura. Y es que sé que a un hombre este libro puede ayudarle a entenderse, ubicarse y mejorar su manera de afrontar la sexualidad. De todos modos, me he reservado un espacio para hablar directamente con ellos, pues creo que se merecen una explicación.

No caigáis en el error de leer este libro como quien lee un manual de problemas sexuales. Mi experiencia profesional me ha enseñado que el sexo es un continuo, no hay personas con problemas y sin ellos, todos estamos en algún punto de la línea, y también todos podemos sucumbir a los enemigos del sexo. Aprender a conocer a estos enemigos es la mejor manera de evitarlos, y si ya es tarde para eso, vencerlos sin contemplaciones.

En definitiva, os dejo con esta *guía de sexualidad para descifrar a los hombres*; por muy bien que los conozcáis, os aseguro que acabaréis por aprender algo nuevo, estoy convencido de ello.

Ahora sí, os pido que me dejéis a solas con ellos. Como os decía, tengo mucho que explicarles. Os veo en un momento, no me falléis. Me muero de ganas de empezar a contaros.

¡Hasta ahora mismo!

¡Léelo si eres hombre!

¡Hombre! Qué feliz me hace verte por aquí. Disculpa la efusividad, ni siquiera nos conocemos, pero después de llevar un rato hablando con ellas me hace ilusión encontrarme contigo. Pasa como cuando al viajar fuera de tu país, te tropiezas con gente de tu tierra y te alegra. ¿Nunca te ha pasado? Es esa sensación de haberte encontrado con alguno de los tuyos.

Si lees esto, será porque tu pareja habrá comprado *¿En qué piensan los hombres?* y la curiosidad te ha llevado a ojearlo. ¿O quizá no? Puede que ni siquiera tengas pareja y simplemente seas una persona intuitiva que ha adivinado que de este libro podrías acabar sacando algo. La última opción es que tu pareja, con su tono de «sugerencia», te haya pedido que le eches un vistazo. Sí, hombre, ese tono de sugerencia que tú y yo conocemos: «Cariño, deberías leer esto. Fíjate en el capítulo sobre la eyaculación precoz, no es por nada, ¡eh! Pero léetelo y ya me cuentas, ¿vale?». Unos segundos más tarde, viendo que aún no has cogido el libro: «Oye, que si no te apetece, no hace falta que lo leas. Era sólo una sugerencia, tú haz lo que quieras. Yo no me enfado ni nada, ¡eh!».

Antes de seguir me gustaría disculparme contigo, ya que puede que al leer este libro, tu pareja, si la tienes, descubra alguno de tus secretos íntimos, tu manera de pensar, tus trucos para escabullirte y el porqué de muchos de los comportamientos en el sexo que hasta ahora ella no entendía. Pero no te lo tomes como una traición, no es nada de eso, aunque no te negaré que conocerte le dará más fuerza. Pero no temas, esa fuerza no puede ser un problema, sino al contrario, como le pasa a la magia blanca o a los poderes de los superhéroes, sólo puede usarse para hacer el bien. ¿Acaso no te apetece sentirte sexualmente más comprendido?

Entiendo que puedan aparecer los miedos, no es fácil descubrirse y quizás en algún momento te hayas sentido desubicado. Pero es lógico, vivimos en un escenario en el que se nos pide ser sensibles, cariñosos, cuidadosos con nuestra imagen y capaces de expresar lo que sentimos. Y al tiempo, debemos mostrarnos seguros, fuertes, sacar a la familia adelante, proteger a la pareja y cumplir —faltaría más— en el terreno sexual. Por si fuera poco, ellas han vivido o están viviendo su necesaria revolución sexual y a algunos de nosotros, reconozcámoslo, nos ha cogido a contrapié. De pronto, las mujeres se atreven a buscar sexo, a pedir lo que les gusta y hasta a exigirlo, convirtiéndose en la parte más activa de la relación. ¿Y nosotros, qué? ¡Pero si nos hemos pasado la vida exigiéndoles que se «suelten el pelo»! ¿Qué nos pasa ahora?

Nos pasa que su avance nos hace descubrir que las cosas no son como nos habían contado. Descubrimos, por ejemplo, *que no siempre nos apetece, que no siempre estamos listos e incluso que algún día, Dios no lo quiera, podemos fallar.* Y es que los roles femenino y masculino están cambiando, estamos viviendo una *crisis de la masculinidad.*

Pero tranquilidad, si has llegado hasta aquí, es que eres un hombre de verdad, de los que no se achantan fácilmente, de los que se crecen ante la adversidad y son capaces de ver en la crisis una oportunidad.

Te confieso que me encantaría que me acompañases en esta andadura, que te atrevieras a leer este libro aunque supieras que en esta ocasión me dirijo a ellas. Si lo haces, si decides saltarte los prejuicios y leerlo, prometo darte a cambio las herramientas para conocer mejor tu sexualidad, para ser mejor pareja y también mejor amante.

Un saludo... Espero verte.

Primera parte

Las dificultades sexuales de ellos...
las vivencias de ellas

He dejado a los hombres y vuelvo con vosotras, tenía ganas de empezar a contaros. Os aviso de que les he invitado a acompañarnos en esta lectura. No os preocupéis, serán discretos y me han prometido aceptar que me dirija a vosotras sin rechistar. Así que, ahora sí, nos metemos en harina.

En lo que al sexo se refiere, los hombres tenemos miedo, todos lo tenemos.

Suena rotundo, pero al igual que un cantante sale al escenario con cierta intranquilidad al pensar «¿Y si desafino?, ¿Y si se me olvida la letra?», también a nosotros nos puede sorprender la duda de si estaremos o no a la altura de las circunstancias. ¿Y a vosotras? ¿Os pasa alguna vez? Seguro que lo habéis sentido; al fin y al cabo, el sexo, por más que algunos quieran verlo como algo exclusivamente físico, implica mucho más, mueve emociones, aunque no te importe demasiado quién tienes delante. Y es que al desnudarte, además de la ropa, te quitas escudos, protección, barreras y le entregas al otro parte de tu intimidad. Qué buen antídoto es la confianza contra todos estos miedos.

Me contaba una amiga que da clases de salsa, que a pesar de haber bailado un millón de veces, siempre que tiene que salir a la pista le tiembla el cuerpo y que por eso ha aprendido a buscar una pareja con la que tenga confianza para romper el hielo; después no importa tanto, basta con que haya *feeling*. ¿Confianza? No me entretengo, retomaremos esta palabra muchas otras veces. Sólo una reflexión: qué cerca está el baile del sexo.

1

Cuando a nosotros no nos apetece

> La sexualidad es una forma privilegiada de comunicación.
>
> MARÍA PÉREZ y JUAN JOSÉ BORRÁS

Una terraza de verano, cinco amigas enzarzadas en una conversación aparentemente intrascendente. Una cuenta que ha leído, no recuerda dónde, que han aumentado en las consultas sexológicas los casos de hombres con falta de deseo sexual. «Pero ¿eso existe?», dice otra. Risas, rostros de incredulidad y alguna que otra cara en la que se adivina cierta desazón escondida tras una sonrisa forzada.

¿Sorprendidas? Seguro que muchas que leáis esto lo estaréis, pero estoy convencido de que para otras no será tal sorpresa, quizá porque entendéis que también nosotros podemos «perder el apetito»; quizá porque lo habéis escuchado; quizá porque a vosotras no os pasa, pero tenéis una *amiga* que..., bueno, entiendo que sea difícil hablar de ello, sobre todo cuando resulta sospechosamente familiar.

Nos hemos pasado la vida persiguiéndoos, buscando artimañas, brebajes y acumulando intentos, esperando a que el tesón consiguiera que llegara el ansiado «sí». Eran tiempos en los que el sexo para el hombre era una recompensa, y la mujer lo gestionaba a modo de premio o de castigo. ¿Quién mandaba a quién a dormir al sofá?

Hablo en pasado intencionadamente; soy consciente de que la realidad de muchas parejas sigue siendo ésta o al menos tiene ciertos parecidos razonables. Sin ir más lejos, en el verano de 2009 Arnold Schwarzenegger confesó que su esposa le había castigado con varios días sin sexo por el apoyo público del actor al entonces presidente de Estados Unidos George W. Bush. El modelo «clásico» —por decirlo de algún modo— no ha desaparecido, pero si os parece, prefiero que dejemos este modelo para más adelante, ya que en realidad, y a pesar de que hemos ido superando los estereotipos masculino y femenino, en lo que se refiere al sexo, parece que nos cuesta aún más dar un solo paso. No es extraño oír conversaciones como las que os contaba al principio, y aunque sólo sea de cara a la galería seguimos proclamando el discurso de que a los hombres siempre nos apetece.

Sin embargo, ahora os mostraré una realidad bien distinta. Para eso os voy a presentar a Sergio y a Rosa, una pareja de apenas 30 años que podrían ser los representantes de muchas otras parejas con este aparentemente nuevo problema.

Sergio, a sus 29 años, tiene un trabajo fijo. No es que le apasione lo que hace en la empresa, de hecho, no había estudiado para eso, pero se siente feliz porque le da la seguridad económica que siempre había soñado. ¿Soñado? Sí, sí, Sergio es un hombre práctico y racional que sólo se permite soñar con ilusiones alcanzables. Lo sé, para muchas de vosotras *racional* y *hombre* son casi sinónimos y puede que algo de razón tengáis, pero eso os lo contaré en otro libro.

Volviendo a Sergio, la primera vez que entró en la consulta, le noté especialmente nervioso y dubitativo, más de lo que la mayoría de los pacientes lo están en la primera sesión. Rosa daba una imagen totalmente diferente: se mostraba tranquila y segura, de hecho fue ella quien tomó la iniciativa al saludarme. «Yo soy Rosa, y él es Sergio. Teníamos cita a las seis.» Una vez en el despacho y ante mi pregunta de «¿Qué os trae por aquí?», Rosa estuvo a punto de contestar, pero se mordió la lengua, miró a su pareja y le pidió, le exigió en realidad, que fuera él quien lo contara.

Tenemos problemas sexuales; bueno, en realidad los tengo yo. Porque soy yo quien lo hace mal, quien no se deja llevar, me bloqueo cuando estoy en la cama y dejo pasar mucho tiempo sin que haya relaciones, por lo que al final siempre tiene que ser ella quien toma la iniciativa.

Mientras Sergio me hablaba, no dejaba de mirar a Rosa en busca de su aprobación; parecía un niño pequeño explicando lo que le había oído decir a sus padres tantas veces.

Ya a solas (en terapia siempre guardo un espacio privado para que cada uno se exprese abiertamente), él me contó:

> Ella tendría que entender también que tenemos poco tiempo. Entre semana trabajamos los dos y apenas nos vemos, sólo para cenar. Y cuando llega el fin de semana, siempre hay obligaciones: la familia, limpiar, quedar con los amigos... Ella me dice que son excusas, que si la quisiera, esto no pasaría. Pero es que yo la quiero, de verdad, con todas mis fuerzas, no puedo imaginar mi vida sin ella. A mí me gusta y me atrae, pero aun así, me cuesta mucho acercarme para el sexo. No me doy ni cuenta y pasan los días sin nada. Cuando me dice el tiempo que llevamos sin acostarnos, me quedo fatal, es que no soy consciente de que haya pasado tanto tiempo. No sé lo que me pasa, porque yo deseo tengo, pero se me olvida.

A Sergio, como a la mayoría de los hombres, le cuesta reconocer que no siente deseo. Su virilidad peligra si lo hace e incluso aparece el miedo a que duden de su orientación sexual... ya sabéis lo que nos preocupa esto a nosotros. Por eso, cuando ella no está delante, me confiesa que mira a otras chicas e incluso admite que algunas veces se masturba.

¡¡¡Que se masturba!!! Entonces tiene deseo, ¿no?

No siempre ocurre, pero algunos hombres con *deseo sexual hipoactivo** se siguen masturbando. ¿Por qué lo hacen? En algún caso porque la fisiología apremia y empiezan a encontrarse mal físicamente si no vacían el cargador. Sin embargo, en muchos otros casos, el de Sergio por ejemplo, la masturbación se vive como un lugar seguro donde disfrutar sin presiones y sin riesgo. Bueno, en realidad, riesgo hay: en el caso de Sergio al menos existe el peligro de que Rosa

---

* Deseo sexual hipoactivo: se define como la disminución o ausencia de fantasías y deseo sexual de forma persistente que provoca malestar en el sujeto y/o pareja. Es la terminología científica que utilizamos en sexología para referirnos a la falta de deseo sexual.

descubra que las caricias sexuales que tanto reclama sean para su pene y no para ella.

Muchos hombres con falta de deseo repiten la idea de que se les olvida el sexo. Saben que sus parejas se lo reclaman, que esperan que tomen la iniciativa y se dicen a sí mismos: «De hoy no pasa». Pero pasan de puntillas por encima del deseo, se sumergen en sus rutinas y no queda espacio para que se les ocurra iniciar un acercamiento erótico.

¿Se les olvida? Es verdad que pasa, pero es una verdad a medias, porque cuando sí se acuerdan, cuando les viene la idea a la cabeza, lo que aparece es un enorme letrero en letras rojas que dice «PELIGRO». Ante el peligro, toda la maquinaria mental, inteligencia e imaginación se ponen al servicio de la misión: evitar un encuentro PELIGROSO. El dolor de cabeza es una propiedad femenina, por eso nosotros acostumbramos a utilizar la televisión como aliada. Cuando a un hombre no le apetece, se queda hasta tarde viendo lo que sea. Desde un programa en el que se explica la construcción del puente de Brooklyn hasta la enésima repetición de la final del Mundial. Lo que sea y hasta la hora que sea, con tal de no irse a la cama con ella. Muchas mujeres, esperanzadas con que «hoy sí toca», intentan permanecer despiertas, pero es en balde, porque ellos aguantarán hasta que su pareja, rendida, decida acostarse o se quede dormida en el sofá. Misión cumplida, otro día sin tener que decir NO.

La otra gran excusa es el trabajo, quedarse hasta tarde y llegar a casa proclamando el conjuro antisexual: «Estoy cansadísimo, he tenido un día horrible». Muchas mujeres me cuentan en la consulta, entre avergonzadas y cabreadas, cómo se les remueven las tripas cada vez que escuchan a sus parejas hablar del día agotador que han tenido y que casualmente se vuelve más agotador a medida que ellas se muestran más cariñosas.

Hay tantas excusas que podríamos llenar páginas y páginas con ellas, algunas imaginativas, otras sencillas o inverosímiles. Cada hombre busca las suyas. Sean cuales sean, los pretextos para evitar el sexo son negativos para la pareja. Sin embargo, hay uno de ellos que es especialmente dañino y hasta peligroso para la relación, y es la estrategia de provocar tensión, enfado o conflicto para evitar el sexo. Os parecerá mentira, pero algunos hombres con bajo deseo sexual se encargan de provocar discusiones, se enfadan por cualquier tontería o sacan temas de conversación que saben de sobra que generan tensión o polémica en la pareja, el caso es que el clima sea lo más antierótico posible para vosotras. Hasta el buenazo de Sergio utilizó una noche el conflicto para evitar el sexo. Era su aniversario y se fueron juntos a celebrarlo con una cena romántica. Él había estado nervioso todo el día y a medida que se acercaban a casa su ansiedad iba en aumento, así que se le ocurrió decirle: «Vas un poco provocativa, ¿no? Entre el escote y el tanga, que se trasparenta todo... Igual te has pasado un poco, ¿no crees?». Después de esto y la bronca consiguiente, a Rosa ya no le quedaron muchas ganas de intimar con su pareja.

Con el tiempo, las tácticas de Sergio fueron evolucionando. Él, como también hacen otros hombres en su situación, aprendió a buscar a Rosa cuando sabía que no podía tener sexo. Lo hacía unos minutos antes de que llegaran los invitados a casa, cuando ella no se encontraba bien o cuando estaba molesta por algo. Además, si viajaba, le escribía desde donde estuviera para decirle que la deseaba muchísimo. Durante algún tiempo, estos arrebatos sirven a las parejas para crear la ilusión de que el problema está cerca de resolverse. Pero a fuerza de desilusiones, la esperanza se transforma en enfado y malestar.

La tele, el cansancio, los acercamientos imposibles o el conflicto son estrategias frecuentes; sin embargo, en la mayoría de los casos no son conscientes de que lo están haciendo. Quizá sí lo hicieron conscientemente al principio, pero con el tiempo las han interiorizado tanto que les salen solas, de manera casi inconsciente.

Puede que estéis pensando: «¿Y por qué no les dicen a sus parejas que no les apetece y punto?». Evidentemente, sería más sensato hacerlo, pero ya sabéis que a los hombres nos cuesta mucho admitir que no nos apetece. En el caso de Sergio a esa dificultad típicamente masculina hay que añadirle un extra, su personalidad pasiva.

Él toma una actitud pasiva ante los problemas. Es de esas personas a las que pisotean y ellos ponen una sonrisa, aunque en su interior se esté desatando una tormenta en toda regla. No se permite protestar, él es un buen chico, ¿no os acordáis? Si le pasa esto con los demás, con Rosa es aún más extremo. Él rara vez cuestiona sus decisiones, deja que sea ella quien las tome, y aunque tengan que ver con su vida y le moleste tener que hacerlo, asiente y acata sin rechistar. Sergio arrastra esa actitud pasiva de la que os hablo al terreno sexual y ahí también de una forma pasiva —no sabe hacerlo de otra forma—, descarga sus enfados con su pareja. En el fondo actúa como un niño que no puede enfadarse con su madre y acaba haciéndose pis en la cama para mostrar su descontento.

Que quede claro, que ni el niño que se hace pis ni él boicotean la cama. Si pudieran, les darían a sus «madres» lo que tanto les piden. No imagináis lo culpables que se sienten por no hacerlo.

No, no puede hacerlo. Recordad que para él, como para muchos otros hombres con problemas de deseo, el sexo con su pareja es igual a PELIGRO, para explicar lo que sienten ellos cuando ven próxima una relación sexual. Quizás os suene exagerado, pero en realidad, si lo analizáis bien, su reacción ante el sexo es similar a la que tendríamos cualquiera de nosotros ante algo que nos parece amenazante. Lo evitas, lo esquivas, te pones nervioso si se acerca.

En la segunda o tercera sesión, no recuerdo bien, Sergio me contó:

Rosa es muy activa, siempre toma la iniciativa, le encanta el sexo y lo hace de una forma salvaje (no es tan salvaje en realidad, pero a él se lo parece). Al principio me incomodaba esa manera tan pasional de hacerlo, pero me acostumbré. Lo que ocurre ahora es que cuando tenemos sexo, no sé qué me pasa, no me aclaro. Se me ha olvidado acariciarla, no lo hago bien y luego con la penetración, a veces pierdo la erección y otras, aunque no la pierda, me dice que no siente nada. Aunque alguna vez se ha enfadado, en general se muestra comprensiva cuando tengo un gatillazo y me dice que no pasa nada. Lo que llevo mal de verdad y no puedo quitarme de la cabeza, son las veces que se ha puesto a llorar después del sexo, a veces incluso después de un orgasmo. Yo creo que lo he hecho bien, que ha disfrutado y sin embargo

28

me dice que ha sido como masturbarse, porque no sentía que yo estuviera allí.

No todos los problemas de deseo masculino tienen que ver con lo que describe Sergio, pero sí es uno de los motivos más frecuentes. No es difícil adivinar lo que pasa cuando un hombre piensa que no es capaz de hacer disfrutar a su pareja y lo siente después de cada intento. Al final, la suma de «fracasos» hace que se le quiten las ganas de volver a intentarlo. ¿Tendrías ganas de cocinar para alguien a quien no le gustan tus platos? Quizá te sientas un gran chef y trates de esmerarte en el siguiente intento, y en el otro; pero, salvo que tengas más moral que el Alcoyano, acabarás por desistir, aunque tu comensal te pida que cocines de nuevo para él.

Como os decía, el miedo a perder la erección, a eyacular antes de tiempo, a que el tamaño no sea suficiente, a que ella no disfrute..., en definitiva, el miedo a fallar está en la base de la mayoría de los problemas de deseo de los hombres, pero hay otros motivos que pueden causar la caída de nuestra libido. Ahora os cuento.

El estrés y las preocupaciones mundanas

Aunque puedan sonar a excusa e incluso lo hayan sido más de una vez, el estrés y las preocupaciones son también causas frecuentes de lo que los sexólogos llamamos deseo sexual hipoactivo. Parece lógico, ¿verdad? Es complicado dejar espacio para fantasear si tienes la cabeza repleta de cuentas, de cábalas ante los despidos de la oficina que te han pasado rozando un par de veces o simplemente si está activadísima y conectada todo el día con el trabajo, aunque éste marche maravillosamente bien. Quizás estés pensando: «¿No se supone que vosotros podéis centraros aunque estéis preocupados por otras cosas?». La realidad es que tenemos más facilidad para hacerlo que vosotras; es más, la mayoría de los hombres suscribirían la frase: «¿Qué mejor que el sexo para liberar las tensiones del trabajo?». Pero ni todos sabemos apartar sin más las preocupaciones, ni siempre es posible, por más que queramos, sobre todo cuando las hormonas se ponen en tu contra. ¿Las hormonas? Pues sí, chicas, resulta que los niveles altos y prolongados en el tiempo de estrés provocan una disminución de los niveles de testosterona** en sangre y que aumenten los de cortisol:*** una combinación perfecta para acabar con el apetito sexual.

Pero no sólo el estrés es capaz de poner del revés las hormonas. Algunos problemas médicos también. No hay por qué asustarse, pero sí asegurarse de que todo está en orden cuando hay una caída del deseo, sobre todo si ésta parece haber aparecido de pronto, sin ninguna explicación aparente. En mi consulta, muchos hombres que han venido preocupados por su falta de pulsión sexual han acabado descubriendo que ésta sólo era un síntoma de algo que no estaba tal y como debería estar en su organismo.

Depresión y deseo sexual

Parece evidente que una persona deprimida pueda notar una caída en su deseo sexual. Cuando alguien se ve envuelto en síntomas como la tristeza profunda; las ideas negativas sobre el pasado, el presente y el futuro; el llanto; la desgana; el desánimo... parece difícil que pueda darse un encuentro sexual. La depresión puede ser más o menos severa y dependiendo de este grado puede dejar espacio para el deseo, aunque en realidad la dificultad para disfrutar de actividades placenteras que presentan las personas con depresión hace difícil que se den las relaciones sexuales, o, si se dan, que éstas lleguen a ser placenteras.

** La testosterona es la principal responsable del deseo sexual, tanto en hombres como en mujeres.

*** El cortisol aumenta con los niveles de estrés y dificulta la función sexual, incluido el deseo.

Fármacos y deseo sexual

Seguro que la mayoría ya sabíais que la depresión puede afectar al deseo sexual, lo que no tengo tan claro es si conocéis que los fármacos que habitualmente se recetan para esta enfermedad son también un freno a la libido. ¿Sorprendidas? Lo que sí es sorprendente es que todavía hoy muchos médicos no informan al paciente de los efectos secundarios que llevan consigo estas y otras pastillas. Antidepresivos, ansiolíticos y antihipertensivos son sólo algunos ejemplos de fármacos que pueden menoscabar el deseo sexual. ¿Por qué algunos médicos no lo cuentan cuando los recetan? ¿Se les olvida? ¿Será por falta de tiempo? En absoluto, porque no encuentran esos problemas al contarte que pueden producir somnolencia y que tengas cuidado al conducir o manejar maquinaria pesada; lo que les ocurre es que hablar de sexo, todavía hoy, supone un tabú para muchos profesionales.

Hablar de la consulta ambulatoria me ha recordado a Rosa y a Sergio. Ella siempre le acompañaba al médico y estaba pendiente de cuándo y cómo tenía que tomarse la medicación. Pero no acababan ahí las atenciones. Rosa cuidaba su alimentación, le organizaba el deporte, elegía qué ropa debía comprar y ponerse para cada ocasión. Al irse a vivir con Rosa, Sergio pasó de tener una madre a tener otra madre. Sí, sí, habéis leído bien. Ella ejerce ese papel de maravilla, le da la parte tierna de la mamá cuidadora, cariñosa y protectora, pero también el de madre autoritaria y estricta cuando no se comporta como debería. ¿Os suena de algo? Estoy convencido de que muchas os habéis sentido alguna vez *mujer-mamá* de vuestra pareja. ¿Me equivoco?

Ya os había hablado del papel pasivo e infantil de Sergio con Rosa. Pues aunque no lo parezca, afecta mucho más de lo que podríamos pensar al deseo. Así que atended si sospecháis que tenéis una relación similar con vuestra pareja.

Rosa está cansada de tener que estar siempre pendiente de todo, de cargar con toda la responsabilidad de la familia y de él.

Por su parte, Sergio está harto de que le riñan como si fuera un niño, de que le digan siempre lo que tiene que hacer, cuándo y de qué manera.

No es que Rosa y Sergio no fueran así antes de conocerse. De casa, ya venía una con ese rol de mando y maternal, y el otro con esa tendencia a dejarse llevar, sobre todo por la inseguridad. Lo que ocurre es que cuando se une una pareja así, la tendencia es que se extremen más los papeles. Es lógico: si yo soy inseguro y mi pareja es muy segura, puede pasar que cada vez yo delegue más en ella. «Total, si ella lo hará mejor que yo.» Ella va tomando más y más responsabilidades, lo que le hace tener mayor seguridad y ésta se refuerza aún más cuando ve que él depende totalmente de ella. Cada vez, él hace menos cosas por sí mismo, la necesita a ella y, por segundos, se vuelve más y más inseguro.

A fuerza de alimentar este círculo, Sergio acabó por poner en un pedestal a Rosa. La veneraba como a una diosa, pero ¿cómo un simple mortal podría mancillar a una diosa? Y si osara intentarlo, ¿imagináis el miedo y la inseguridad al hacerlo? Así se explica que el chico acabara temblando mientras trataba de acariciarla.

Para quienes no lo hayáis vivido, puede que os resulte curioso e incluso difícil de entender, pero funciona de esta manera. En la consulta se descubren estos roles coincidiendo con los problemas de deseo de él. Como ya os contaba antes, muchos *hombres-hijo* utilizan el «no» al sexo como una forma de venganza, un intento de conseguir poder en la única parte de la relación en la que logran tenerlo. De esa manera pasiva se vengan de la autoridad que ejerce su pareja en el resto de las parcelas. Es de primero de psicología.

Cuando hablas con una *pareja madre/hijo*, ambos te dicen que no les gusta esta manera de relacionarse, que están cansados de sus respectivos papeles; muchas veces se han dado cuenta antes de lo que pasaba, pero aun así no han intentado cambiarlo. Y si los dos están hartos, ¿por qué no hacen nada? En realidad sí hacen algo, se quejan, ése es el único movimiento. El motivo es simple, en el fondo y aunque no quieran verlo, ambos están —o al menos han estado— cómodos en ese equilibrio. Y es que ella con su papel se llena de autoestima, es quien domina la relación, quien toma las decisiones y además cuida de su pobre pareja. ¿Qué sería de él sin ella? Por su parte, él se ahorra tomar decisiones —¿sabéis lo difícil que es decidir o tomar responsabilidades para un inseguro?—. Los dos alimentan su personalidad, él cada vez más inseguro, ella cada vez más imprescindible y sacrificada.

¿Alguna de vosotras se reconoce? Tranquilas, no me lo tenéis que contar. Basta con que echéis un vistazo a vuestro alrededor y decidáis si queréis cambiar esta dinámica. Eso sí, quizá necesitéis ayuda para hacerlo.

Queda claro que las relaciones de pareja madre/hijo no son las más indicadas para fomentar el deseo; en realidad, no creo que sean las más indicadas para ningún aspecto relacionado con la pareja, pero bueno, estamos hablando de deseo. ¿Habéis pensado qué pasaría si se intercambiaran los papeles? Sí, sí, me refiero a las *parejas padre/hija*. Pues os presento a un nuevo enemigo del deseo masculino.

Cuando es él quien ejerce un rol de padre y ella la que toma la posición de hija, las consecuencias no siempre son tan directas como en las parejas madre/hijo. Muchas veces la relación no es positiva, pero el sexo sigue funcionando bien. Pero en muchos otros casos, en la mayoría en realidad, él acaba por perder el interés sexual por su pareja.

Recuerdo una pareja que llegó a mi consulta por falta de deseo. Virginia tenía 26 años y Arnau 34. A solas, él me explicaba que la quería muchísimo, que ella le despertaba ternura, sentimientos de protección y de cuidado, pero nada que oliese siquiera a deseo. Arnau la cuidaba y era muy cariñoso, me contaba que se la comía a besos y no podía dejar de abrazarla. Estaba pendiente de cubrir todas sus necesidades... todas, menos las carnales.

Virginia sí deseaba a Arnau. Le gustaba, le quería y le admiraba.

Al principio me encantaba que me abrazase y me besara a todas horas, era agradable recibir esa ternura. Pero cuando empecé a ver que todo se quedaba en eso, comencé a sospechar que él se saciaba así, acariciándome el pelo y dándome besitos. Me costó hacerlo, me sentí muy

33

culpable, pero al final le pedí que no se acercara a mí si no era para quitarme la ropa.

Ella se sentía culpable y sucia por pedirle sexo y no tener bastante con todo ese amor que él le daba. Es normal que se sintiese así; aunque va en contra de todos los cuentos que le contaron de niña y los que le siguen contando de mayor, Virginia no podía más: no es sólo que él la excitase con sus caricias y luego ella se quedara con las ganas de mucho más, es también que necesitaba sentirse deseada.

Rosa y Virginia comparten ese deseo y el sentirse el hombre de la relación. Como ellas, las mujeres que viven la falta de deseo masculino se llegan a percibir como una especie de adictas al sexo, se avergüenzan de querer más relaciones, se supone que son ellos los que siempre persiguen a la pareja, ¿no? Por si fuera poco, muchas de estas chicas no sólo reclaman un poco más de sexo, sino también que sus parejas sean más pasionales, se quejan de un sexo *light*.

Es como si tuviese miedo de romperme. Lo que daría porque me mirara con deseo, se acercase a mí, me empujara contra la pared y me lo hiciera allí mismo, de una manera salvaje.

Poned estas frases en boca de Rosa o de Virginia, no importa, ambas comparten ese sentimiento y, como muchas mujeres en su situación, se han llegado a sentir feas, poco atractivas e inferiores a otras mujeres. Rosa me contó en la consulta:

Me avergüenza explicar esto, pero me dan envidia mis amigas. Ellas me cuentan que están hartas de que sus parejas les metan mano cuando se cruzan por el pasillo, se les insinúen o les miren el escote. ¡Se quejan porque les miran las tetas! Yo me he llegado a pasear desnuda por la casa, insinuándome para que él reaccionara, para sentir que le gustaba, que le atraía, pero nada de nada. Lo único que me llevé fue una frustración terrible.

Cuando contó esta escena en terapia, Sergio se excusó diciendo que él la respetaba mucho y que por eso no se abalanzaba sobre ella cuando la veía desnuda. Rosa no pudo evitarlo, se le quedó mirando y le dijo con todo el sentimiento del mundo:

Pues si para ti eso es respeto, fáltame un poco al respeto, por favor.

El respeto supone reconocimiento y atención por las necesidades y los sentimientos del otro. En pareja, el respeto no es importante, es fundamental, y no tengo dudas de que Sergio respeta a Rosa, pero lo que le hace no ir hacia ella es otra cosa bien distinta: es el miedo. ¿Cuántas veces confundimos una cosa con la otra?

Él la respeta, pero también la teme, por eso evita acercarse y, cuando lo hace, le tiemblan las manos, de la misma manera que le temblarían si se acercara a desactivar un explosivo.

2

Sexo para decir «te quiero»

> Existen dos cosas muy importantes en el mundo.
> Una de ellas es el sexo, de la otra ya no me acuerdo.
>
> WOODY ALLEN

Te propongo un ejercicio. Responde a esta pregunta sin pensar demasiado en ella. ¿Qué buscamos los hombres en el sexo? Si has pensado en «placer» he de decirte que coincides con la inmensa mayoría de las mujeres. Haz la prueba, pregunta a tus amigas, compañeras de trabajo o a quien quieras, seguramente te encontrarás con más de un rotundo «placer». Luego, al elaborar la repuesta, quizás aparezcan voces que insisten en que para nosotros el sexo es una necesidad fisiológica, que nos ponemos tensos, de mal humor y nerviosos cuando no lo tenemos, así que el cuerpo nos pide inevitablemente descargar esa tensión: «Se queda tranquilito cuando tenemos sexo. Además se le pone una sonrisa tonta que le dura un buen rato», me contaba una paciente en la consulta. Y ¿qué hay de los solteros? Le pregunto a un grupo de mujeres de edades diferentes en un taller de sexualidad femenina. Insisten en el placer, pero añaden que muchos buscan alimentar su masculinidad y sentirse orgullosos de sí mismos, pero también mejorar su estatus social consiguiendo un trofeo que mostrar al resto del grupo.

Viendo lo que pensáis de nosotros, entiendo los chistes que hacen referencia a que los hombres sólo pensamos en el sexo.

Podría tratar de defendernos, pero no lo haré, porque en el fondo es cierto mucho de lo que decís o al menos encierra una parte de verdad. A la mayoría de los hombres nos gusta mucho el sexo, nos ponemos nerviosillos cuando pasamos muchos días sin nuestra ra-

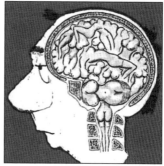

ción y por lo general pensamos a menudo en todo lo que tenga que ver con ello. En todo, es decir, no sólo en cómo conseguirlo, también en recordar nuestras hazañas o fantasear con lo que nos gustaría. Pensamos tanto en el sexo que nos cuesta quitárnoslo de la cabeza cuando tenemos un problema relacionado con él, cuando no deseamos como o a quien nos gustaría, cuando ha habido un problema de ejecución o simplemente cuando no tenemos tanto como quisiéramos.

¡Un segundo! Llaman a la puerta. Son Xavier y Blanca, una pareja de treintañeros que después de pasar una temporada en Barcelona ha regresado a su ciudad de origen por trabajo. El motivo de la consulta es resolver la caída en el deseo de ella. Tienen un aspecto desenfadado, y se muestran simpáticos desde el primer momento. Analizando su postura, sus miradas, se aprecia que él está más tranquilo, es como si en realidad sólo estuviera acompañando a Blanca, porque es ella quien tiene el problema. No es sólo una creencia de él, ella también lo ve así; de hecho, la semana anterior acudió sola a la consulta. Esta vez vienen juntos porque yo les pedí que lo hicieran, aunque Blanca me advirtió que no sería fácil convencerle. La gente se olvida de que cuando tienes pareja, un problema sexual es siempre un problema de los dos, aunque aparezca de forma más notable en uno, ambos tienen un grado de responsabilidad (ya os contaré en la segunda parte de este libro algo más sobre esto de la corresponsabilidad, porque, en realidad, los dos hemos contribuido a que aparezca el problema y también los dos podemos hacer algo para que se resuelva).

Cuando una mujer con pareja llama a la consulta, me escribe un correo o me pregunta en un taller por un problema sexual o de pareja y a la vez se lamenta: «Mi marido no cree en estas cosas», «Él no vendría nunca», «Siempre dice que esto lo podemos arreglar solos», es obligado mencionarle la importancia de que también él se implique en la solución del problema: de poco sirve convencer a quien ya está convencido. Pero que no cunda el pánico, las parejas funcionan como un sistema y la acción de uno provoca siempre la reacción del otro. Así que a pesar de no contar con ellos, no subestiméis jamás vuestro poder a la hora de precipitar el cambio en la relación, incluso la solución. Sí, eso he dicho: aunque no contemos con ellos. Y es que si bien es cierto que existen honrosísimas excepciones, en la mayoría de las ocasiones suele ser él quien se muestra reacio a acudir a terapia.

Volvamos con Blanca y Xavier. Los he dejado esperando en el despacho y me he entretenido aquí charlando con vosotras.

Os contaba que él viene con la certeza de ser completamente «inocente», no entiende —será mi papel que acabe por hacerlo— que aunque Blanca se ha equivocado en la manera de aceptar la evolución de su deseo y en algunas otras cosas que ya veremos, él, más que ayudar a mantener viva la llama de la pasión o avivarla, ha contribuido sin darse cuenta a apagarla prácticamente del todo.

Le pregunto a Xavier y me dice:

Al principio, nuestras relaciones sexuales eran geniales, lo hacíamos en cualquier sitio, a cualquier hora, experimentábamos juntos. Disfrutábamos tanto que creíamos que nadie podía tener tanto y tan buen sexo como nosotros. Pero a partir de los tres años, nos cambiamos de piso y llegó Néstor. No le echo la culpa al niño, pero sí es verdad que Blanca ha estado muy encima todo el tiempo. Al principio lo entendía como normal, pero es que pasa el tiempo y todo sigue igual, incluso peor. Cada vez tenemos menos relaciones, me paso el tiempo pidiéndole sexo, pero cuando no hay una excusa hay otra: no le apetece, está cansada, hay algo que recoger en la casa... Estoy al límite con esta situación.

Blanca me explica que a partir del nacimiento de Néstor, las cosas han cambiado entre Xavier y ella.

> Quizá nos hemos distanciado un poco. Yo estoy mucho más cansada que antes, tengo menos tiempo libre y en realidad mi sensación es que la responsabilidad nos ha hecho adultos, pero él no lo admite. Es verdad que cuando tengo tiempo tampoco es sexo lo que me apetece. Sé que me he centrado mucho en Néstor y he dejado un poco de lado a Xavier. Pero el caso es que no tengo ganas, puedo pasar mucho tiempo sin hacerlo y no me aparece la necesidad.

No va mal encaminada Blanca. Por su parte, ha cometido el error de olvidar que ser padres no significa dejar de ser amantes, y quizás ha dejado que pasen por delante de la vida sexual «quehaceres» que en el fondo ella misma considera mucho menos importantes que el sexo, pero que sin embargo han ganado la partida a la intimidad. Aun así, no todo es cosa de ella; Xavier no ha sabido reconquistar el terreno que iba perdiendo. Su respuesta ante la apatía sexual de Blanca ha sido el enfado, la presión, las amenazas: «Si seguimos así yo no lo aguanto, ni te digo lo que soy capaz de hacer». No va con él, es un chico actual y contrario al machismo; a pesar de ello, se ha comportado como si Blanca tuviese la obligación de atender las demandas sexuales de su marido. En este tira y afloja a todas luces antilibidinoso, unas veces *ganaba* ella, y Xavier le pedía perdón por la insistencia; otras él, y Blanca recorría el pasillo que llevaba al dormitorio con la misma alegría que un preso recorre el que le lleva a su celda. He utilizado el verbo *ganar*: ha sido sólo un recurso, porque en realidad en estas luchas de poder siempre pierden los dos.

Cuando menciona a su hijo, a Blanca le aparece una sonrisa y al tiempo critica la actitud de su pareja.

> Xavier no se implica con Néstor; por fortuna nos hemos mudado y ahora estoy con mi familia, que me ayuda mucho. Llevamos mucho tiempo sin ir a Barcelona, pero es que si no fuera por mi madre y mi hermana, no podría con Néstor. Xavier se enfada porque no vamos a la

ciudad tanto como le gustaría, pero a la vez no me demuestra que puedo contar con él en el cuidado de nuestro hijo.

Mientras me cuenta esto, no parece ser consciente de cómo este enfado de ella influye, y de qué manera, en su libido.

Pero el deseo no había muerto del todo. Blanca me narraba:

Algunas veces, cuando me apetece, me acerco a él, soy yo quien le busca y esas veces disfruto de la relación sexual. Es muy diferente a cuando me obligo: unas veces estoy deseando que acabe y otras, aunque consigo concentrarme y hasta excitarme, tampoco logro disfrutarlo en realidad. Cuando él se da cuenta, se enfada conmigo e incluso a veces para y me dice cosas como que para eso prefiere meterse en la ducha y acabar por su cuenta.

Xavier no lo está haciendo bien, pero tampoco es un ogro. A los hombres no nos han enseñado, o no hemos aprendido —o lo que es peor, nos lo han enseñado, lo hemos aprendido, pero no se nos ha permitido— cómo expresar los sentimientos con la facilidad con la que la mayoría de vosotras lo hacéis. A pesar de la frialdad que podemos mostrar en algunos momentos, os prometo que también somos capaces de amar, enamorarnos, y que si nos pincháis, sangramos. Entiendo que en ocasiones lo dudéis, quizá sea porque hablamos idiomas diferentes y la mayoría de las veces los mensajes se pierden por el camino.

Los labios de Xavier han pronunciado en contadas ocasiones «te quiero» para Blanca; sin embargo, ha pensado mil veces en decirle lo importante que es ella en su vida, lo que siente, pero no lo hace. En cambio, se acerca a ella, busca decir «te quiero» con su cuerpo, sin palabras, pero a Blanca sólo le llega «te deseo», o algo peor, «necesito sexo», así que se aparta y hasta le expresa: «Sólo me buscas para el sexo». En ese apartarse, ella quiere decir en realidad: «Necesito sentirme querida ahora, no sólo deseada», pero él entiende: «No me gustas, ya no me pones», e incluso «Ya no te quiero como antes».

Xavier se siente rechazado, poco atractivo y, lo que es peor, empieza a cuestionar si ella todavía le quiere, por lo que busca con más asiduidad los encuentros sexuales. Sin darse cuenta, está buscando la seguridad de que ella le sigue amando y todo está bien a través del sexo. Piensa algo así: «Si quiere acostarse conmigo es que me quiere a mí». Busca sentirse querido, deseado, atractivo, pero Blanca no percibe esto. Para ella, la insistencia de Xavier empieza a ser insoportable, hace que cada vez le apetezca menos, le huye. Cada vez que él la busca para sentirse bien, ella se aleja más... una vuelta tras otra a un círculo que se hace cada vez más fuerte y que no sólo afecta al sexo, sino también al cariño. Cuando Blanca le ve demasiado cariñoso, lo interpreta como una estrategia para llevársela a la cama, así que rechaza los mimos y no sólo los de él. Xavier lo intenta tantas veces que ella no se permite ser cariñosa.

Hay veces que le miro y me gustaría darle un beso y abrazarle, pero me da miedo que lo interprete como que quiero fiesta, y le evito para no verme en la situación violenta de volver a negarme.

Por su parte, Xavier cuenta:

Cada vez que me dice que no, me siento rechazado; he empezado a pensar que soy feo, poco atractivo. Me obsesiona mi nariz, siempre me pareció grande, pero nunca le había dado importancia. Ahora es lo único que veo cuando me miro en el espejo. Es duro contar esto, pero he llorado muchas veces después de un nuevo «NO». Ella no se da cuenta, porque intento no mostrarme débil cerca de Blanca.

Si fue antes el huevo o la gallina, no me compete; tampoco se trata de buscar culpables. Sea como fuere, lo cierto es que él está de morros con Blanca porque no tienen sexo; tienen menos sexo porque a ella le apetece menos; a ella le apetece menos porque él está de morros; él busca más sexo porque cada vez tienen menos; ella se aparta porque él la busca demasiado; él se pone más cariñoso que nunca porque no se siente querido; ella no acepta el cariño excepcional, porque lo interpreta como más búsqueda de sexo; él, cuando ella le da cariño, lo interpreta como búsqueda de sexo; ella ya no le da cariño para que él no le pida una vez más sexo; como ella no le muestra ni siquiera cariño, él teme que ella ya no le quiera y busca sexo constantemente para sentirse querido; ella vive esos intentos como un acoso y cada vez siente menos deseo; él está de morros con Blanca porque no tienen sexo... Y estamos de nuevo donde empezamos.

Hay muchas parejas que reproducen un círculo similar a éste que han construido Xavier y Blanca, y no es sencillo salir de él; muchas veces se necesita que desde fuera te hagan consciente de lo que ocurre y te den las estrategias para lograrlo. En la segunda parte de este libro os contaré cómo.

Mientras, para levantar un poco el ánimo, os invito a escuchar «Círculos viciosos» de Joaquín Sabina. Es muy divertida, o al menos a mí me lo parece.

Muy a menudo, en la consulta, tengo la sensación de que las parejas hablan idiomas diferentes. Me ocurre lo mismo que si viera a un chino y un alemán (no es un chiste) hablando cada uno en su lengua sin tener ni idea de la del otro. Sólo que entre hombres y mujeres es mucho peor, porque lo hacemos creyendo que el otro nos entiende perfectamente, por eso nos sorprendemos, cuando no nos enfadamos, si el otro actúa justo al revés de como le habíamos pedido que lo hiciera. ¡Qué lío!

Estoy seguro de que muchas de vosotras os sentís identificadas con algunas de estas dinámicas. En alguna ocasión os habréis sentido perseguidas, pero quizá también habréis relegado el sexo a pesar de ser conscientes de su importancia para la pareja. Más tarde os hablaré de cómo funciona vuestro deseo, pero antes quería hablaros de ellos, de lo que los empuja a buscar el sexo de esa manera obsesiva, como si fuese lo más importante en sus vidas.

Y es que a los hombres, por lo general, nos mueve con mucha fuerza el sexo. Pero ¿por qué?

Ya os he explicado que en ocasiones buscamos sexo en la pareja para *sentirnos queridos* o para asegurarnos de que *la relación sigue funcionando*. Tampoco pretendo convenceros de que es sólo esto lo que nos mueve, aunque os sorprendería la potencia que tiene esa necesidad para nosotros.

Evidentemente, también hay una *parte instintiva*, una pulsión hormonal que nos lleva a querer tener sexo, y como ya os he contado, existe un *aprendizaje cultural*: se supone que a nosotros siempre nos apetece y que vosotras nos diréis NO unas cuantas veces antes de recibir el premio.

Para sentirnos queridos, para testar la relación, por nuestro instinto y por aprendizaje social. ¿Y si al final resulta que ya no somos tan simples como antes?

Prosigo con las motivaciones masculinas para el sexo; aún queda al menos una más. Veréis, resulta que dentro de las relaciones de pareja, muchos hombres utilizan el sexo *para equilibrar las carencias*. Es decir, cuando se sienten frustrados porque las cosas no van bien, le reclaman sexo a su chica buscando una especie de «compensación por lo que me haces pasar».

Vamos a dejar que Xavier, el padre de Néstor, os lo explique. Mientras, me quedo yo pensando en que seguramente los hombres estábamos mejor cuando éramos más simples.

Analizando todo lo que ha pasado me doy cuenta de que he sentido celos de Néstor, he sentido que mi hijo no sólo me quitaba tiempo de estar con mi mujer, sino también que había robado parte de su feminidad a Blanca, y a mí, mi juventud. Yo tocaba en un grupo, no era nada profesional, pero sí ensayábamos un par de días a la semana e incluso conseguíamos tocar en locales de la ciudad. Tengo el recuerdo de que era muy feliz, disfrutaba de mi relación, de mis amigos, de la música y, por qué no decirlo, también del sexo. Blanca no me obligó a tener un hijo, pero es cierto que me siento un poco traicionado; ella me dijo que nos adaptaríamos sin problemas a los cambios y quizá yo quise creerla. En realidad no fui consciente de lo que suponía. Estaba preparado para dejar de tocar, para trabajar más, para cambiar de casa, pero no para sentirme mayor.

Xavier no es feliz, ésta no es la vida que había imaginado. Hace tiempo que no van a Barcelona y salen con sus amigos. Ha dejado la música y hace mucho que no van a un concierto o improvisan un plan.

Seguramente Xavier cometió un error de cálculo sobre lo que supone la paternidad. Sabía que habría renuncias, pero sólo estaba avisado, no preparado y quizá ni siquiera era consciente de la magnitud del cambio. De todos modos, el error más grave no fue de cálculo, sino de expectativas. Xavier dio por sentado que la responsable de compensar lo que él perdía era Blanca. De alguna manera, y aunque insisto en que él no se sintió obligado a tener un hijo, sí era consciente de que a ella le hacía mucha más ilusión y de que él podía haber esperado un poco más.

Finalmente tuvieron el hijo y Xavier lo vivió como una especie de concesión a Blanca, por lo que él espera de ella que le aporte lo necesario para compensar lo perdido y, en definitiva, para que él pueda volver a ser feliz. Él mira a su alrededor y piensa en los motivos de su infelicidad y parte de ella tiene que ver con Blanca; es por ello por lo que el sexo se convierte en su principal propósito, porque es un hecho objetivo que la frecuencia en las relaciones ha disminuido y, desde su punto de vista, ella es la culpable de esto y quien tiene que arreglarlo para que él vuelva a estar satisfecho.

Bueno, también responsabiliza a Néstor de su nueva pero infeliz vida, y a la familia de Blanca, que no son tan divertidos como a él le gustaría. Pero ni a su hijo ni a sus cuñados les puede pedir nada, así que opta por enfadarse. Por eso no disfruta tanto como podría de su hijo; el enfado con la situación no le deja vivir con entusiasmo los momentos dulces que tiene la paternidad. Tampoco lo pasa bien con las actividades que proponen sus dos cuñados y las parejas de éstos, a pesar de que tratan de buscar planes que le motiven. Difícilmente la vida familiar puede equilibrar las renuncias que se han producido, al menos mientras Xavier sigua fijándose únicamente en esa parte negativa.

Es frecuente encontrar hombres con un perpetuo ceño fruncido por los cambios que comporta la llegada de un hijo, pero también hay mujeres que no saben adaptarse a esa realidad. Ser padres puede ser maravilloso, una etapa vital que suma mucho más que resta, pero para que esto sea así hay que entender lo que supone, aceptarlo y trabajar en ello.

No ha sido el caso de Xavier. Tras la llegada de su hijo él no cesa de pedir atención, cariño, amor, diversión, sentirse joven, atractivo, vivo, y todo esto se lo pide a Blanca, como si fuera ella quien debe proporcionárselo. Es un poco «tú me has metido en esto, ahora me compensas». Esto no llega, Blanca no puede con tanto peso, y Xavier, como muchos hombres, no sabe la forma de afrontar los problemas que tienen que ver con la pareja, y así es como aparecen las reclamaciones, sin que ni él mismo sepa detectarlas.

El deseo sexual femenino es uno de los grandes damnificados cuando llega un bebé, le cuento a un muy buen amigo que emigró a Oslo hace unos años. Le explico también que además del sexo, es inevitable que la pareja viva una más o menos aguda crisis ante el primer hijo; lo que sí es evitable es el deterioro de la relación por esta crisis. Manuel me cuenta que el Gobierno noruego ofrece terapia gratuita a las parejas que acaban de tener un hijo. Aplaudo la inteligencia de esta iniciativa: prevenir el problema ayudando a los padres a adaptarse a los importantes cambios que se avecinan. Suena muy bien.

Retomaremos el tema del deseo femenino en la segunda parte, cuando veamos la manera de trabajarlo. Hasta entonces, permitidme decir algo: el mejor regalo que podemos hacer a nuestros hijos es la experiencia de unos padres que se aman.

3

El soldadito de plomo

> Sobreviven los hombres a los terremotos, a las epidemias, a los horrores de la enfermedad, a la agonía del alma [...], pero en todos los tiempos su más agobiante tragedia fue, es y será la de la alcoba.
>
> León Tolstoi

«Lo siento. Te juro que es la primera vez que me pasa esto... No sé qué ha podido ocurrir.»

En algún lugar del mundo, en el instante en el que lees estas líneas, un hombre estará sufriendo un gatillazo. ¿Impresionada? Tampoco pretendo que lo estés, lo que busco con esta especie de anuncio para una ONG de hombres que sufren gatillazos es hacerte consciente de que es mucho más frecuente de lo que imaginas. Seré sincero, no tengo datos que corroboren esta afirmación, sin embargo estoy convencido de que no es tan exagerada como pueda parecer. Como te decía, los gatillazos son frecuentes; en realidad, prácticamente todos los hombres en algún momento de su vida han tenido o tendrán una experiencia de desfallecimiento de su pene.

Perdón, he dado por supuesto que todas conocéis a qué nos referimos cuando hablamos de *gatillazo*, y no tenéis por qué, así que os cuento. *Gatillazo* es un término coloquial que hace referencia a una pérdida de erección durante la relación sexual. Puede darse antes o durante el acto, aunque por lo general tiene que ver con el momento en el que se intenta la penetración.

«¿Por qué?», es la pregunta más frecuente cuando un hombre pierde la erección. La respuesta no es simple; cada gatillazo puede tener un origen diferente.

Uno de los más frecuentes es haber bebido más de la cuenta y es que a pesar de la creencia popular, el alcohol, lejos de facilitar el sexo, lo zancadillea. Fisiológicamente, su efecto es dificultar la respuesta sexual, sobre todo en la fase de excitación y orgasmo. A nosotros nos pone más difícil la erección y si la conseguimos nos cuesta mucho llegar al orgasmo, mientras que en vosotras retrasa la lubricación vaginal, la erección del clítoris y, como a nosotros, os pone más difícil alcanzar el orgasmo. En la tabla 1 aclaro qué es y las fases de la respuesta sexual humana, pero ahora, con lo que quiero que os quedéis, es que cuanto más hayamos bebido, más difícil será excitarnos y llegar al clímax, tanto hombres como mujeres.

Tabla 1. Resumen de las fases de la respuesta sexual humana

	Mujer	Hombre
Deseo	Aparición de pensamientos eróticos que pueden estar producidos o no por estímulos externos (vista, oído, olfato, gusto o tacto). No hay respuesta física, es una fase totalmente mental.	Aparición de pensamientos eróticos que pueden estar producidos o no por estímulos externos (vista, oído, olfato, gusto o tacto). No hay respuesta física, es una fase totalmente mental.
Excitación	Aumento de la frecuencia cardíaca, la respiración y la presión arterial. Lubricación vaginal. Dilatación de la vulva. Erección y aumento del tamaño del clítoris. Aumento del tamaño de los pechos. Erección de los pezones.	Aumento de la frecuencia cardíaca, la respiración y la presión arterial. Erección del pene. Aumento de tamaño y dureza del pene. Alisamiento del escroto. Aproximación de los testículos al cuerpo. Erección de los pezones.
Meseta	Aumento de la sensación de placer. El clítoris se retrae y se reduce. Los labios menores se engrosan y enrojecen.	Aumento de la sensación de placer. Incremento del tamaño del pene. Secreción de líquido preseminal.

47

	Mujer	Hombre
Meseta	Aumento del tamaño del pecho.	Cierre del esfínter anal.
Orgasmo	Aumento aún mayor de la frecuencia cardíaca, la respiración y la presión arterial. Sensación subjetiva de explosión de placer. Contracción del útero. Contracción de la plataforma orgásmica.	Aumento aún mayor de la frecuencia cardíaca, la respiración y la presión arterial. Sensación subjetiva de explosión de placer. Contracción del pene, la uretra y el esfínter. Expulsión del semen al exterior.
Resolución	Recuperación del estado previo a la excitación.	Recuperación del estado previo a la excitación. Inicio del período refractario, por el que el hombre no volverá a excitarse hasta pasado un tiempo, que varía en cada persona.

¿Por qué me miráis así? Sí, ya sé, me pasa siempre que explico esto en los talleres o en las charlas, sobre todo si hay mujeres. Imagino que algunas de vosotras estaréis pensando que o bien me he equivocado al contarlo, o bien sois una excepción a la regla. Es común escucharos decir: «Pues en mi caso no es así, a mí me pasa justo al revés. Cuando bebo me lo paso mucho mejor, me excito con más facilidad y tengo mejores orgasmos». «Todo el mundo miente, Bustamante.» Esto me diría el doctor House ante la evidencia científica, pero no, en absoluto es el caso, cuando alguien me cuenta que disfruta más de una relación sexual cuando el alcohol está presente, estoy convencido de que es cierto. ¿Qué pasa entonces?

La explicación no es que la persona en cuestión sea inmune al efecto anestésico de la bebida, para nada; lo que ocurre es que tampoco lo es al efecto desinhibidor de la sustancia. Y claro, la realidad es que todavía hoy, para muchas personas, el sexo sigue generando vergüenza, pudor y sentimiento de culpa, emociones con mucha más capacidad de entorpecer el sexo que el alcohol.

Es por eso que una copita puede resultar un afrodisíaco estupendo, no por lo que hace en nuestro cuerpo, sino por lo que desata en nuestra mente.

Dice al respecto un personaje de *Macbeth*: «El vino provoca el deseo, pero impide la función».* Arturo no había leído a Shakespeare, o al menos no conocía esta parte de *Macbeth* la noche que conoció a Elena. Él celebraba el cumpleaños de un amigo regando generosamente la noche con cerveza, vino, whisky y tequila. Ella estaba en el pub y había compartido con él los últimos chupitos de tequila. Tras el tequila, llegaron las risas, los tonteos y al final los besos que propiciaron un «Te acompaño a casa» y en el portal «¿Subes y nos tomamos la última?». El ascensor no apaga los besos, entran en casa, y él cierra la puerta con el pie y sin mirar, porque las manos están en otra guerra y los ojos quién sabe. Aumenta la pasión de los besos, él la guía al dormitorio sin soltarla ni un segundo. Más risas, más besos y una mano que disimuladamente se cuela entre la blusa y la espalda de ella. Se atasca un poco, pero al fin consigue descifrar el mecanismo que cierra el sujetador. Suspira ella, gime, al tiempo que le quita el mando de la función. Está excitada y no quiere esperar más, se quita la blusa y el sujetador; le quita la camisa y el pantalón. Le tiene a su merced, le mira fijamente mientras se desnuda. Sólo queda un calzoncillo entre ellos dos. Elena se acerca y sin piedad se lo quita y lo lanza por los aires. Arturo se queda sin respiración y en ese momento, al mismo tiempo que caen al suelo sus calzoncillos, cae también, inexplicablemente, la pasión del momento. Ella se sorprende de que no haya erección, pero se acerca y lo acaricia, incluso lo besa. Pero no hay señales de respuesta a los gestos de ella; bueno, sí, Arturo mantiene una sonrisa nerviosa mientras le pide perdón y trata de explicarle. Ella responde con un insistente: «No pasa nada, no te preocupes, de verdad que no me importa», pero mientras dice esto empieza a vestirse y se mar-

* Acto I, escena VII.

49

cha de la casa, con una copia en la cara de esa risa nerviosa que lucía él.

Éste podría ser el principio de muchos problemas sexuales; desde luego el de Arturo lo fue. De hecho, lo acabó arrastrando durante mucho tiempo. Pero bueno, quizás he empezado por el final; no conocéis a Arturo y os he invitado a imaginarle sin calzoncillos. Disculpadme, aunque tampoco os vais a sofocar ahora: quien más y quien menos habrá tenido alguna vez un encuentro con alguien del que sabía poco más que su nombre.

Arturo es un chico de 30 años. Tuvo una relación de pareja que duró cinco, y que fue la primera y la única seria que ha vivido. Él tiene el recuerdo de haber sido muy feliz, pero al parecer ella no tanto, porque le dejó sin muchas más explicaciones. Como imaginaréis, Arturo pasó una temporada más mal que bien, triste, sin ganas de hacer nada, moviéndose casi por inercia de casa al trabajo, del trabajo a casa, tratando de ahogar las penas y descubriendo que las penas son como el corcho y flotan por más alcohol que les eches. Arturo cuenta que sin un motivo aparente, una mañana, al despertar, se acercó a la ventana, subió la persiana de su habitación y al mismo tiempo que la luz entraba, le iban entrando a él las ganas de volver a vivir. Esa misma noche salió con una actitud diferente, lo pasó muy bien y aunque no ligó, sí lo hizo la semana siguiente y la siguiente, hasta el punto de convertirse en todo un seductor.

Todo iba bien para Arturo hasta la noche que conoció a Elena y pasó lo que ya os he contado antes.

No sé lo que me pasó esa noche; todo parecía ir bien, pero cuando me desnudé, mire hacia abajo y aquello estaba muerto, no tenía ningún tipo de erección. Yo estaba excitado, al menos mentalmente me apetecía mucho, quería acostarme con ella, pero mi soldadito se quedó dormido. Fue horrible, me quería morir, no sabía dónde meterme, me dio muchísima vergüenza. Intenté disimular, como si no me importara en realidad. Me acuerdo todavía de la cara de ella cuando fue a acariciarme y se dio cuenta de que aquello estaba..., mejor dicho, no estaba. Me tocó un poco para ver si resucitaba, pero al ver que no, se levantó, se vistió, y mientras sonreía y trataba de convencerme de que no pasaba nada, se marchó.

Después de ese episodio, Arturo intentó quedar con ella para quitarse la espinita. Es cierto que la chica le gustaba, pero sobre todo buscaba recuperar su reputación. Este intento es frecuente cuando un chico tiene un gatillazo: tratar de tener sexo rápidamente con la chica en cuestión o su pareja, si es el caso, para demostrarle y demostrarse que ha sido un accidente. Pero el resultado no es siempre el deseado. Es verdad que algunos hombres consiguen remontar el primer gatillazo con un bis en condiciones, pero eso dependerá sobre todo de la confianza que tengan en sí mismos.

Arturo quedó con Elena ya sin haber bebido, pensando que entonces no podía salir mal. Pero en realidad estaba nervioso, ella le imponía y le aterraba la idea de volver a fallar. Así que falló y encima esta vez ella sí le mostró su enfado: «Deja de marearme. Si te apetece de verdad, me llamas, pero para esto mejor me quedo en casa». La primera reacción de Arturo fue sentirse mal, pero enseguida se dijo: «La culpa es de ella, seguro que con otras no me pasa». Y lo intentó, sólo que el resultado se repetía con frecuencia. Es verdad que alguna vez había conseguido hacerlo sin problemas, pero la mayoría de las veces algo pasaba. O perdía la erección antes de penetrar, cuando le acariciaban, o al ponerse el preservativo. Él no desistía, hasta que un mal día tuvo un encuentro que le quitó las ganas de seguir teniendo sexo.

Fue con una chica que conocí hacía tiempo en el gimnasio. Una tarde me invitó a su casa para cenar y yo acepté. Esa vez no tuve la posibilidad ni de intentar penetrar. Cuando llegamos a la habitación, me empezó a tocar, me quitó los pantalones y empezó a hacerme sexo oral. No sé qué me pasó, pero aquello no funcionaba, ella insistía, pero seguía sin conseguir que se pusiera dura. Cuando llevaba un rato paró, me miró y me dijo: «Anda, súbete los pantalones y vete a casa, cuando te invité no era porque quisiera mascar chicle».

Después de estos chascos sexuales, Arturo se pasó mucho tiempo sin tener prácticamente sexo. A la consulta llegó desesperado. No tenía pareja, pero había una chica que le interesaba, Marta, con la que se planteaba tener algo más. El caso es que aunque parecía evidente que había alguna posibilidad, él no lo intentaba, le asustaba lo que pudiese pasar una vez que llegara el momento de tener sexo. El problema había hecho mella en él, y repetía frases como: «No me siento hombre. Es como si no sirviera para nada. Me siento un impotente, no sé qué hacer».

Antes de venir a verme, Arturo estuvo visitando al urólogo. Le hicieron diferentes analíticas y le dijeron que todo estaba bien y que, aunque lo que ocurría tenía una explicación psicológica y no física, le iban a recetar fármacos con el objetivo de aumentar su confianza sexual.

> Pero ni aun así —contaba—. Me tomé la pastilla y noté algo de mejoría. Es verdad que la notaba muy dura durante las caricias, incluso con el sexo oral, pero después, a la hora de la verdad, cuando tuve que penetrar, se me volvió a bajar.

En este caso, como en el de muchos otros hombres, su problema tiene el origen en un primer gatillazo, en el que probablemente el alcohol tuvo mucho que ver, aunque el motivo pudieran ser los nervios, que ese día estuviese cansado, el estar pensando en otra chica o un poco de cada cosa. No es importante en realidad, pero el resultado es el mismo: se acaba sembrando la semilla de la duda y uno se acerca al siguiente encuentro con el miedo a que pueda repetirse el fracaso. A mis pacientes les digo que esta duda es como el demonio de los dibujos, ese que se posa en un hombro compitiendo con el angelito que está en el otro y que diría frases del tipo: «¿Y si vuelves a fallar? El otro día hicimos el ridículo. Vigila cómo la tienes. ¡Uy, uy! Yo no la noto dura, ya verás cómo la volvemos a fastidiar». Una parte de la terapia será entrenar al angelito para que gane la batalla.

¿Dónde está el problema entonces? ¿En el alcohol? Pues no exactamente. Arturo bebió esa noche y tuvo un gatillazo, pero ha habido otros muchos encuentros y en la mayoría no ha estado el alcohol de por medio. Sin embargo, el resultado ha sido el mismo. En su caso, el alcohol es sólo el origen, pero el problema, lo que de verdad hace que se sucedan los gatillazos, no es otra cosa que la duda de la que ya os hablaba, el miedo a volver a fallar, la ansiedad anticipatoria. ¿Cuándo pasamos de un gatillazo a un problema sexual? Pues en realidad no hay un número concreto de «desvanecimientos» para poder hablar de disfunción eréctil; es algo mucho más subjetivo. Para definirlo, los profesionales hablamos de una «dificultad o incapacidad persistente para lograr o mantener una erección lo suficientemente firme como para mantener una relación sexual satisfactoria». Como os decía, esta definición tiene mucho de subjetivo; podríamos preguntar, por ejemplo, a partir de qué gatillazo se considera que el problema es persistente.

Sea como fuere, lo que a mí me interesa es si afecta a la pareja, si ambos están preocupados por lo que ocurre. Desde ese mismo instante hablamos de un problema y no voy a empeñarme en ponerle nombre; me parece mucho más práctico buscarle solución. En la práctica, a cada hombre se le encienden las alarmas en momentos diferentes, pero a todos, sin excepción, nos preocupa que nuestro soldadito no pueda con el peso y nos falle justo en el momento en que más lo necesitamos. Y es que éste es nuestro mayor temor sexual, es un ataque directo a nuestra autoestima sexual, por lo que tiene la capacidad de trastocarnos un poco, y por eso acabamos por hablar con nuestro pene, le amenazamos, le suplicamos y hasta tratamos de razonar con él. Llegamos a pensar que es un ser independiente, que va a lo suyo y toma sus propias decisiones.

Recuerdo lo que me contaba Hugo, un chico de 20 años que llegó a la consulta preocupado porque no podía tener relaciones con su pareja. Llevaban un año juntos y cada vez que se daba la situación, acababa por perder la erección:

> Ésta va a lo suyo, no me hace caso. Estamos en su casa de la playa, no están sus padres y nos tiramos toda la tarde allí, besándonos, tocándonos, poniéndonos malísimos, y cuando decidimos dar un paso más,

entonces ésta decide que no le da la gana. Mi novia al principio me decía que no pasaba nada, pero ya la última vez se puso a llorar y a preguntarme si me gustaba. Lo peor es que cuando me iba para casa en el coche, aquello empezó a ponerse duro, no podía hacer que se bajara y me pasé todo el camino así. Cuando subí a casa, me tuve que ir a la ducha, porque incluso me dolía.

Hechos como éste hacen que Hugo llegue a pensar que su pene le está tomando el pelo. En un chico joven y a pesar de la potencia sexual propia de la juventud, los nervios ante la situación son todavía más potentes. Pero tiene 20 años y cuando se relaja es normal que tenga erecciones y algunas de ellas de forma espontánea, sin necesidad de tener un sentido erótico. Es cosa de las hormonas.

Para Arturo es diferente. También es un chico joven, pero no se quita de la cabeza lo que le ocurre en todo el día. Constantemente le sobrevuela la preocupación y ésta le lleva a hacer cosas tan poco coherentes como las que me confesó:

Voy paseando o estoy en el trabajo, y de vez en cuando pienso en cómo debe estar mi pene. Me fijo y siempre lo noto dormido, es desesperante. Hay veces que lo siento como si se hubiese encogido o se hubiese metido para dentro del cuerpo.

No hace falta que os diga lo absurdo de la idea. Es lógico y hasta deseable que el pene no esté en erección en situaciones en las que no hay ningún tipo de estímulo erótico.

El chequeo no es sólo cosa de Arturo. Muchos pacientes tras un gatillazo se pasan el día comprobando el estado de su pene; en ocasiones, lo intentan poniéndose porno, masturbándose sin ganas o forzando una relación sexual. No es tan absurdo como esperar que el pene reaccione mientras paseamos o estamos trabajando, pero sí es igual de contraproducente. Cuando alguien se acerca al sexo sin excitación, sin deseo, sólo para ponerse a prueba o examinar su potencia sexual, su atención se centra en el estado de sus genitales, en vez de en los estímulos y los pensamientos que le excitan. En vez de atender al cuerpo de ella, a las fantasías que le gustan, al olor de su piel o al sabor de sus besos, se centran en la dureza de su pene. Qué complicado es excitarse así, ¿verdad?

Juan José Borrás,** amigo, maestro y una de las personas más relevantes en el mundo de la sexología a nivel mundial, tenía una frase genial para explicar el factor común a estos problemas de erección: «Los hombres nos empeñamos en poner demasiado peso sobre una parte muy pequeña de nuestro cuerpo».

Este peso excesivo es el causante de la persistencia del problema, aunque el origen pueda ser de lo más diverso. Hay casos, por ejemplo, en los que la falta de erección se asocia al uso del preservativo. Un día todo marchaba bien, pero cuando se paró para enfundarse el *chubasquero*, se perdió todo el ánimo que traía. Así que desde ese momento el preservativo se convierte en una señal de peligro, en el interruptor que enciende la alarma y que acaba por provocar el temido desenlace. ¿Habéis conocido a algún chico así? Muchas veces esconden el problema obligándote a no utilizar el preservativo. Dicen que no sienten nada, que no es lo mismo, que no disfrutan. Y claro, cuando se lo ponen y se cumple la profecía, blasfeman contra el plástico para disculparse por el incidente.

Hay hombres que son mucho más concretos y el problema únicamente aparece con una mujer en particular. ¿Adivináis con quién? Unos segundos para pensar. Aquellas que hayáis contestado cosas como «una que no le gusta en realidad» o «la menos atractiva» habéis fallado estrepitosamente. Recordad que os hablé de cómo la responsabilidad, el quedar bien, el no querer fallar eran las causas que mantenían el problema, y ¿con quién vamos a sentir más responsabilidad? Pues con aquella que nos gusta de verdad o nos parece más atractiva. Es más, a la consulta llegan casos de hombres que

** Juan José Borrás Valls (1954-2010). Doctor en Medicina, codirector del Instituto Espill, Presidente de Honor de Asociación Española de Sexología, fundador de la Academia Española de Sexología y Medicina Sexual, Director Asesor de la OMS en materia de Salud Sexual y un largo etcétera. En resumen, fue uno de los profesionales de la sexología más reconocidos en todo el planeta.

Prevención de las enfermedades de transmisión sexual (ETS)

¿Que tengo una ETS? Pero si el chico era muy limpio y tenía muy buena pinta

No creo que haga falta recordarlo, pero por si acaso: ¡cuidado con las presiones de los hombres que, por su «fobia al preservativo», tratan de convencer a sus parejas ocasionales para mantener relaciones sexuales sin utilizar el condón! El hecho de que tomes la píldora anticonceptiva te protege únicamente de un embarazo no deseado, pero en absoluto de las enfermedades de transmisión sexual. El sida es la más conocida y grave que puedes contraer por esta vía, pero no la única. El virus del papiloma humano, la gonorrea, la sífilis, la clamidia, el condiloma o el herpes genital son otras infecciones a las que estás expuesta si no te proteges. Ojo con los mitos: «Si es un chico muy limpio, muy guapo y le conozco. Es imposible que tenga nada». Piensa que si trata de tener sexo contigo sin protección, también lo habrá intentado en sus otras relaciones, por más que diga que eres la única chica a la que se lo ha pedido. Piensa que cada vez que se ha salido con la suya, aumenta la probabilidad de que tenga una infección. Y no vale con preguntarle si padece alguna infección: primero, porque puede mentirte; segundo, porque quizá ni siquiera él mismo lo sepa.

nunca habían sufrido un gatillazo después de muchas aventuras, hasta que sintieron por primera vez que se habían enamorado.

¿Y vuestra parte de responsabilidad? Sí, sí. No os escondáis, algunos hombres comenzaron a tener dificultades para levantar su soldadito a partir de una frase con poder de maleficio que surgió de unos aparentemente inocentes labios femeninos. Perlas como: «¿Se puede saber qué te pasa?», «Yo para esto no me pongo», «Cuando tengas ganas de verdad me avisas», «¿Va a ser siempre igual?», «Mi ex no fallaba nunca», «Qué decepción, con lo que prometías», «Mucho ir de machito y a la hora de la verdad se te va la fuerza por la boca»... Os he hablado ya de la ley de acción-reacción. Nuestra conducta y la vuestra provocan una reacción en el otro y, por desgracia, no siempre la que deseamos. Arturo no puede olvidar la cara de Elena cuando vio que aquello no reaccionaba; después, en otras situaciones, con otras chicas, esa imagen se ha colado como una intrusa en medio de un episodio sexual. Como imaginaréis, ayudar, lo que se dice ayudar, esa imagen no ha ayudado demasiado a levantar el ánimo.

Cuando flirteo con una chica me siento más o menos cómodo. Pero cuando vamos a más, empiezo a ponerme nervioso; en cada acercamiento chequeo las reacciones de mi entrepierna. Cuando veo que tengo una erección, me tranquilizo un poco, pero si no reacciona... ¡Uf! Intento esforzarme para ver si lo consigo. Muchas veces revivo la escena en la que Elena se marchaba, la sonrisa forzada con la que me decía que no pasaba nada. Lo paso fatal, pero creo que me duele más cuando me acuerdo de mi compañera del gimnasio diciéndome lo del chicle. ¡Qué vergüenza!

Estaréis conmigo en que las reacciones que os describo, agradables, lo que se dice agradables, no son. Al igual que le ocurre a Arturo, muchos hombres tienen grabadas a fuego frases, caras y gestos de parejas sexuales que ese día se dejaron olvidada la comprensión en el otro bolso.

Pero si hablamos de comprensión, lo justo es mirar también hacia vosotras. ¿Cómo os sentís cuando él, o más bien el pene de él, no responde a esa lencería estupenda, a vuestro cuerpo desnudo, a las caricias y a los besos? ¿Cómo os habéis sentido cuando os ha pasado? Y si no os ha pasado, ¿cómo creéis que os sentiríais? Cada mujer es diferente, es verdad, pero por lo general los pensamientos que se disparan son del tipo: «Ya no le gusto», «No soy suficientemente atractiva para él», «¿Qué estoy haciendo mal?». Las consecuencias de estos pensamientos suelen ser la tristeza y la pérdida de vuestra autoestima. Y es que la autoestima sexual femenina se alimenta principalmente de lo atractiva y deseada que se sienta la mujer.

Vuestras reacciones no siempre son autocríticas. Algunas mujeres le culpan a él de lo sucedido: «Seguro que está con otra», «¿Y si es gay?», «Si se cuidara un poco más no pasarían estas cosas». Estos pensamientos generan enfado; de alguna manera sirven como mecanismo de defensa para evitar el ataque a la autoestima.

¿Un mecanismo de defensa? Basta de ser políticamente correcto, José. Es verdad que podéis acabar buscando una explicación que os genere enfado, pero para provocaros cabreo en una situación así no hace falta tener una coartada racional. «Me enfadé porque pensé que había otra mujer.» ¿O es que no sois humanas? Estoy seguro de que la mayoría tratáis de disimularlo para no hacerle daño, y eso os honra, pero cuando una mujer se siente frustrada, le sale el cabreo, la mala leche y hasta la rabia. No os sintáis mal por ello. Es normal la reacción visceral cuando después de los besos y las caricias llega la excitación y el deseo de sentirlo dentro, pero os encontráis que el hasta entonces ágil guerrero se ha convertido, como en el título de este apartado, en un pesado e inmóvil soldadito de plomo.

4

«Lo siento, cariño, pero yo ya...»

> El sexo es como una partida de mus: si no tienes una buena pareja, más te vale tener una buena mano.
>
> MAE WEST

«¡Lo bueno si breve, dos veces bueno!» Ojalá, pensarán muchos de mis pacientes, y es que sin querer ser yo quien contradiga la máxima, resulta que en esto del sexo la brevedad no es muy buena compañera, al menos en lo que respecta al tiempo que tardamos nosotros en eyacular. ¿No crees?

Cuando miro las estadísticas de la consulta y las comparo con las de mis compañeros de profesión, me queda meridianamente claro que, hoy por hoy, la eyaculación precoz (EP) es la causa principal por la que los hombres acuden a terapia sexual. Si miramos las encuestas, comprobamos que entre un 25 y un 40 % de los varones españoles están preocupados por su control eyaculatorio. Qué horquilla más ancha, ¿no os parece? Entre el 25 % y el 40 % hay una diferencia sustancial. No sé si los porcentajes serán reales, pero sea como fuere, y a juzgar por mi experiencia, me atrevería a decir que probablemente el porcentaje real sea más cercano al 40 % que al 25 %. Y es que, en lo que al sexo se refiere, a los españoles nos gusta quedar bien hasta en las encuestas. Así que por muy anónimas que sean, me da que tratamos de sacar pecho cuando nos preguntan.

Lo que queda claro, con o sin encuestas, es que el control de la eyaculación es un problema relativamente frecuente. Pero ¿sabemos de qué hablamos cuando hablamos de eyaculación precoz? Dicho de otra forma, ¿cómo sabemos que un hombre es eyaculador precoz?

¿Haciendo una analítica? No, pongámonos serios, ya os digo yo que haciendo una analítica no. Pero entonces, ¿cómo?

La primera respuesta es rápida: «Un eyaculador precoz es un hombre que termina demasiado rápido». Podría estar más o menos de acuerdo, sin embargo, ¿cómo medimos el «demasiado rápido»? ¿Es una cuestión de tiempo? El tiempo es relativo —ya nos lo advirtió Einstein—, y quiénes somos nosotros para contradecirle. Se trata pues de medirlo. ¿Es eyaculador precoz el que tarda menos de un minuto? ¿O ponemos el límite en los dos minutos? Y si aceptamos que fueran dos minutos, ¿cuándo empezamos a contar? ¿Cuando empiezas a acariciarle? ¿Cuando tiene una erección? ¿En la penetración? ¿Cuando sabe que va a tener sexo? Porque es obvio que no es lo mismo penetrar directamente, así aguantas mucho más, que dedicar un tiempo a acariciarnos el uno al otro. Demasiadas preguntas; así pues, el tiempo no parece un buen índice para el diagnóstico, aunque hay quien mira el reloj para ver si esta vez ha mejorado su marca.

Desde la ciencia se planteó que quizás el tiempo no fuera en realidad lo importante, sino el número de penetraciones que se pueden realizar antes de lo inevitable. Pero entonces ¿cuántos movimientos pélvicos debes ser capaz de ejecutar para no ser considerado eyaculador precoz? ¿Hay que tener en cuenta el ritmo? Está claro que para la mayoría, la velocidad del movimiento es inversamente proporcional al control; vamos, que cuanto más rápido nos movemos, menos duramos. También en este caso tendríamos que tener en cuenta si hemos ido directamente al grano o ha habido calentamiento. Con esto, tenemos que descartar también el número de movimientos como medida. Habrá que seguir buscando.

Parece que no va a ser sencillo encontrar una definición. Pero espera... ¡ya está! Alguien será eyaculador precoz cuando en sus relaciones sexuales no pueda aguantar lo suficiente para que su pareja tenga un orgasmo. ¿Qué tal así? Nooooo, no pongáis esa cara de satisfacción, que esta definición también tiene pegas. ¿Cómo podemos medir el control de él en función de los orgasmos de ella? ¿Y si ella tarda muchísimo? ¿Y si tiene problemas para llegar con la penetración o directamente no ha tenido jamás un orgasmo? Por si fuera poco, el cuerpo no siempre está igual y lo que un día se consigue con relativa facilidad, otro puede convertirse en una misión imposible. He tenido chicos en la consulta que se autoetiquetan como eyaculadores precoces simplemente porque su pareja no ha tenido nunca un orgasmo, pero ambos tienen la percepción de que si él aguantara más, seguro que lo conseguiría.

Así que ni el tiempo, ni el número de movimientos, ni siquiera la satisfacción de la pareja son buenos marcadores. ¿Cómo sabemos entonces si alguien es o no eyaculador precoz?

Desde la sexología, fue Helen Kaplan quien acertó con la definición más adecuada. Para ella, el diagnóstico se produce cuando el hombre es incapaz de tener un control «razonablemente voluntario» sobre la eyaculación, es decir, que alcanza el orgasmo de forma involuntaria. ¿He dicho orgasmo? La palabra no es del todo acertada, ya que aunque en la mayoría de las veces orgasmo y eyaculación comparten tiempo y espacio, no siempre es así. De hecho, hay muchos hombres con problemas de control que explican que sus eyaculaciones no son placenteras, no llegar a sentir siquiera esa sensación subjetiva de orgasmo. Imaginad la contradicción, el momento cumbre en el placer se asocia a derrota, a «otra vez no» o «¿ya?». Es muy complicado sentir placer así.

Os cuento todo esto porque mi experiencia en la consulta me dice que cuanto mejor conozcáis lo que ocurre, más sencillo será afrontarlo y buscar una solución. Recuerdo a Marina, por ejemplo, una chica de 29 años que llegó a mi consulta muy enfadada con su pareja. Ella estaba convencida de que él no retrasaba la eyaculación porque no quería, y me decía:

¡Claro! Él está ahí pasándolo bien y cuando ve que llega no le da la gana frenarlo. En frío me promete que la próxima vez aguantará más, pero luego con todo el calentón se olvida de lo prometido.

Esta percepción de que él tiene su orgasmo es más común de lo que pensamos, pero la eyaculación precoz, tal y como nos contó

Kaplan, se define precisamente porque el hombre no tiene un control razonablemente voluntario. Tal y como le conté a Marina, la respuesta sexual masculina, cuando no hay ningún problema, sigue esta curva:

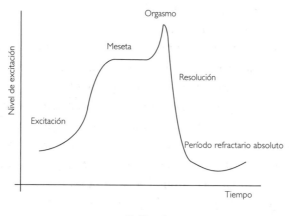

Gráfico 1

Nos excitamos, y el placer va en aumento hasta que llegamos a lo que se denomina fase de meseta. Si todo va bien, cuando llegamos a ese punto sabemos que estamos cerca del orgasmo, pero todavía somos capaces de controlar, eso sí, si continuamos con la estimulación llegaremos al llamado punto de no retorno —me encanta ese nombre, es como de película de miedo—. Pues bien, una vez llegamos a este punto, no hay forma de parar la eyaculación, aunque no hagamos nada, aunque dejemos de recibir estimulación, aunque nos pongamos a pensar en la declaración de la renta, se acabó, la eyaculación es inevitable. No se puede decir que el punto de no retorno se ande con ambigüedades: es justo lo que promete.

Así que es ahí precisamente, en esa relación entre la meseta y el punto de no retorno, donde se encuentra la diferencia entre un hombre con problemas de control eyaculatorio y uno que no. Bueno más en concreto, en la «no relación», ya que los hombres con eyaculación precoz no pasan por la meseta, sino que van directamente de la excitación al punto de no retorno y a la consecuente eyaculación.

Aquí os dejo una gráfica que muestra la respuesta sexual masculina cuando hay un problema de eyaculación precoz:

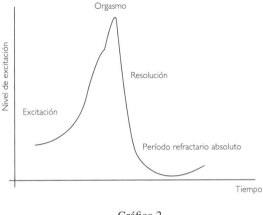

Gráfico 2

Muchos hombres que viven este problema describen cómo durante la relación sexual, de pronto, sin previo aviso, les sobreviene un aumento brusco de la excitación llevándolos de golpe al punto de no retorno. Gabriel lo explicaba de la siguiente manera:

Es como si estuviese paseando cerca de un precipicio. Tengo miedo a caerme porque estoy cerca del borde, pero aún a una distancia prudente; pero de repente alguien me empuja y me quedo unos segundos en el filo, tratando de hacer equilibrios, pero sabiendo en realidad que ya me voy a caer.

Con la misma angustia con la que me relataba ese empujón hacia el punto de no retorno, me llamó por primera vez en plenas vacaciones de Navidad para una cita urgente. Gabriel tenía 32 años cuando vino a verme.

Estoy desesperado. Temo que como siga así, Olga me deje. Llevamos cinco años juntos y el otro día me dijo que no podía más. La sensación de impotencia es horrible. Últimamente ni me acerco a ella porque sé que saldrá mal y después nos pasaremos el día entero distantes,

63

tristes, cuando no enfadados. He probado de todo, masturbarme antes cuando sé que vamos a tener sexo, pellizcarme o morderme mientras estamos juntos. He probado a pensar en la muerte o en carne podrida, pero nada de nada. El resultado es el mismo y si me apuras, creo que ha ido a peor.

Es frecuente encontrar este desasosiego en ellos. Es verdad que cada caso es diferente y siempre encuentras matices concretos en cada persona, pero también hay muchas generalidades. Gabriel, como tantos otros pacientes, explica que no se quita el problema de la cabeza, que piensa en ello a menudo y que se acentúa cuando se acerca la posibilidad de tener un encuentro. Es entonces cuando aparecen los nervios y los pensamientos negativos: «¿Qué tal irá esta vez? Seguro que la acaba fastidiando». Hay una pregunta que siempre hago a los pacientes con eyaculación precoz y que por supuesto le hice a Gabriel: «¿Cuánto tiempo hace que no te acercas a una relación sexual tranquilo, con la única idea de pasarlo bien?». Son sorprendentes las repuestas, pero no sólo las verbales, sino sus caras cuando son conscientes del tiempo que llevan viviendo el sexo como un problema.

Gabriel se quedó callado cuando le hice la pregunta. Su rostro reflejaba tristeza. Finalmente, tras un silencio contestó:

No lo recuerdo. Tengo la impresión de que nunca, pero en realidad con mi primera novia, como no sabíamos ni lo que era el orgasmo, creo que sí me dejaba llevar y lo pasaba bien. Para ella el sexo tampoco era una cosa importante y le daba igual que yo llegara pronto. Sin embargo, al final de la relación sí hablamos alguna vez de que aquello no era muy normal, pero se quedó ahí.

Olga era una mujer con mucho carácter y hablaba sin tapujos sobre sexualidad. En cuanto al deseo, decía que siempre había tenido un poco menos que él, problema que había hecho que pasaran por muchas fases.

He tenido mucha paciencia con todo esto. Al principio, no le daba importancia y me mostraba comprensiva. Además, él se esforzaba y con la masturbación o el sexo oral yo me quedaba satisfecha. Yo pensaba: «Con el tiempo esto mejorará, seguro que poco a poco va aprendiendo a controlar». Pero pasaba el tiempo y nada. Llegó un momento en el que cuando él llegaba, ya no me apetecía que me hiciera nada, ni siquiera que me tocara. Claro que me gusta que me toque o que me haga sexo oral, así llego al orgasmo muchas veces y lo disfruto, pero de vez en cuando me apetece sentirle dentro y llegar así. Igual es porque sé que no lo puedo tener, pero cada vez me gusta menos llegar si no es haciendo el amor. Por eso antes, cuando lo intentábamos una y otra vez y no había forma, trataba de disimular, pero cada vez me costaba más y por dentro me iba enfadando aunque no le dijera nada. El colmo fue cuando él empezó a dar golpes o a salirse de la habitación cada vez que se iba pronto. Llegó un punto en el que él no me buscaba, era como que no le apetecía, así que lo buscaba yo. Ahora, sin embargo, estoy cansada, ya no tengo ganas de tener sexo con él. ¿Para qué, si va a ser como siempre, si me voy a quedar igual? Yo le quiero, pero el sexo es importante, al menos para mí, y me frustra muchísimo esto, no puedo más.

¿Nunca has vivido algo así? Pues imagina lo siguiente: tu pareja te propone ir a una fiesta, te da algo de pereza, tienes que prepararte y al día siguiente madrugas, pero en el fondo esperas pasarlo bien y él está muy ilusionado, así que accedes. Él se ha arreglado en apenas cinco minutos, tú has necesitado algo más. Llegáis a la fiesta y él desde el principio disfruta muchísimo; a ti te cuesta un poco, pero poco a poco te vas sintiendo más cómoda. Ponen una canción que te gusta y ahora sí que empiezas a pasarlo bien, y en ese instante, ¡plof! Apagan la música y se acabó lo que se daba, toca volverse a casa. Ahora imagina que esto no es una anécdota, sino que te pasa una y otra vez.

Si conocéis el sexo con un hombre con eyaculación precoz, seguro que identificáis pensamientos, sensaciones y actitudes. Algo frecuente, por ejemplo, es que él quiera penetrar cuanto antes, no tanto por no dedicarle tiempo a ella, sino por no dejarse hacer, y es que en realidad ellos tratan de compensar el poco aguante en la penetración haciendo disfrutar a la pareja en el antes. Es recurrente la queja femenina: «No puedo ni tocarle. Me gusta jugar con su cuerpo, pero en cuanto le rozo un poco ya me está diciendo: "Déjame, estate quieta...", y si insisto se llega a poner muy brusco».

Por suerte para Gabriel, Olga no es de las mujeres que necesitan necesariamente la penetración para llegar al orgasmo. Es curioso, aunque el estudio de vuestra anatomía nos diga que es mucho más sencillo que disfrutéis mediante la caricia directa del clítoris, con la mano, la boca, un vibrador o como sea, y tengamos claro que la penetración es una forma de placer más complicada, hay mujeres que no consiguen alcanzar el clímax si no es de esta forma.

Quizá no os lo parezca, pero os aseguro que es llamativo que esto pase. La explicación sin embargo es bien sencilla, aunque por esta vez seré bueno, estamos hablando de eyaculación precoz y no es el lugar para insistir sobre los estragos de una educación sexual coitocéntrica y especialmente represiva con vuestra sexualidad.

Cuando hay problemas, la exigencia de la penetración se convierte para un hombre en un peso enorme. Como os decía, Gabriel, sin embargo, ha tenido la suerte de sentir que ella disfrutaba con él, aunque no fuera mediante el coito.

Si hay un problema sexual que desarrolla el ingenio, ése es la eyaculación precoz. No sé si contaros todo esto; quizás algunos hombres se molesten porque destape sus estrategias; me siento un poco como aquel amigo que siempre desvela los trucos de magia y te hace quedar en ridículo delante de todos. Pero pensándolo mejor, en realidad, la mayoría de estas artimañas no funciona a la larga, es más, suponen como poco retrasar el momento de enfrentarse al problema, cuando no lo empeoran. Así que es casi un favor que les hago a ellos: cuanto antes saquemos a relucir el problema, antes nos pondremos manos a la obra para resolverlo.

No hay más que hablar, os lo cuento y punto, entre otras cosas porque la mayoría tiene su origen en el saber popular.

Catálogo de trucos para (mal)vivir
con la eyaculación precoz

EL GRANO DE CAFÉ

Cuando tenía 15 años, en el instituto nos hicieron leer para la asignatura de lengua valenciana un libro titulado *Un negre amb un saxo* [Un negro con un saxo].* Recuerdo poco de la historia que contaba, pero me quedé con una escena de sexo en la que el detective y personaje principal utilizaba un grano de café para controlar su eyaculación. Cada vez que un paciente me cuenta esta estrategia no puedo evitar acordarme de esa novela.

El supuesto método consiste en ponerse en la boca un grano de café e ir chupándolo durante la relación hasta el punto de morderlo y masticarlo cuando la excitación es muy alta.

Además de ser un poco incómodo estar con granos de café en la boca en mitad de una relación sexual, la eficacia del método es muy cuestionable.

— *Eficacia*. El efecto de la cafeína y la distracción que supone tener el grano de café en la boca, más el sabor amargo al masticarlo pueden retrasar ligeramente la eyaculación; sin embargo, en ningún caso será un efecto muy llamativo, por no mencionar la incomodidad de tener un grano de café en la boca. Aun olvidándonos de esto, la eficacia sería baja.
— *Riesgos*. En principio no supone ningún peligro, más allá de algún atragantamiento o el insomnio derivado del consumo de café en medio de la noche.

EL ALCOHOL

La ingesta de alcohol, entre muchos otros, tiene un efecto anestésico sobre nuestro cuerpo. Muchos hombres han comprobado que al

---

* Ferran Torrent, Barcelona, Quaderns Crema, 1998.

consumirlo consiguen aguantar más en sus relaciones sexuales, por eso algunos lo utilizan para tratar de prolongar el encuentro.

—*Eficacia*. El retraso en la respuesta sexual con el consumo de alcohol es incuestionable. Dejando al margen todos los peros, es cierto que el alcohol es eficaz para retrasar la eyaculación.

—*Riesgos*. Los riesgos son muchos y por eso no podemos considerar el consumo de alcohol como un método para mejorar el control eyaculatorio. Desde los problemas derivados del consumo de alcohol en general, pasando por la dependencia que se puede producir de la sustancia para mantener relaciones sexuales, hasta el de crear un nuevo problema, esta vez de disfunción eréctil. Como ya vimos en el capítulo anterior, si bebemos de más, a la dificultad para eyacular se le suma la de conseguir levantar al soldadito.

PENSAMIENTOS QUE DISTRAEN

Seguro que has oído hablar de este truco y hasta puede que se lo hayas sugerido a tu pareja. ¿En qué consiste? Pues es sencillo: basta con centrar la atención en cualquier pensamiento que nada tenga que ver con el sexo y funcione como una distracción. Aunque la idea es común para todos, sin embargo los pensamientos son de lo más variopinto. Yo he escuchado desde el que repasa la alineación de su equipo de fútbol o hace cuentas sobre lo que se ha gastado ese mes, hasta el que ejercita las matemáticas con restas complicadas o hace mentalmente la mochila del gimnasio.

Una variedad más potente es escoger un pensamiento que no sólo distraiga, sino que sea contrario al placer. Conozco a personas que pensaban en basura, en sus abuelas, en que les ponían una sonda, les hacían un corte en el pene y otros *agradables* pensamientos.

—*Eficacia*. Dependerá mucho de la capacidad de concentración que tenga el chico. Evidentemente, si uno se va completamente de la situación erótica, las sensaciones placenteras se reducen y se puede llegar a retrasar la eyaculación. No es sencillo conseguir esa concentración y además la estimulación existe, aunque no estemos pendiente de ella. Así que el nivel de eficacia será medio.

—*Riesgos*. Hay varios riesgos que pueden hacer fracasar este remedio: en primer lugar, el hecho de que a la pareja no le haga gracia ver cómo su chico está a años luz del encuentro sexual; en segundo lugar, si de verdad conseguimos alejarnos de lo que allí está pasando, probablemente acabaremos perdiendo la erección.

DOLOR FÍSICO

La técnica busca rebajar la excitación utilizando el dolor físico para ello. Las formas más comunes de hacerse daño que utilizan los hombres que emplean este método como forma de control son pellizcarse las piernas, tirarse del pelo o morderse en la boca.

—*Eficacia*. El dolor es en términos generales lo contrario al placer. En medio de una relación sexual, un mordisco en la cara interna de la mejilla, un pellizco o arrancarse un pelo del cuerpo es una manera de conseguir rebajar la excitación, pero servirá únicamente de manera momentánea y sobre todo como distracción. La eficacia es más bien baja.

—*Riesgos*. El principal riesgo es hacernos alguna herida, sobre todo si tratamos de mordernos, pero hay más; algunas personas en su intento por rebajar el placer utilizando el dolor han empezado a asociarlo hasta el punto de que después buscan dolor como forma de excitación en una suerte de masoquismo aprendido.

¿Habéis visto *Algo pasa con Mary*?** Una de las escenas más populares de la película es la del gel fijador; no os desvelo nada, podéis ver el filme entero o, si lo preferís, encontrar esta secuencia en YouTube sin dificultad. El caso es que en la película, al personaje de Ben Stiller le aconsejan «descargar» antes de quedar con la chica.

Este consejo es común entre los hombres para poder aguantar más con la pareja. La idea es sencilla, únicamente consiste en masturbarse antes de la relación sexual como manera de retrasar la eyaculación en el encuentro.

—*Eficacia*. Es cierto, después de una primera eyaculación, en general tardaremos algo más si iniciamos un segundo coito. Esta regla no es perfecta; en ocasiones en el segundo coito tenemos mayor sensibilidad y nos excitamos más, no es una ciencia exacta. Al margen de que no siempre funcione la regla, salvo en casos concretos, tampoco hay una gran diferencia. Eficacia baja.

—*Riesgos*. El período refractario hace que tras una eyaculación, el hombre necesite un tiempo de descanso para poder volver a tener otra erección. Así que una de las consecuencias comunes es que tras haberse masturbado, el chico trate de mantener una relación sexual, pero no consiga la erección.

VIAGRA® Y FÁRMACOS DE SU MISMA FAMILIA

No es que la Viagra® y demás miembros de la familia retrasen la respuesta sexual, en absoluto, lo que sí hacen, además de facilitar la erección, es permitir acortar el tiempo de recuperación una vez que se ha eyaculado. Con esta propiedad del fármaco tratan de compensar la fugacidad del primero e incluso del segundo coito. Así pues, algunos hombres con esta dificultad toman el fármaco para asegurar-

---

** *There's Something About Mary*, Peter y Robert Farrelly, 1998.

se de que tendrán más de una relación sexual con penetración, o bien para poder masturbarse una o dos veces antes del encuentro y llegar con más probabilidades de *durar* más tiempo.

—*Eficacia*. Sirve únicamente para disponer de más intentos, aunque es cierto que tras cada eyaculación la siguiente tiende a retrasarse. En alguna ocasión puede funcionar si el problema de control no es muy grave (si lo es, no hay una mejora notable de una a otra relación sexual) y si se tiene la posibilidad de tener varios coitos en el mismo encuentro. Por tanto, eficacia baja.

—*Riesgos*. Para empezar, la Viagra® es un fármaco que necesita receta médica, ya que tomarlo a la ligera puede conllevar problemas de salud derivados y su uso está prescrito para dificultades en la erección, no en el control eyaculatorio. Además, aunque con el fármaco consiguiéramos tapar el problema de control, se corre el riesgo de depender de éste para disfrutar de las relaciones sexuales.

PRESERVATIVOS CON RETARDANTE

Existen en el mercado preservativos que incorporan benzocaína, un anestésico de uso tópico para retrasar la respuesta sexual. Algunas cremas de venta en *sex shops* también contienen esta sustancia para obtener el mismo efecto.

La manera de utilizarlos es la siguiente: una vez conseguida la erección, se coloca el preservativo con benzocaína o se aplica la crema directamente en el glande. A los pocos segundos, la zona se anestesia, lo que reduce las sensaciones y por tanto retrasa el orgasmo.

—*Eficacia*. La anestesia del pene puede ayudar en muchos casos a retrasar la eyaculación, pero no a todo el mundo le funciona de la misma forma. Hay hombres que aseguran que alargan muchísimo sus relaciones, otros que no, aunque se les ador-

71

mezca aguantan lo mismo, y a algunos sólo les ayuda a estirar ligeramente el tiempo. Eficacia media, por tanto.

—*Riesgos*. Desde los casos en los que el chico se ha hecho un lío y ha acabado por impregnar de benzocaína la vulva de ella y se ha quedado anestesiada la zona, hasta el problema más común, que es la pérdida de erección por la falta de sensibilidad. Cuidado también con las alergias: hay hombres a los que la sustancia les produce reacciones cutáneas (se recomienda siempre probar la benzocaína en el cuello para comprobar que no hay reacción).

EVITAR EL SEXO CON PENETRACIÓN

No es exactamente un truco para retrasar la eyaculación, pero sí es una práctica que utilizan muchos hombres con problemas de control para «salvar» el problema. Consiste en buscar excusas para que no haya penetración y que haya juegos como la masturbación y el sexo oral mutuos. ¿Cuáles son las más usadas? Pues algunas del tipo «Me duele un poco el pene», «Me gusta más cuando tienes un orgasmo con mi mano o con mi boca», «Se me han olvidado los preservativos, pero podemos pasarlo bien de otras formas», etc.

—*Eficacia*. Si la pareja accede, es una manera de vivir el sexo tan válida como el coito y en ocasiones incluso más placentera. El máximo beneficio es aprender que se puede disfrutar del sexo aunque no haya penetración. Esta idea hace que estemos más seguros de que ella lo pasará bien aunque acabemos pronto, y relajados habitualmente aguantamos mucho más. Pero esto es sólo una posibilidad y depende muchísimo de la manera en la que lo viva la pareja, así que eficacia baja.

—*Riesgos*. Evitar el problema, lejos de resolverlo, acostumbra a hacerlo más grande. Los hombres que utilizan está táctica acaban por sentir ansiedad ante la idea de la penetración, por lo que se rehúye el encuentro, se siguen buscando excusas y cuando ya no es posible y se lleva a cabo, la tensión es tan alta que ha empeorado el problema de control.

Si te fijas, la mayoría de los consejos que nos contamos los hombres para conseguir aguantar más tienen un denominador común: rebajar la sensibilidad del pene, bien utilizando alguna sustancia, bien desviando la atención fuera de la escena erótica, bien provocándonos dolor o teniendo más de una relación. Qué pena, ¿no? Uno se acerca al sexo para disfrutar, para transmitir emociones, para sentir con el otro y acaba, sin darse cuenta, tratando de anestesiar el cuerpo o distraer la mente para no ser consciente del momento. Imaginad entonces lo que sentimos, lo duro que es para nosotros tener la sensación de que no conseguimos satisfaceros sexualmente. Sólo así entenderéis todo lo que estamos dispuestos a hacer para lograrlo.

¿Os acordáis de Gabriel? Él contaba algo que resulta muy familiar en una consulta.

No disfruto de las relaciones, me paso el tiempo tenso, pensando en que no me toque aquí o allí para no excitarme demasiado, pero lo peor es que he llegado a odiar el orgasmo cuando siento que viene... JODER, ¡NO! Es como si me dieran un golpe. Me da tanta rabia que no siento placer. A veces me dan ganas de llorar. Aun así, esto es lo de menos, el placer me da igual, de verdad, lo que quiero es sentirme hombre. Cambiaría todo el placer del mundo por ver cómo ella tiene un orgasmo mientras lo hacemos.

5

Pero el tamaño, ¿importa o no?

> Mi novia siempre se ríe mientras le hago el amor, no
> importa lo que esté leyendo.
>
> STEVE JOBS

Aquí sentado, tratando de hablaros a vosotras sobre si el tamaño del pene importa o no, lo primero que me sale es preguntaros: «¿Os importa?». Porque además de nuestros complejos —ahora entraremos en ellos—, vuestra opinión es muy importante en este tema, así que manos a la obra. Abro mi correo y le mando a un grupo importante de amigas, conocidas, pacientes, etc., una encuesta para que me den su opinión sincera sobre la importancia que le dan al tamaño. Mientras espero a que vayan llegando las respuestas, os cuento mi opinión y mi experiencia profesional.

Entonces, ¿el tamaño del pene es importante para el placer? ¡PUES CLARO QUE IMPORTA! Y lo escribo bien grande porque también el tamaño de la letra tiene su relevancia. Es importante para muchas mujeres, pero tanto como es importante que él sea rubio, moreno, argentino, delgado, musculado o que tenga un culito respingón, tanto como nos importa a nosotros su acento francés, que se haya hecho las ingles brasileñas o tenga unos pechos más o menos grandes.

Un segundo, ya me llegan algunas respuestas, por aquello de no manipular, he decido ni retocarlas, ni comentarlas. Juzgad vosotras mismas.

«Más de dieciséis centímetros y menos de veintidós», responde una. Dice otra: «Grande, pero no más de veinte centímetros»; y otra más: «No me importa, he estado con muchos hombres y no me lo he pasado mejor con los que la tenían más grande». Bea comenta: «Para mí, sinceramente, el tamaño no es importante, me importa mucho más que sepa moverse». Y otra chica: «Me importa más que esté limpita».

Por el momento, lo que la ciencia sabe es que una vez alcanzada la talla mínima, siete centímetros (siempre medidos en erección), el placer sexual que se obtiene durante la penetración *no tiene relación alguna con el tamaño*. Recuerda que la fuente principal de placer en la mujer se localiza en el clítoris y éste está fuera de la vagina, por lo que para alcanzarlo no hace falta buscar en lo más profundo de la cueva, basta con quedarse en el dintel de la puerta.

Alguna me dirá: «Sí, claro, eso está muy bien. Pero ¡¿y el punto G?!».

Calma, es verdad que la vagina también tiene terminaciones nerviosas y por tanto capacidad de proporcionar placer, sólo que esta sensibilidad se concentra en el primer tercio, justo en la entrada, donde, fíjate qué coincidencia, se encuentra el punto G. Así que la longitud del miembro masculino poco tiene que ver.

Hay algo que me preguntan en muchas charlas y foros, y es sobre la importancia, no tanto de la longitud del pene como de su grosor. Me viene genial para mostraros más respuestas de mujeres. Lo confieso, me habían llegado antes, pero las guardaba para cuando os hablara de esto.

Lorena escribe: «Yo las prefiero gruesas, el tamaño me gusta normal, ni grande ni pequeña». Otras dos chicas que prefieren permanecer en el anonimato afirman: «A mí lo larga que sea me da igual, lo que sí valoro es el grosor», «Yo la prefiero grande, pero sobre todo gorda».

Sí, es cierto que un pene más grueso puede proporcionar una mayor fricción en las paredes de la vagina y por vibración facilitar la estimulación indirecta del clítoris. Sin embargo, esto es relativo, pues la fricción tiene mucho más que ver con la fuerza de vuestro suelo pélvico. La vagina es un músculo flexible con la capacidad de adaptarse a lo que se introduzca. Si la musculatura es fuerte, la vagina abrazará con fuerza un tamaño mayor o menor, provocando la misma fricción; sin embargo, si está débil cada vez se irá dilatando más durante la penetración y perdiendo esa sensación de que el pene llena toda la cavidad vaginal.

Podéis estar de acuerdo o no y podemos pasarnos la vida discutiendo sobre si para ti en concreto es o no importante, si alguna disfruta mucho más con un pene más largo o más grueso y seguramente todas tendréis razón. Y es que el placer es subjetivo, los gustos se entrenan y tienen mucho de lo aprendido socialmente, y alimentado por el cine y la televisión.

El pene y los pechos son símbolos de masculinidad y de feminidad, por eso nos llega la idea de que cuanto más grandes son, más hombre o más mujer somos. Pero piensa, ¿hay alguna relación entre un busto mayor y disfrutar más en la cama?

Ésa es la clave. El placer tiene mucho menos que ver con las terminaciones nerviosas o las sensaciones físicas de lo que pensamos y mucho más con lo que «nos pone» del otro.

Al respecto, me ha parecido muy interesante la respuesta de Gema, así que os la dejo aquí.

¿Las prefieres grandes?

Si no hay una atracción fuerte previa (es decir, una persona con la que yo haya fantaseado anteriormente y/o que me guste bastante), yo las prefiero grandes, porque me resulta más placentero no tanto por lo fisiológico, como por lo mental. Está claro que no voy a llegar al orgasmo sólo con la penetración, pero de todos modos, una la nota más, y esto psicológicamente adquiere otros tintes, como aquello del poder masculino y de la fuerza. Imagino que es un poco inconsciente, pero a mí particularmente me influye.

Eso sí, hay un pero. Aunque me ponga más un pene grande, sin unos buenos movimientos no me sirve para nada. Y no me refiero sólo a los movimientos durante la penetración, sino también a los movimientos previos, el cómo te toca y cómo te besa.

Si hay atracción fuerte previa (es decir, el chico ya me gustaba de antes y he fantaseado con él), entonces el tamaño del pene me importa poco. A menos que sea un micropene, no le voy a dar ninguna importancia, ya que hay suficiente carga psicológica como para aumentar el placer y llegar al orgasmo. Y además, si no llego, no hay ningún problema, porque seguro que voy a repetir.

En estos casos sólo puede haber un fracaso sexual, si acompañado del pene pequeño existe también una falta de estimulación previa y/o eyaculación precoz. Es el conjunto de todos estos factores lo que hace que el placer se extinga. No uno solo.

Por ello, hombres del mundo, no os frustréis si tenéis un pene pequeño, ya que es solamente un símbolo que se puede contrarrestar con las caricias anteriores al acto sexual, la duración del acto, los movimientos variados, la estimulación de las zonas erógenas. Y siempre... besos, por favor.

Y ahora, volvamos a la pregunta inicial. ¿Importa el tamaño del pene? Pues a nosotros sí; al final, los hombres seguimos mirando hacia abajo, midiéndonos a escondidas y preocupados por si será o no suficiente para vosotras. Algunos confiesan sentirse incómodos cuando escuchan el enésimo chiste sobre el tamaño, mientras otros inventan excusas para evitar cambiarse en los vestuarios por vergüenza.

Para muchos no es un tema superado; mientras vosotras soñáis con una talla más de sujetador, con una mayor firmeza o con reducir la celulitis de quién sabe dónde, millones de hombres, no necesariamente con un pene pequeño, acuden a las consultas en busca de unos centímetros más de confianza, compran auténticos aparatos de tortura con el único fin de sentir que pueden hacer disfrutar a su pareja y recuperar —tiene narices la cosa— la hombría.

Os sorprendería la cantidad de chicos jóvenes, con tamaños más que razonables, que acuden a la consulta verdaderamente angustiados porque sienten que no dan la talla. Cristian es uno de ellos; tenía 20 años cuando vino a verme.

Mi novia no llega al orgasmo; tenemos sexo y se excita mucho, pero no llega. Yo aguanto mucho, pero no hay manera. Creo que es porque la tengo pequeña. No es que ella me haya dicho nada, pero es que noto que no roza lo suficiente. Juego al fútbol y veo a mis compañeros cuando nos cambiamos en el vestuario y, aunque me cueste reconocerlo, yo soy el que la tiene más pequeña, a veces hasta me da vergüenza que me la vean.

La mayoría de los complejos masculinos con el pene no tienen que ver con lo que sus parejas sexuales les hayan podido decir —aunque alguna hay—, sino con la comparación que hacemos con otros penes. Es el llamado *síndrome del vestuario* y hace referencia a cualquier tipo de comparación, tanto la que hacemos con los compañeros de deporte, como la mucho más peligrosa, con actores del cine para adultos.

La siguiente pregunta de Cristian y de la mayoría de los hombres con relación al tamaño es: «¿Cuánto es lo normal? ¿La mía está dentro de la media?». Hay pacientes que ya traen los deberes hechos: se han documentado sobre cuál es el tamaño normal, se han medido el pene para saber dónde posicionarse y con estos datos acuden a terapia.

Conviene documentarse en estudios serios, realizados por asociaciones o profesionales de reconocido prestigio, y tener en cuenta que algunas empresas dedicadas a la venta de artilugios para alargar el pene publican cifras engañosas sobre los tamaños medios.

La Asociación Española de Andrología (Asesa) es una buena fuente de información. Coordinado por el doctor Javier Ruiz Romero, Asesa publicó un informe en el que se concluía que el tamaño medio del pene es de 13,5 centímetros, aunque esta media varía según los países. Por ejemplo, en Francia la media se sitúa en 16 centímetros, en Italia y Rusia alcanza los 15; en Alemania, algo más de 14; en Japón, 13; en Estados Unidos, 12,9; en Grecia, poco más de 12; y en Corea, considerado uno de los países donde los hombres tienen el pene más pequeño, la media está en 9,6 centímetros.

En cuanto al grosor, se considera normal un pene con un perímetro de 9 a 11 centímetros.

El término *micropene* se utiliza en medicina para hablar de un pene cuya medida no le permite ser funcional, es decir, que el paciente no puede llevar a cabo una relación con penetración. Aunque en realidad siempre debe ser el urólogo quien determine si un pene es o no funcional, se considera micropene aquel que no supere los 7,1 centímetros.

Lo más interesante de estas cifras es que el 95 % de los españoles gozan de un pene perfectamente funcional y a pesar de ello un porcentaje altísimo de nosotros seguimos pensando que estaría mejor si fuese un poco más grande. Además, si tenemos en cuenta que la profundidad media de la vagina femenina es de 9 a 12 centímetros, ¿qué utilidad sexual tendría un pene mayor?

Antes de que se me olvide, todas estas medidas se toman en erección. De poco nos sirve lo que mida un pene flácido (para el ejercicio sexual, claro; tener un pene grande «en reposo» sí es útil si eres modelo de desnudos, estríper o si quieres mostrar un buen paquete sin tener que recurrir al socorrido calcetín).

Con respecto a la medida del pene flácido, deciros que no siempre hay una relación proporcional entre el tamaño del pene en reposo y su medida final en erección. Hay penes que flácidos son relativamente pequeños, pero al entrar en erección aumentan varias veces su tamaño y penes grandes que apenas se agrandan en la excitación.

Esta fase educativa —es así como llamamos en terapia a la parte en la que explicamos al paciente lo que sabemos a nivel científico sobre su problema— es suficiente para la mayoría de los hombres preocupados que acuden a la consulta, te mandan un correo o participan en una charla. Con la información recibida por el profesional se sienten mejor y eso les ayuda a volver a confiar en su enorme capacidad para satisfacer a la pareja. Pero no siempre es así; en algunos casos, los complejos sobre el tamaño han calado hondo y se necesita mucho más para poder superarlos.

Un ejemplo es Sebastián, un chico de 29 años que acudió a la consulta con Herminia para tratar de mejorar su vida sexual. Ella se quejaba de las dificultades que él tenía para vivir el sexo de forma normal. Explicaba:

A Sebas todo le da vergüenza en el sexo. No le gusta que le haga sexo oral, siempre quiere que estemos con la luz apagada y ni te cuento lo que pasó el día que en una reunión compré un consolador. Ese día él había salido con sus amigos y yo estaba con las mías en una reunión que organizaba una juguetería erótica. Le mandé algún mensaje coqueteando con él. Había comprado un consolador y un lubricante efecto calor y pensaba darle la sorpresa esa noche. Llegué a casa antes que él y seguí con el juego. Cuando llegó nos bebimos una copa de vino y fue subiendo la temperatura, así que nos fuimos a la cama y en mitad de las caricias le enseñé el juguete. Al principio no le hizo mucha gracia, pero entre las copas que habíamos tomado y el calentón que llevábamos se prestó a ello. Lo hicimos y como casi siempre yo no llegué al orgasmo en la penetración, así que cuando acabó le dije que ahora me tocaba a mí y que esta vez, en vez de usar la mano, quería jugar con el consolador. Primero empecé yo sola, mientras él apuraba su copa. Me sorprendió, pero lo cierto es que vi a Sebas muy excitado. Empezó a besarme y al tiempo, cogió el juguete y comenzó a masturbarme hasta que alcancé el clímax. Fue un orgasmo increíble, lo había pasado muy bien. El caso es que creía que él también, pero cuando le miré tenía la cara desencajada. Le pregunté qué le pasaba y tras insistir un poco me contestó que se había sentido muy mal al ver lo que había llegado a disfrutar con el juguete y el orgasmo tan intenso que había tenido. Me dijo que nunca me había visto pasarlo así de bien con él.

De poco sirvió que Herminia le explicara que había estado muy bien porque era algo nuevo, porque él había estado más suelto de lo habitual, porque era Sebastián quien usaba el juguete y que ella sólo trataba de poner algo de emoción a una relación sexual que se había vuelto rutinaria. Es cierto que, teniendo en cuenta la personalidad de Sebas, no escogió la mejor forma de hacerlo, pero también lo es que él tampoco había puesto mucho de su parte para dejarse conocer. ¿Cómo os explicáis que tras cinco años de relación Sebastián no le haya contado nunca la verdad de lo que le pasa? En la segunda sesión, Sebas me confesó a solas:

Es verdad que todo lo que es salirse de lo normal en el sexo me cuesta un poco, pero no es ése el problema en realidad. Lo que ocurre es que ella no disfruta del sexo conmigo y no lo hace porque la tengo pequeña. Por eso me da vergüenza que me vea desnudo e intento siempre hacerlo sin luz o quitarme el calzoncillo cuando ya estoy a punto de penetrar. Claro que me gustaría que me hiciera sexo oral, pero es que cuando he intentado dejarme llevar, lo consigo sólo un tiempo, luego me bloqueo imaginándola a ella tan cerca de mi pene, dándose cuenta de lo pequeño que es. Algunas veces, cuando lo hacemos, ella me pregunta: «¿Estás bien? ¿Se te ha bajado o algo? Es que no noto nada». Siempre que me dice algo así pasan dos cosas, o que lo dejemos porque no está sintiendo nada o que se me baje de verdad y tengamos que dejarlo. Y claro, luego me siento fatal, porque soy consciente de que no puedo hacer que disfrute con mi pene.

He estado evitándola todo lo que he podido, y cuando teníamos sexo, he tratado de hacerlo más agresivo para ver si así lo notaba más, pero nada, al final ella no tiene un orgasmo si no es masturbándola yo o con sexo oral.

El colmo fue lo del consolador. ¡Era enorme! Cuando lo vi, pensé que le haría daño, pero para nada, ella lo pasaba genial. Tuvo un orgasmo como el que hacía tiempo no tenía. Desde ese día, el sexo se ha convertido para mí en un suplicio, ya no me apetece, me asusta. Yo nunca podría compararme con el tamaño del juguete ese; por suerte, ella no ha estado con otros hombres y no puede comparar, porque si lo hiciera, seguro que me dejaba de inmediato.

Sebastián ha tenido complejos con su pene desde que recuerda, no es un caso aislado. Quizá sí sea menos usual el hecho de que no se lo haya contando nunca a su pareja, pero escenas como las del dildo (es la manera correcta de llamar al consolador) se dan en más camas de las que pensáis. Pero no sólo con la compra de «artilugios» grandes; muchos hombres se acomplejan cuando escuchan a sus parejas hablar con sus amigas del tamaño del pene de un *boy* que actuó en una despedida de soltera, cuando especulan sobre cómo la debe tener este famoso, aquel futbolista o cuando bromean sobre lo contenta que debe tener a su mujer algún amigo o compañero africano.

Ni qué decir tiene lo que puede llegar a ocurrir cuando los excesos de confianza nos llevan a hablar sobre nuestro pasado sexual con demasiada ligereza. PASADO SEXUAL... esto merece mucho más que unas líneas. Paciencia, que os hablaré sobre ello. ¿Qué pensáis que pasaría si le hablarais a vuestra pareja de un ex que tenía un pene mucho mayor que el suyo? Para cualquier hombre supone un zarandeo a su autoestima sexual, y si hablamos de alguien con dudas sobre su tamaño... el zarandeo se convierte en terremoto.

En resumen, científicamente tenemos las cosas claras: sabemos que la cavidad vaginal tiene una media de nueve a doce centímetros, que sólo el primer tercio es sensible, que el verdadero punto de placer femenino es el clítoris y éste se encuentra fuera de la vagina, y que un pene más grueso puede resultar más placentero, pero que al tiempo una buena musculatura pélvica tiene más relación con el placer que el grosor del miembro. Lo sé, sé que cuando se habla de ello a algunas personas les queda la sensación de que son justificaciones; científicas, sí, pero justificaciones a fin de cuentas para consolar a aquellos que no gozan de un gran tamaño. Vamos... como una versión del «dinero no da la felicidad». Reflejo de ello es que hombres y mujeres le seguimos dando importancia, aunque de manera bien diferente. Mi experiencia profesional en la consulta, el trabajo en foros sobre sexo y los debates que se propician en institutos o en los talleres con adultos y la pequeña encuesta que he hecho mientras escribía este capítulo me dicen que en general el tamaño es una preocupación para los hombres y una cuestión menor para vosotras. A la mayoría de las mujeres habitualmente no les importa (exceptuando el micropene) y las que sí le conceden cierto valor al tamaño, lo engloban dentro de un montón de características (que sea atractivo, que me atraiga su olor, que sepa tocarme, que no vaya al grano, que me haga sentir deseada, etc.), y en esa larga lista el tamaño no está, ni mucho menos, entre la características más importantes.*

La pregunta es: ¿dejaría una mujer de acostarse con alguien que le atrae y le gusta porque tiene un pene normal o pequeño? O... ¿tendría sexo con un hombre que no le gusta, simplemente porque la

---

* Podéis encontrar algunas ideas de lo que de verdad les importa a ellas en un *post* de Sylvia de Béjar: «Para ellos: ¿qué te hace falta para que te consideremos un buen amante?», que publica en su más que recomendable web (www.sylviadebejar.com).

tiene muy grande? A la hora de la verdad, estoy convencido de que la inmensa mayoría de las mujeres no lo haría en ninguno de los dos casos.

En definitiva, la única ventaja real de un tamaño mayor es la seguridad de sentirse más viril o el morbo inicial que despierta, pero en la práctica incluso parece una desventaja. ¿Desventaja? Pues es curioso y sé que suena a consuelo, pero los estudios que analizan la relación entre tamaño y placer hablan de que en promedio los hombres con tamaños de pene considerablemente grandes son peores amantes que los que tienen un tamaño medio o pequeño. Según explican, los hombres que se saben con un pene grande se centran mucho más en la penetración, mientras que aquellos que se ven con un pene pequeño tratan de compensarlo dedicando más esfuerzo a satisfacer a sus parejas, cuidan más los detalles, dedican más tiempo a los juegos, las caricias, la masturbación y el sexo oral e incluso tratan de aprender maneras de mejorar sus habilidades amatorias.

¡Cuidado! No se trata de desprestigiar a aquellos que tienen el pene grande. Me limito a contaros lo que dicen los estudios y lo que me encuentro en mi experiencia profesional. Entre otras cosas, porque al igual que no es cierta la máxima de la esclavitud física —«cuanto más delgada, más feliz»—, tampoco lo es la de la masculinidad —«cuanto mayor sea mi pene, mayor será mi felicidad»—. Y es que aunque no es frecuente escuchar esta queja, hay muchos hombres que sufren por el excesivo tamaño de su pene. Lo que ocurre es que a la mayoría le cuesta hablar de ello o pedir ayuda; como imaginaréis, no es una demanda típica en terapia, lo habitual es que planteen las dudas de forma indirecta o bien que en terapia sexual aparezca como queja añadida al motivo de la consulta.

Recuerdo un día que, hablando con una pareja sobre los anticonceptivos, él me decía:

> Todos los métodos hormonales que hemos probado le sientan mal, y su ginecóloga le ha dicho que es mejor que utilicemos el preservativo; pero, claro, yo no me fío, es muy poco seguro, se me han roto un montón.

Me interesé por la manera en la que lo utilizaba, si tenía cuidado de que no estuviesen caducados, por dónde los agarraba, si utilizaba un lubricante de base oleosa que deteriora el látex, cómo lo abría... y todo lo hacía correctamente, todo a excepción de tener en cuenta la talla que él necesitaba. Sí, sí, habéis oído bien, los preservativos también tienen tallas. Es verdad que el condón normal se adapta a prácticamente el 90 % de la población, pero hay chicos que por el grosor de su pene más que por la longitud, necesitan un tipo especial de preservativo. Hay marcas que ofrecen tallas L, XL y XXL, que, como os decía, no es lo más habitual, pero es importante que sepamos de su existencia, ya que utilizar un preservativo más pequeño de lo que en realidad se necesita hace que a él le apriete y por tanto le moleste, además de que aumente la probabilidad de que el condón se rompa tal y como le pasaba a la pareja que os he mencionado.

Os comentaba que rara vez llega a la consulta una pareja cuya queja principal sea que «él la tiene demasiado grande», pero sí las hay. Edu y Susana son una de ellas. Como imaginaréis, veo muchos casos y a la mayoría de las parejas les cuesta expresar sus problemas. No es fácil confesar que eyaculas al poco de penetrar, que no hay forma de conseguir una erección o que hace meses que no te apetece acostarte con tu pareja. Pues a pesar de estar acostumbrado a ver la tensión de quien abre el cofre de sus intimidades, os diré que me llamó la atención la vergüenza con la que me hablaban ellos. Explicaba Susana:

> Parecerá una tontería, pero te aseguro que no lo es. De hecho, a alguna amiga a la que se lo he contado se ha reído. A mí no me hace ninguna gracia, porque estoy muy enamorada de Edu y me gusta mucho, sin embargo no puedo disfrutar del sexo con él, desde el primer día no hay forma. La primera vez que lo hicimos, yo había bebido y estaba muy excitada y algo pudo hacerse. Aun así, a la mañana siguiente me dolía muchísimo y no me apetecía nada volver a tener sexo con penetración. Probamos con lubricantes de todo tipo y parecía que mejor. Pero aun así, después del primer coito, por mucho que hubiese disfrutado, me quedaba dolorida y ya no me apetecía en varios días. Ha pasado el tiempo y ha ido a peor, creo que le he cogido miedo. El sexo ya ni me

apetece y cuando lo tenemos, debe ser sin penetración, pero incluso así hay problemas, porque aunque a mí me encantaría hacerle sexo oral, no puedo —sé que suena a barbaridad—, porque no me cabe en la boca. Imagino que no habrá mucho que hacer, que es una cuestión de que somos incompatibles. Él la tiene muy grande y yo seguramente tendré una vagina estrecha. Algunas veces pienso que lo nuestro es como si un cervatillo se enamorase de un elefante.

Edu miraba a Susana con la cara desencajada.

No sé cómo hacerlo, de verdad que intento tener cuidado. Cuando lo hacíamos antes, ella me pedía que me moviera despacio, cuando alguna vez aumentaba el ritmo ella se quejaba y me decía que parara. Con el lubricante hemos llegado a conseguir que pueda penetrar bien, pero aun así no puedo penetrar tranquilo, tengo que quedarme a la mitad para que no le haga daño si la introduzco muy adentro. Es horrible estar midiendo todo el tiempo la velocidad y la profundidad de la penetración, ya ni disfruto. Pero lo peor es ella, ver que está sufriendo cuando se supone que tendría que sentir placer, se me quitan las ganas de tener sexo.

Edu me relataba la frustración de sentir que tu pareja te tenga miedo en el aspecto sexual, y cómo le herían las bromas que hacían sus amigos cuando salía el tema.

Nadie se ríe de alguien que tiene el pene pequeño, al menos delante de él; conmigo sin embargo se pasan todo el tiempo bromeando. «Edu la tiene tan grande que si tiene una erección, se marea y puede llegar a desmayarse... ¡tanta sangre acudiendo al pene! La tiene tan grande que puede tener sexo estando en el salón y su mujer en la habitación.» Sé que me lo tendría que tomar a broma, pero es que con los problemas que tengo por culpa de esto, me cuesta que no me afecte.

Es significativo hasta qué punto tenemos interiorizada la relación entre un pene grande y el placer sexual, y nos cuesta reparar en que puede ser un problema. No se me olvida una de las frases de Susana: «A veces me siento como un cervatillo que se ha enamorado de un elefante.» Ambos se aman pero sus cuerpos son incompatibles.

Él no conocía el *Kamasutra* más allá de verlo como un simple libro de posturas. Es mucho más, en realidad: por eso, además de conmoverme, me llamó la atención la comparación que utilizó, ya que en el antiguo texto hindú se clasifica a los hombres según el tamaño de sus penes y a las mujeres según sus vaginas, utilizando animales para nombrarlos y sugiriendo las mejores combinaciones sexuales. Os dejo un cuadro para que juzguéis la similitud por vosotras mismas.

El autor clasifica a los hombres y a las mujeres en tres tipos diferentes, dependiendo del tamaño del *lingam* (pene) y la *yoni* (vagina), pero además enumera una serie de características físicas y psicológicas de cada uno de ellos.

LOS HOMBRES
—*Hombre liebre*. Su *lingam* no sobrepasa los seis dedos. Es un hombre bajito de cara redonda, cabello fino, ojos grandes y expresivos. Su carácter es apacible y sus apetitos, tanto el sexual como el carnal, son moderados.
—*Hombre toro*. Su *lingam* es de nueve dedos en erección. Tiene cuerpo robusto, pecho amplio, frente ancha y ojos grandes. Su carácter es agresivo, impulsivo e irascible.
—*Hombre caballo*. Es el hombre con el *lingam* mayor, con una longitud de doce dedos. Es alto y fuerte. Sus dedos y manos son grandes, su pelo grueso, la mirada fija y la voz profunda. En carácter, es pasional, ambicioso y perezoso.

LAS MUJERES
—*Mujer ciervo*. Su *yoni* tiene seis dedos de profundidad. Su cuerpo es delicado, infantil y suave. Su cabeza es pequeña y bien proporcionada, el pecho erguido y el vientre delgado. Su ojos son negros y su carácter afectuoso. Es una mente activa y celosa.
—*Mujer yegua*. La profundidad de su *yoni* es de nueve dedos. Sus pechos son grandes y sus caderas anchas, aunque muestra un cuerpo delicado. Le gusta dormir y comer, y su carácter es afectuoso.

—*Mujer elefante*. Su *yoni* tiene hasta doce dedos de profundidad. Sus pechos son grandes, su nariz larga, las mejillas y los labios carnosos, y el pelo fuerte y negro. Tiene problemas para tener orgasmos.

Partiendo de esta clasificación, las uniones recomendadas por el *Kamasutra* son las de tamaños genitales similares, es decir, liebre-ciervo, toro-yegua y caballo-elefante. Cuando esto no ocurre, según el libro, el acoplamiento es mucho más difícil, por lo que se recomiendan determinadas posturas para facilitar la conexión sexual.

Es cierto que hombres y mujeres tenemos genitales de tamaños diversos y evidentemente será más sencillo para una mujer de vagina estrecha o poco profunda acoplar sexualmente con un hombre con un pene medio que con alguien cuyo grosor y longitud sean mayores. Cosa bien diferente son las clasificaciones del *Kamasutra* y, por supuesto, el llegar a pensar que el tamaño de los genitales se relaciona con el resto de la complexión corporal o menos todavía con nuestra personalidad. Os lo dejo como simple curiosidad y sorprendente coincidencia, o no, con la descripción de mi paciente.

Como hemos visto, no es una moda actual esto de darle importancia a la talla de él; es más, para los hindúes también resultaba de interés la de ellas. Sea como fuere, y ya en la actualidad, la mayoría de nosotros seguimos soñando con un tamaño mayor de pene, mientras vosotras pensáis en conseguir una talla más de sujetador o una menos de pantalón, olvidando unos y otras que para disfrutar del sexo, para transmitir pasión, cariño o amor es mucho más importante la complicidad que cualquier medida o proporción.

6

El chico que decía «no» y el donjuán 2.0

También en el sexo, los seres humanos nacemos para llamar la atención.

ANDRÉS LÓPEZ DE LA LLAVE

«Todos los hombres son iguales.» Cuántas veces he escuchado esta frase. Mi duda es, ¿de verdad lo pensáis? No, no contestéis todavía, dejadme que os presente antes a dos de mis pacientes más queridos, Pau y Ximo.

Pau llegó con 32 años a mi consulta. Trabajaba como médico en un hospital y llevaba viviendo solo desde los 29. Más allá de lo que podríamos llamar la subjetividad de la belleza, Pau es atractivo, es uno de esos chicos que llaman la atención. Le encanta hacer deporte y cuida su alimentación, sale de vez en cuando, pero no le gusta beber más de la cuenta. ¿Su carácter? Pues es simpático, afable y educado. Eso sí, le encanta gastar bromas cuando tiene confianza con la persona. Por si os interesa, os diré que es heterosexual y no tiene pareja. ¡No, no os empeñéis! No puedo daros su teléfono, ni siquiera su correo electrónico, no insistáis, por favor.

Sobre el papel todo es perfecto. Ante tal descripción cabría preguntarse qué le pasa a este muchacho. Paciencia, primero vamos a conocer a Ximo.

Ximo tenía 31 años la primera vez que me llamó. Estudió INEF y en cuanto acabó la carrera aprobó una oposición para trabajar en la universidad como coordinador de las actividades deportivas del campus. Podréis intuir que el chico tiene un buen físico, es parte de su trabajo hacer deporte, lo que unido a un carácter extrovertido y una alta capacidad de seducción, le convierte en la fantasía erótica de muchas de las chicas que acuden al gimnasio de la universidad. Ximo es hetero y, como Pau, no tenía pareja cuando vino a pedirme ayuda.

Además de la soltería y su orientación sexual, Pau y Ximo comparten el motivo que los trajo a mi consulta, y es que a ambos les preocupa la manera en la que se relacionan con las mujeres. ¡Ojo!, he dicho que a ambos les preocupa, pero en absoluto que tengan una manera siquiera parecida de relacionarse con ellas.

Pau es un chico sensible, detallista, cariñoso..., lava, plancha y cocina, entre otros quehaceres de la casa. Ximo también vive solo, pero las tareas del hogar no son lo suyo, por lo que cuando se emancipó, su abnegada madre decidió echarle una mano tres días por semana. ¿Machista? Podría ser una manera de verlo, claro. No voy a ser yo quien lo juzgue. Ximo considera que ésas no son tareas para un hombre.

La mujer está concebida para determinados fines; los niños, por ejemplo. Entiendo como normal que sean ellas las que se queden en casa para educarlos, al menos yo no entendería que mi mujer quisiera seguir trabajando si tenemos un hijo. En cuanto a los salarios, no entiendo por qué la gente se alarma con que a nosotros nos paguen más que a ellas. Una empresa tiene que mirar por su beneficio y está claro que nosotros somos más productivos. ¿Acaso no es verdad que no nos quedamos embarazados ni tenemos la regla?

Mientras Ximo disfruta con el cine de acción, las persecuciones y los tiroteos, Pau se enternece con la saga *Crepúsculo* y las comedias románticas.

¿Seguís pensando que todos los hombres somos iguales? Continúo:

Como os decía, Pau llegó a mi consulta con 32 años y me contó que hacía tres que no tenía pareja.

Fui muy feliz con Carla, pero ella era muy joven, tuvo la oportunidad de irse a trabajar al extranjero y decidió que quería ser libre para hacerlo. Yo insistí en ir tras ella, en dejarlo todo y marcharme a Alemania, o esperarla para seguir con lo nuestro, pero no le pareció una buena idea.

La ruptura con Carla no era lo que le había llevado a verme. Es verdad que su voz destilaba nostalgia cuando hablaba del pasado, pero no era a ella a quien echaba de menos, sino la vida en pareja. Pau era un enamorado del amor, lo buscaba, lo anhelaba, cuando tenía pareja vivía sólo para ella y es justo eso lo que quería encontrar de nuevo. En una ocasión le pregunté si se fijaba en otras chicas cuando estaba con Carla.

¡Claro! Nunca se me pasó por la cabeza serle infiel, pero claro que miraba. Dios me ha dado los ojos para mirar y el corazón para amar, son cosas diferentes.

Acabó la frase lleno de orgullo. Se notaba que no era la primera vez que la pronunciaba, pero al segundo cambió el semblante.

Llevo dos años sin acostarme con nadie. Y no es una cuestión de oportunidades, me va bien, hay muchas chicas que se acercan y yo también tonteo con alguna, pero no me siento capaz de dar ese paso, no me atrevo. Mis amigos se meten conmigo, bromean y alguno que otro, a solas, dice estar preocupado por mí. Sé que puede sonar cursi, pero es que yo no me imagino acostándome con una chica si no siento mucho más que una simple atracción.

No es que Pau no se hubiese interesado por ninguna chica; de hecho, había conocido a varias «candidatas a señora de Pau», como él decía, pero cuando les contaba lo que buscaba, ellas salían corriendo.

No entiendo lo que les pasa a las chicas de hoy en día. He conocido a algunas que me gustaban de verdad y con las que no me importaría seguir profundizando un poco, pero en cuanto les explico que me apetece tener pareja, que añoro compartir un domingo de siesta y cine, que me gustaría casarme o tener hijos en un futuro, actúan igual que si les dijera que tengo una enfermedad contagiosa. Y aunque vaya un poco más despacio, es como si se asustaran si mi actitud es demasiado cariñosa. No entiendo nada. ¿Qué hay de malo en querer estar con alguien?

Pau quería una pareja, la buscaba para poder permitirse el sexo, y para eso no valía cualquiera. También había conocido a chicas que claramente le ofrecían esto, pero que no llegaban a atraerle.

Me preocupa que nunca encuentre a alguien. Es verdad que lo del sexo empieza a inquietarme también, es mucho tiempo sin sentir eso que sólo las relaciones te dan, pero para mí es más importante lo de la pareja; con lo otro, creo que en realidad mi agobio tiene más que ver con la presión de los amigos. Se ponen muy pesados, fíjate que alguna vez he intentado forzarme a acostarme con alguna, no sé, como para probarles y probarme a mí mismo que puedo hacerlo. Pero soy incapaz, no puedo, empiezo a sentir rechazo por la chica en cuanto estoy hablando con ella y veo claramente que todo nos lleva a la cama.

Un detalle importante es lo que Pau vivió cuando Carla se marchó a Alemania. Tras la ruptura, él lo pasó muy mal, se pasó días y días tratando de recuperarla, llamándola, mandado correos electrónicos, mensajes, flores. El acecho duró hasta que ella le confesó que había conocido a alguien y que para ella volver con él era impensable. Evidentemente, esto fue un palo para él, sin embargo, la actitud fue diferente a la que estaba manteniendo ante sus negativas anteriores; en vez de encerrarse en casa, comenzó a salir y en el proceso de catarsis se acostó con muchas chicas, de una manera casi compulsiva. Su único objetivo cuando salía era ése, hasta que un día...

Saliendo de casa de una chica, me molestó que fuera ya de día. Miré el reloj y al ver que eran las nueve, pensé en lo que estaba haciendo, me sentí vacío, tanto como no me había sentido nunca. Al llegar a casa me duché y me metí en la cama, creo que fue en aquel mismo momento, antes de dormirme, cuando decidí que no volvería a acostarme con alguien si no sentía algo especial.

Cuando imagina su futuro, se angustia, tiene miedo a quedarse solo, a no dar con la persona a la que entregarle todo ese amor.

A veces fantaseo con la idea de conocer a la mujer de mi vida. Imagino cómo le prepararía sorpresas, me encantaría tener a alguien a quien me apetezca llenarle la cama de pétalos de rosa y formar con velas un corazón en el suelo de la habitación. Se me va un poco la cabeza con esto, pero es que tengo muchas ganas. Si hay algo que no estoy haciendo bien, por favor, ayúdame a cambiarlo.

Pau es un *recolector*, no le motiva salir a ligar, quiere tener pareja, pero no sólo eso, como ya sabéis por él mismo, busca con ansia la estabilidad, tener a alguien a quien mimar, con quien compartir la vida y hasta tener hijos. Cuando ha intentado ser como sus amigos, le ha salido mal, él no está hecho para rollos de una noche; aceptar quién es ha sido un paso importante, pero entre las que salen corriendo (no me extraña) y las que no le gustan, sigue sin encontrar a la princesa de su cuento de hadas.

Como imaginaréis, este motivo de consulta no es frecuente. No hay muchos chicos que busquen ayuda porque no encuentran pareja o no pueden enamorarse. Lo que sí empieza a ser más habitual es el perfil de Pau. Cada día veo a más hombres en terapia que se muestran más cariñosos que sus parejas, que piden en el sexo más ternura, que se quejan porque ella es muy desordenada y poco detallista, que igualan o superan el número de cremas que tienen en el cajón, que tardan más en cambiarse para salir, que buscan el compromiso de una forma activa e insisten a sus parejas para dar el paso de casarse o tener hijos. Son hombres que cuando no tienen pareja estable huyen de los encuentros esporádicos y se sienten mal cuando tras un encuentro es la chica la que no les vuelve a llamar. En definitiva, hombres con un rol feminizado que en muchos casos sienten que su forma de entender las relaciones no encaja en el mundo en el que viven.

Recuerdo a Marc, un joven de 28 años que pertenecía a una asociación cultural para la que impartí un taller en cuatro sesiones. El último día se acercó a mí para agradecerme la charla y en la conversación que tuvimos, acabó por confesarme que a pesar de no haber dudado nunca sobre su orientación sexual, a lo largo de su vida se había encontrado muchas situaciones en las que los demás sí lo hacían.

En la universidad, muchos compañeros pensaban que era gay; de hecho, hasta que empecé a salir con mi novia no se disiparon del todo las dudas. Mi pareja me confesó que incluso cuando ya estaba conmigo, en alguna ocasión sus amigas llegaron a decirle: «¿Qué haces con Marc? ¿No te das cuenta de que es gay?». Al final he acabado, casi sin darme cuenta, midiendo mis comentarios, mis movimientos, mi vestuario y mi pose para que parezcan mucho más masculinos; en realidad, creo que a veces hasta me paso *de frenada*.

¿Os acordáis de Ximo? Es casi el álter ego de Pau. Os contaré algo más de él. A sus 31 años, Ximo era un chico de esos que en las películas yanquis de universitarios denominan *popular*: sería el capitán del equipo de fútbol americano. Tiene muchos amigos e ir con él por la calle supone detenerte a cada paso, porque alguien, sobre todo mujeres, se paran a saludarle. El listado de chicas con las que ha estado es numerosísimo y de su móvil no paran de salir sonidos que avisan de llamadas y mensajes femeninos. En la consulta, bromeaba al silenciar el móvil diciendo: «Lo apago, pero se me va a acumular el trabajo». Para sus amigos era una especie de ídolo, y las mujeres, aunque muchas ya sabían de su fama, seguían cometiendo el error de pensar que conseguirían cambiarle si tuviesen una relación con él.

A Ximo le costó entrar en el motivo de la consulta; es de esos hombres a los que no les gusta hablar de problemas. No es exactamente que sea positivo, que lo es, sino más bien que se maneja mal con las emociones negativas y elude, siempre que puede, afrontar los problemas.

—Está claro que eres feliz en tu trabajo, que tienes muchos amigos y éxito con las mujeres. ¿Qué es lo que te trae aquí? —le pregunté.

—Bueno, yo estoy bien, pero creo que soy adicto al sexo. Estoy acostándome con una chica y ya estoy pensando en cuándo me podré acostar con la siguiente. Además, cuando he tenido pareja o he intentado algo más serio con alguna mujer, siempre he acabado por serle infiel y dejándola para no hacerle daño.

¿Adicción al sexo? En realidad, no. En la consulta he tratado muchos casos de adicción y éste no es en absoluto su problema.

Ximo es un *cazador*, le encanta serlo, se pasa el tiempo buscando a la «víctima» y, aunque disfruta de la conquista, lo que realmente le llena es poder mostrar la «presa» al resto de los cazadores. Lo vive como una suerte de competición, donde la masculinidad se mide por la cantidad y la calidad de lo conquistado.

Retomemos su cuestionamiento: «Creo que soy adicto al sexo. ¿Puede ser?». ¿Qué pensáis que reflejaba su cara cuando decía esto en la consulta? Nada que ver con la preocupación, nada que ver con la angustia. Ximo habla de ello con orgullo, como parte del alimento de su ego, es como un pícaro. «Soy una víctima de mis pasiones carnales» quizá funcione como una disculpa, como una justificación o es parte de su juego. Él repite: «Los verdaderos hombres somos así». Ximo no venía porque le asustara ser adicto al sexo. Como veis, para él, no poder escapar a la «tentación de la carne» no era un defecto, sino algo normal entre hombres y si mi apuráis, hasta una cualidad. Prueba de ello es que a la mínima oportunidad compartía sus hazañas con quien quisiera escucharle. Pero los cazadores también sufren. Rascando un poco, tras esa coraza encontramos los escombros de un cazador cazado. Ximo, como la mayoría de los humanos, también se enamora y esta debilidad en su fortaleza le había llegado apenas un mes antes de visitar mi despacho.

Conocí a Rocío una noche tomando algo. En principio no era nada diferente a otras veces; me gustó y fui a por ella. Charlamos un poco, nos reímos y, bueno... al final acabamos en mi casa. Lo pasamos muy bien, hasta ahí nada extraño. Pero luego nos seguimos escribiendo, repetimos un par de veces. Es verdad que no le prometí nada, pero sí le hablé de que me gustaba mucho, que me había llegado muy adentro o algo así, tampoco lo recuerdo. El caso es que a la semana y poco me llamó una vieja amiga que vive en Francia porque venía a pasar unos días a España. Y claro, no pude decir que no. ¿A que tú me entiendes? Pues por lo visto, Rocío, no. Se enteró porque una amiga suya me vio y se lo contó. Traté de explicarle; siempre tengo alguna coartada preparada, pero esta vez no sirvió de nada. Después de varios *e-mails* donde le explicaba que me gustaba de verdad y que aquello había sido una tontería, me contestó que si era verdad que sentía lo que decía sentir por ella y aun así le había hecho eso, tenía un problema serio: que no sé cuidar a quien quiero.

Aunque le cuesta reconocerlo, Ximo está afectado por lo ocurrido, se siente culpable por haberla perdido y le gustaría recuperarla. Por fin sabemos qué le llevó de verdad a la consulta.

En una de las sesiones, el cazador se sincera y me cuenta que sobre todo es Rocío quien le ha llevado allí, pero no sólo eso. Le empieza a angustiar esa necesidad de seducción.

Trato de gustarles a todas y al final esto me trae problemas. He llegado a tontear con chicas que les gustaban de verdad a mis amigos e incluso con sus parejas, y aunque últimamente ya he aprendido a controlar un poco todo lo que tiene que ver con mis amigos, no estoy seguro de que lo pueda hacer siempre.

La sonrisa que esbozaba mientras me contaba esto no era como las anteriores; era evidente que no se sentía orgulloso de este comportamiento.

Pero el colmo es lo que me ha pasado alguna vez con chicas que ni me gustan. Igual me pongo a hablar con ellas y sin darme cuenta estoy tratando de conquistarlas. Si por lo que sea una me lo pone difícil, me empeño hasta que lo consigo, y claro, cuando veo que baja la guardia es tarde para echarme atrás. Aunque parezca una locura, he llegado a acostarme con chicas que no me gustaban sólo porque no sabía cómo salir de la situación, es como si pensara: «Es lo que se espera de ti, así que no puedes defraudarlos».

Los cazadores existen, seguro que conocéis a alguno. Puede costar creerlo, pero no buscan hacer daño. Por desgracia, para hacer daño no es necesario querer hacerlo.

Los chicos como Ximo se sienten mal cuando ven sufrir a sus *presas*; por eso, en muchos casos, intentan arreglar las cosas con frases como «Me gustas mucho, pero no estoy preparado para una relación», «No quiero hacerte daño, por eso me aparto», «Te mereces alguien mucho mejor que yo»... Buscan ser un bálsamo para ellas, pero sobre todo, tratan de restituir su propia imagen... y es que no llevan nada bien sentirse odiados.

Crucemos ahora a la otra orilla. Las mujeres que caen en las redes del cazador tienen una vivencia bien distinta. Me cuenta Virginia en la consulta cómo conoció a un chico encantador, guapísimo y que se interesó por ella.

Yo ya sabía que era un golfo, que había estado con muchas, pero me divertía la manera en la que me trataba de seducir. Al principio era un divertimento y, por qué no decirlo, una manera de subir mi malograda autoestima. No tenía pensado tener nada con él, no me gusta esa clase de chicos, pero empezamos a mandarnos mensajes cada vez más a menudo, hasta que empezó a insinuarme que sentía algo especial hacia mí. Me siento un poco tonta al contar esto, pero aunque dudaba llegué a pensar: «¿Y si yo soy diferente? ¿Y si consigo que él deje de ser un donjuán para estar conmigo?».

Como ya imaginaréis, esto no fue lo que pasó. Virginia acabó acostándose con él y pasaron unos días geniales en un hotel de la costa. Pero al poco tiempo él desapareció, no le cogía el teléfono ni contestaba a los mensajes. Pasado un tiempo, volvió a ponerse en contacto con ella, le pidió perdón, le dio una explicación de lo que había pasado, del tipo «He estado muy mal, necesitaba alejarme de todo, no quería que me vieras así. Perdóname, pero no estoy bien y aunque me gustaría, esto no te lo puedo contar». ¿Qué creéis que pasó? Pues que Virginia lo entendió y, aunque estaba dolida, ese aire misterioso y tortuoso le hacía incluso más atractivo. La historia de mi paciente en concreto se alargó durante seis meses hasta que ella se cansó y él desapareció, casi al mismo tiempo. Seguro que si miráis a vuestro alrededor, conocéis amigas que han pasado por historias similares, incluso algunas que se han prolongado mucho más en el tiempo. Sobre todo si el cazador estaba casado, que también los hay.

Pero bueno... de la infidelidad os hablaré en el siguiente capítulo. Ahora, no puedo reprimir las ganas de explicar algo que me reconcome y lo hace un poco como psicólogo, por el sufrimiento que genera; y un poco como hombre, y ahora entenderéis por qué.

Mientras os contaba la historia de Virginia, mientras miraba desde el lado de la víctima del cazador, no he podido evitar conectar con tantas y tantas conversaciones que he tenido con amigos, amigas, compañeros, pacientes... siempre en torno a la misma pregunta: por qué a ellas les gustan los chicos malos.

Mi paciente sabía que él no era de fiar, pero se acercó demasiado, hasta que quedó atrapada en la tela de araña que teje con mimo el depredador: «Me da vergüenza reconocerlo, pero es que me atrajo esa parte de donjuán», e incluso le sedujo su lado oscuro, esa parte de hombre misterioso que adquirió al desaparecer sin más y volver con una explicación a medias. Ella me explicaba cómo se sentía cada vez que le llamaba y él no cogía el teléfono, cómo se enfadaba, pero a la vez se preocupaba. Quería olvidarle, pero en realidad, esas sensaciones tan intensas vividas por su silencio acabaron por atarla aún más a él.

Soy un hombre, no lo puedo evitar —ni lo pretendo por el momento—, así que quizá mi opinión en este tema esté sesgada. Como tantos otros, he vivido una adolescencia en la que las chicas más guapas se acababan marchando con el imbécil que peor las trataba, a pesar de tener un séquito de buenos chicos dispuestos a dejarse el orgullo y la paga con tal de estar un rato con ellas.

Siempre me he hecho esta pregunta: ¿por qué os gustan los chicos malos? Investigando un poco, descubrí un estudio a cargo de Peter Jonason, de la Universidad Estatal de Nuevo México (Estados Unidos), posteriormente apoyado por una segunda investigación —de lo más interesante— en la que se amplió la muestra a 35.000 personas de cincuenta y siete países distintos. No voy a entrar en detalles sobre el estudio, únicamente contaros que las conclusiones fueron que aquellos chicos que poseían la llama *tríada oscura de personalidad* tenían más éxito con las mujeres, un número mayor de relaciones sexuales y tendían a ser «el otro», cuando ellas eran infieles a sus parejas.

¿Que cuál es esa tríada? Pues los chicos que más triunfan con las mujeres son los que puntúan alto en *narcisismo, impulsividad* y *capacidad de mentir.*

¡Eh, eh, eh! Tranquilidad, no os revolucionéis, ya sé que después de leer esto estaréis pensando: «Pues yo no soy así. A mí no me gustan los narcisistas y mucho menos los hombres mentirosos». Lo sé, lo que ocurre es que una cosa es la valoración de un hombre en un test y otra la manera en la que lo vemos. Cuando hablas con mujeres que admiten haberse colgado del chico equivocado, descubres que en principio el narcisismo se disfraza de seguridad en uno mismo; la impulsividad, de espontaneidad; y la capacidad de mentir, de inteligencia: «Es un chico listo, de esos que no se dejan pisar y siempre se salen con la suya».

¿Qué es más varonil y atractivo que un hombre seguro de sí mismo, espontáneo e inteligente, que no se deja pisotear?

No es culpa vuestra, es más una cuestión de los peligros que comporta la visión del amor romántico, que jalea las relaciones difíciles y tortuosas, pero siempre con esa especie de vena maternal de salvar al mal chico, porque tiene muy buen fondo y vosotras sois las únicas que lo veis.

¡Qué daño han hecho los clásicos cuentos de hadas, en los que un beso convertía a la rana en príncipe! Y qué daño causan los cuentos de hadas modernos, que siguen perpetuando la idea de que el amor todo lo puede. Si hasta el Duque dejó el narcotráfico para colaborar con la Policía gracias al amor de Catalina. ¿No os acordáis de *Sin tetas no hay paraíso*?

Maica, una paciente de 28 años enganchada a los hombres equivocados, me decía:

> Estoy harta de sufrir y de que me engañen. Se acabó lo de buscarme hombres difíciles. Si es que me empeño en rescatarlos a todos. Cuanto

más complicados sean, más me gustan. Todo el mundo lo ve menos yo. Pero se acabó, ni uno más de ésos.

Soy optimista y estoy seguro de que, como le pasó a Maica, las mujeres os acabaréis cansando —me consta que muchas ya lo habéis hecho—, del sabor a rancio que dejan los besos de sapo.

7

Infidelidad y celos

> Algunos matrimonios acaban bien, otros duran toda la vida.
>
> WOODY ALLEN

«El hombre es infiel por naturaleza.» «Si amas, los celos son inevitables.»

Infidelidad y celos. Menudos temas, ellos dos solitos nos darían para un libro entero: podríamos indagar el origen, la biología, el porqué, si son aspectos que conciernen más a los hombres o a las mujeres, hablar de cómo prevenirlos y qué hacer cuando llegan... Inevitablemente, algunas de estas ideas se irán colando en el camino, pero no olvidemos que nos hemos citado aquí para que os explique cómo somos en el sexo, cómo sentimos, cómo pensamos y por qué hacemos lo que hacemos. Así que tomo en una mano el bisturí y empiezo a diseccionar al hombre infiel, pero no a ninguno en concreto, no seáis malas. Por más que os hayan venido las ganas alguna vez, diseccionar a un hombre es un delito y además está feo, por muy infiel que sea. Así que tendréis que conformaros con diseccionar conmigo el concepto.

Releed la frase con la que se abre este capítulo. ¿Pensáis que el hombre es infiel por naturaleza? Se puede discutir largo y tendido sobre cientos de estudios biológicos, sociológicos y antropológicos, podríamos llegar a diferentes conclusiones, pero de lo que no cabe duda, y con lo que estaremos de acuerdo, es de lo bien que nos ha venido a nosotros esto para justificar nuestros escarceos. Fijaos si no en la cantidad de mujeres que señalan a «la otra» cuando su pareja es infiel. Y es que, claro, pobrecitos de nosotros, envueltos en mares de testosterona que nos empujan a la lujuria irrefrenable y cuando conseguimos controlarla, entonces aparece la llamada reproductiva que inscrita a fuego en nuestros genes acaba por tomar el control de nuestras mentes con el único fin de que vayamos esparciendo nuestra simiente a diestro y siniestro. ¡Pobres de nosotros! ¿Qué queréis que hagamos?

Amparado por lo que se espera de ellos, muchos hombres se han dejado llevar por lo que han llegado a ver como un instinto natural. Bueno, está bien, igual estoy siendo un poco duro; en realidad no todos los hombres se mueren por echar una canita al aire, os aseguro que no. Es más, aunque todavía hay quien lo dude, hace tiempo que no somos nosotros quienes estamos en la primera posición de infidelidad. Hoy sabemos, gracias a los últimos estudios, que tanto hombres como mujeres somos infieles por igual; no tenemos datos de cómo debió ser en el pasado, pero en pleno siglo XXI, la igualdad, al menos en este terreno, ha llegado.

Somos infieles por igual, sí; pero no igual. Y me explico.

Aunque la tendencia empieza a cambiar, a día de hoy son muy pocas las mujeres que son infieles únicamente por sexo. Por lo general, buscáis algo más, algo así como una infidelidad emocional. Claro que también disfrutar de un sexo diferente, pero por encima de eso, lo que os atrae de verdad es volver a vibrar, sentiros queridas, atendidas, deseadas, y cómo no, revivir esas casi olvidadas sensaciones del principio.

La forma de llevar a cabo la infidelidad también es algo distinta. Una mujer es más sutil, precavida y miente mejor. ¡De eso no me cabe la menor duda!

Para explicar la infidelidad masculina, tenemos que mirar atrás, ya que durante mucho tiempo, el hecho de que un hombre fuese infiel era poco menos que consentido. ¿Sólo en el pasado? En realidad, aún hoy se ve con cierta condescendencia que un chico tenga un *affaire* fuera de la pareja. En la consulta, por ejemplo, me encuentro con personas de zonas rurales que dan por supuesto que los hombres tienen, todos, algún escarceo de vez en cuando. Pero no sólo contamos con la justificación biológica y cultural; buscamos más coartadas, y la enésima la encontramos en el dicho popular que os culpabiliza a vosotras de nuestros desdenes. Dice así: «Cuando un hombre no cena en casa, cena fuera. Pero siempre cena». Menuda sentencia, ¿verdad? Sea por una cosa o por otra, la realidad es que se nos consiente más y en ocasiones hasta pasa del mero consentimiento y roza la presión social. Puede sonar exagerado, pero a un hombre, cuando se le presenta una oportunidad de tener sexo con una mujer, más si es atractiva, y decide ser fiel, no siempre recibe el aplauso de sus amigos; en realidad, es más probable que se lleve un «Este tío es tonto o es gay». Puede que el motivo de este reproche tenga que ver con la necesidad de más de uno de vivir a través del otro lo que no puede vivir por sí mismo, pero el resultado, sea cual sea el porqué, es que el grupo de muchachotes premia generalmente la conquista, aunque sea a costa de engañar a la pareja.

¿Os acordáis de los cazadores? En mayor o menor medida todos conservamos un poco de ese rol y por eso necesitamos mostrar el número de piezas. Entre otras cosas, porque el grupo está sediento de este tipo de historias. Dejadme que os cuente un caso muy llamativo que tuve en la consulta y que refleja la idea que quiero transmitir.

Paco es un hombre de 52 años, trabaja en una importante empresa relacionada con la construcción, tiene a veintiocho empleados a su cargo y a Martina, una secretaria de 31, cuyo atractivo es frecuente tema de conversación entre Paco y sus amigos. Su mujer, Elvira, de 45 años, viene con Paco a mi consulta para ver si con ayuda de un profesional deciden seguir con la relación o dejarla de la mejor manera posible, sobre todo por el bien de sus hijos. Hasta aquí, ésta es una historia normal, como la de muchas parejas que llegan a mi despacho. Entonces, ¿qué tiene de especial este caso? ¿Y qué pinta aquí la secretaria? Os cuento lo que sería incluso divertido si no fuera por el sufrimiento que causó a la pareja. Y es que sus problemas aparecen porque Paco quiso hacerse el machote delante de sus amigos y ante las insinuaciones de éstos:

—Paco, la semana pasada, con Martina, en Fráncfort. ¿Me quieres decir que entre reuniones, cenas, copas... no pasó nada? ¡Venga ya! ¿Ni un tonteo?

—¿En serio que en el congreso de Madrid no has intentado nada con tu secretaria? Vamos, tengo yo a un bombón así a mi cargo y te digo que...

Al final Paco iba sucumbiendo a las expectativas de sus amigotes, hasta que un día comenzó a contarles que si «un día me dijo que era un hombre muy inteligente», que si otro que «era muy atractivo». El público esperaba las novedades en cada encuentro con él, como si de un serial se tratase; ellos escuchaban y él iba alimentando la historia.

Un día les conté que habíamos ido a tomar una copa después de una reunión en Pamplona y que hubo flirteo. Reconozco que empezó a gustarme sentirme tan admirado por mis amigos. Así que un día —ya fue el colmo—, les acabé diciendo que en uno de los viajes a Dublín, el hotel había cometido un error y sólo les quedaba una habitación. Les conté que ella sugirió compartirla. No inventé más en esa ocasión, bastó con que les dejara caer que había pasado lo inevitable. A partir de ahí, continué contando una y mil aventuras sexuales.

Las historias de Paco eran sólo fantasías de un hombre que engordaba su ego viendo las caras de sus amigos, mezcla de envidia y admiración, cuando se las relataba con todo lujo de detalles. Mi paciente estuvo a punto de perder a su mujer. Ésta se acabó enterando por la esposa de uno de los supuestos amigos de Paco, y aunque le costaba creerlo, dijo:

Los viajes sí existían y es obvio que su secretaria es una chica muy atractiva y más joven que yo. Así que me puse celosa; pero sobre todo, por encima de todo, me puse de muy mala leche. Estuve muy cerca de romper la relación.

Por suerte, acabamos por resolver el entuerto. Paco se disculpó por su torpeza y descubrió la inseguridad que le creaba la necesidad de brillar siempre delante de sus amigos. Elvira no aprobó, pero sí entendió, el comportamiento de su marido y hasta reconoció que quizás estaba demasiado centrada en los niños (con 19 y 22 años no eran tan niños en realidad) en detrimento de él. No es que justificara ni mucho menos sus injustificables alardes, pero quiso ver el lado bueno de lo ocurrido.

Si decido estar con él, y sé que es lo que quiero, lo mejor es ver por dónde está flojeando nuestra relación. Y soy consciente de que nos hemos acomodado; prácticamente hace tres años que no salimos los dos solos a cenar, y muchas veces la pereza me hace desistir del sexo.

Lo dicho, que nadie se lleve a engaño, aquí el cafre y el responsable de esto es Paco, pero, como decía Elvira: «Siempre hay algo que podemos mejorar y, ya que hemos venido a terapia, vamos a aprovechar para hacerlo». Como entenderéis, esta sensata reflexión no apareció en mitad del enfado, sino mucho tiempo después de escuchar los mil perdones y aclaraciones de su marido.

Este caso siempre me ha llamado la atención. Me sorprende cómo todavía hoy, las canitas al aire de un hombre son justificadas y hasta jaleadas por los otros, pero sobre todo, hasta qué punto necesitamos contarlas. Os decía antes que vosotras sois mucho más cuidadosas cuando sois infieles; bueno, tampoco es que sea muy complicado serlo más que nosotros. Paco contó algo que no pasó en realidad, pero es que de haber pasado, lo hubiese contado de la misma forma, quizás adornando un poco más la aventura. Para nosotros, conseguir una conquista y no alardear de ella es como ir de vacaciones y no hacer fotos. Así se explica que aparentemente engañemos mucho más que vosotras. Por la boca muere el infiel. Si es que no aprendemos...

Recuerdo que preguntaban a Santiago Segura en una entrevista para la televisión: «Si Scarlett Johansson te diera a elegir entre acostarte con ella, pero con la condición de que nunca nadie pudiera saberlo, o no hacerlo, pero contarle al mundo que sí había pasado, ¿qué escogerías?». Segura no lo dudó, prefería poder contarlo, aunque no hubiese pasado. También él tiene una parte de cazador, como todos, y fue sincero al reconocer que en lo que al sexo se refiere, poder colgarnos la medallita es igual o más importante que el propio encuentro sexual. Que se lo pregunten a Paco, si no.

¿Por qué somos infieles? Como ya os apuntaba antes, existen teorías que explican la búsqueda de otras parejas desde el punto de vista biológico, como una lucha para que tus genes se propaguen. Sería algo así como que los hombres tenemos este objetivo grabado a fuego en nuestro instinto. Curioso, ¿no?

Podemos estar más o menos de acuerdo con esta teoría, pero lo que sí es seguro es que no estamos preparados para ser monógamos. Cuando nos enamoramos pasamos un tiempo, tres años más o menos, en los que sin ningún esfuerzo estamos totalmente centrados en nuestra pareja, y así es improbable que nos fijemos en otras; ni siquiera nos planteamos *tener algo*. Pero la cosa cambia a partir de esos tres años: la pasión se va tornando calma, es el momento de trabajar en la relación, luchar contra la monotonía —si no lo hemos hecho antes—, poner de nuestra parte para seguir creando ilusión y sorprendernos. A grandes rasgos, el apego íntimo es lo que nos une ahora, y nuestro campo visual se amplía. Sí, pero no tengáis miedo, es normal que ahora podamos sentirnos atraídos por otras personas; no significa que queramos menos a nuestra pareja, no es un síntoma de que todo se ha acabado. Si me apuráis, es hasta una prueba de lo fuerte del compromiso con él o con ella. Ser fiel cuando la biología se pone de tu parte no tiene gracia, así es muy fácil. Lo que tiene valor es hacerlo sin ese apoyo, cuando ya sólo es una cuestión de valores, de respeto, de compromiso con la pareja y, sobre todo, de decisión personal. Llegados a este punto, uno elige si quiere dejarse llevar o no por la curiosidad, por la atracción o por lo que sea que nos invita a acercarnos a otra persona, pero no le echemos la culpa a nadie: la responsabilidad de la decisión, de romper el pacto con la pareja, es y será cosa nuestra.

Repito que un adulto es responsable de sus decisiones, no hay excusas. Pero dicho esto, es cierto que hay situaciones que predisponen a que alguien acabe siendo infiel. No se puede dar una respuesta válida para todos los engaños; cada situación, cada relación y cada

106

persona son diferentes, pero en los hombres encuentro frecuentemente dos claves.

Una de ellas es la *insatisfacción sexual*, bien sea por cantidad (poca frecuencia sexual) o calidad (es un sexo aburrido).

La otra es como *mecanismo de compensación*, es decir, con la infidelidad se busca un equilibrio para seguir en una relación en la que no se es feliz, y en la que además se le echa la culpa a ella de esa infelicidad. ¿Es inmaduro? Mucho, en realidad, pero tratemos de ponernos en situación. Él está en una relación en la que es siempre ella la que tiene la razón, mientras él se limita a agachar la cabeza; en la que él ha dejado de hacer las cosas que le gustaban porque a ella le molestan. Es ella quien maneja la economía, la que tiene la última palabra en las decisiones sobre los niños, las vacaciones, el ocio, la ropa que él usa... La inevitable pregunta es cómo puede aguantar alguien esta situación, por qué no trata de expresar sus críticas o simplemente deja a esta mujer.

La explicación es que él compensa esas cesiones con una venganza oculta en forma de infidelidad, por ejemplo...

Hay que reconocerlo, los hombres tendemos a ser muy cobardes en las relaciones y a menudo buscamos el equilibrio fuera, antes que enfrentarnos a una conversación en la que expresemos que nos aburrimos en la cama, que no nos parece bien la manera en la que llevamos las cosas en casa, que estamos hartos de ella o simplemente que no somos felices.

Es sorprendente la cantidad de infidelidades que tapan carencias y, por paradójico que parezca, mantienen unidas a las parejas. Unidos, sí; pero ¿felices?

Analicemos esto. Es cierto que muchos hombres no se han separado porque tenían fuera lo que les faltaba en casa y que al tiempo, una vez pasada la infidelidad, han apreciado aún más su relación. Es cierto que a algunas personas la comparación les ha hecho ser conscientes de las virtudes que habían olvidado o dejado de apreciar en su pareja. Hay quien ha confesado: «Después de acostarme con mi compañera de trabajo, descubrí lo buena que es mi mujer en la cama». Pero ¡ojo!, no confundáis mis palabras. No conviene frivolizar sobre este tema.

Cuando amas a alguien te descubres, le entregas parte de ti y la llave para abrirte las puertas del cielo, pero también las que conducen a los calabozos más profundos. Descubrir una infidelidad supone una herida mortal, un daño que rara vez se supera, aun contando con la mejor ayuda profesional. Y es que supone un *tsunami* emocional, la autoestima del engañado cae en picado y se instaura el enfado e incluso el odio, al tiempo que se asienta la desconfianza, ya no sólo en el infiel, sino en el resto de la humanidad. Muchas veces, cuando alguien sospecha la traición de la pareja, llegue o no a darse, se convierte en un ser que repugna, alguien a quien no se reconoce. Asediado por la sospecha constante, uno descubre la necesidad de controlar, y afloran el miedo, la inseguridad y los celos.

Hablando de celos, retomemos la frase que junto a la de la infidelidad abría este capítulo. Si no os acordáis, tranquilas, yo hago memoria. Decía: «Si amas, los celos son inevitables». ¿Qué pensáis?

San Agustín creía que sí. Igual es un poco raro citar a un santo en un libro de sexo, pero es que el hombre era considerado un erudito. Puedo estar más o menos de acuerdo con él, pero la rotundidad con que sentenciaba da a entender que lo tenía clarísimo. O eso, o quizá que la ignorancia es muy atrevida. Mmmm, no sé.

Los celos son una respuesta emocional compleja y perturbadora, que aparece cuando percibes que puedes perder algo que sientes como propio. En este caso, y aunque seguro que estamos de acuerdo en que no queda bien pensar en la pareja como propiedad de uno, siento tener que ser yo quien os cuente —guardadme el secreto— que algo de esto sí que hay. Ése es el motivo que lleva la ansiedad a dispararse cuando sentimos la posibilidad de que la pareja deje de prestarnos atención a favor de otra. Está bien, tendremos que asumir que en la mayoría de las ocasiones —y a pesar de que se nos llene la boca con frases grandilocuentes del tipo «nadie es propiedad de nadie»—, acabamos por sentir al otro como algo nuestro, y por tanto le queremos con cierto grado de exclusividad. ¿O no?

Los celos pueden ser románticos; de hecho, aparecen en la práctica totalidad de las novelas, telenovelas o películas que tienen como protagonista una historia de amor. Hay estudios, por ejemplo, que apoyan la idea de que los celos, no muy intensos, en su justa medida y bien manejados, llegan a ser positivos para afianzar los lazos de la pareja. De hecho, no tienen que estar necesariamente mal, si sirven para entender que él o ella no son incondicionales, y que tendremos que cuidar la relación si queremos que ésta funcione. Está bien que algo nos recuerde que hay que ganarse cada día el amor del otro.

Sea como fuere, es cierto que los celos se alimentan e incluso se crean por aprendizaje o porque legitiman la relación. Un ejemplo. Imagina que yo no soy celoso, pero empiezo una relación en la que mi pareja sí lo es. Se molesta si quedo con alguna amiga o si me ve llevarme bien con la camarera de un pub. ¿Qué hago yo? Pues puedo acabar por adoptar un rol similar al de ella, para demostrarle lo que molesta que estén dudando de ti todo el tiempo.

El mismo escenario: yo no soy celoso, pero mi pareja sí. Yo sigo fiel a mis ideas y no dudo en ningún momento de ella; para mí es una cuestión de respeto. Pero ella no lo ve tan claro. Piensa que eso significa que no me importa y acaba por cabrearse porque no soy celoso. «¿No te molesta que quede con mi ex? ¿Has visto cómo me ha tirado los tejos aquel chico? ¿No dices nada? Vamos, que te da igual...» En la práctica, no es broma, acabas por hacerte el celoso y el indignado cuando se da una situación por la que supuestamente tienes que hacerlo. ¿Te suena de algo? A muchos hombres sí.

¡No, no! No estoy diciendo que los celos sean cosa de mujeres, en absoluto; por lo que sabemos, hombres y mujeres somos celosos por igual, lo que sí varía es la manera en la que reaccionamos a ellos. En líneas generales nosotros nos volvemos obsesivos y paranoicos, y vosotras desarrolláis una sintomatología más ansiosa y depresiva, aunque en realidad, y según lo que yo he visto en las consultas, la forma de reacción no depende tanto del sexo como de la manera en la que vivimos los celos.

Para entenderlo, os explicaré que en realidad hay dos miedos diferentes que generan los celos. Hay como *dos tipos de celos*, por decirlo de algún modo. Por un lado, está el miedo a perder a la pareja (genera tristeza, ansiedad, baja autoestima, etc.); por el otro, el miedo a que se estén burlando de ti, a que te estén engañando (lo que mueve al enfado, la rabia y más agresividad). Quizá sea cierto que es más frecuente en hombres este segundo miedo, y por eso la reacción masculina tiende a ser más hostil. Por supuesto, no son excluyentes; uno puede empezar a tener un sentimiento, cambiar al otro o llevarlos juntos como una especie de tortura emocional, de lo más sofisticada, eso sí.

Lo último que quisiera es banalizar el poder de los celos. Tanto el que los siente como quien los padece viven una situación que puede llegar a ser muy desagradable. El grado de sufrimiento dependerá de la intensidad de los celos y la manera en la que respondemos a ellos; si éstos son exagerados y perduran en el tiempo, la persona celosa actuará buscando indicios que demuestren su temor, como si quisiera encontrar una prueba de que es verdad el mayor de sus miedos. Es llamativo, porque la obsesión puede llegar a tal punto que cuando no se encuentran pruebas, el celoso se siente mal, es como si estuviese convencido de que pasa algo y si no ve más que calma, llega la angustia por no poder encontrarlo. Así no se puede ser feliz, pero tampoco puede serlo quien se siente observado, controlado y constantemente bajo sospecha. En un escenario como éste, el deterioro de la relación no tardará demasiado en hacerse patente.

Pero aún puede ser peor. ¿Peor que esto? Pues sí, porque los celos, en su estado más álgido, pueden llegar a adoptar una forma patológica muy grave. ¿Habéis oído hablar de la celotipia? Os lo explico con un caso.

Salva y Águeda eran una pareja que llegó a mi consulta sólo tres meses después de su boda. Ella estaba desesperada. Nunca le había dado motivo alguno para que él desconfiara. Siempre se había plegado a sus condiciones de supuesto «respeto». Águeda tenía que responder al instante a las llamadas de móvil de él, sin que importara que estuviese trabajando, conduciendo, en la ducha o haciendo lo que fuera. Por supuesto, nada de salidas sin permiso, cenas con amigas, de empresa y mucho menos despedidas de soltera. Tuvo que cortar cualquier tipo de relación que tuviese con sus amigos, salvo que éstos fuesen gais. Cedió en todo, pero incluso así, él continuaba desconfiando de ella. Primero por sus compañeros de la oficina, después por las parejas de sus amigas o el chico que atendía en el banco. Los ataques de ira de Salva cuando algo le parecía mal eran horribles, pero lo peor estaba por llegar. Una noche, cenando con su cuñado y su mujer, él empezó a ponerse muy nervioso. Aprovechando que Águeda se marchaba al baño, le dijo a su hermano: «¿Has visto? ¿Has visto lo que ha hecho Águeda? Lleva toda la noche sacándole la lengua y guiñando el ojo al camarero. Y el cerdo ese le ha rozado todo el paquete por el brazo cuando le ha servido antes. Me alegro de que lo hayas podido ver, porque luego ella nunca reconoce la verdad». Evidentemente nada de esto había pasado. Pude hablar con el hermano de Salva y me admitió estar muy preocupado por él. Los delirios* son más frecuentes que las alucinaciones** en la celotipia, pero yo he visto varios casos donde aparecen. No hace falta que os diga lo difícil que es trabajar con alguien que está convencido de lo que ha visto... y es que en realidad lo ha visto, aunque no haya pasado.

Nadie me cree. Bueno, mi hermano y su mujer lo vieron; de hecho, he venido porque me lo ha pedido él. Pero no quieren reconocer lo que pasó. Yo creo que lo hacen para protegerla o para no montar un espectáculo a tan pocos días de la boda. De todas maneras, yo he visto cosas que me enervan. Un día en la calle, a plena luz del día, se paró a mirar un escaparate y el de la tienda, desde dentro, le empezó a sacar la lengua. Lo que más me fastidia es que ella no lo reconoce. Si al menos me dijera la verdad... Yo sólo le pido eso, que no me mienta.

Águeda tuvo la suerte de que alguien tan incuestionable para Salva como era su hermano descubriese lo que pasaba. No todas las parejas de celotípicos tienen esa suerte, aunque también es cierto que no todas aguantan lo que ha aguantado ella.

---

* Trastorno de las facultades intelectuales que se manifiesta por una serie de pensamientos erróneos, disparatados e inaccesibles a toda crítica. Suele ir acompañado, a veces, de alteración de la conciencia.

** Percepción sensorial en ausencia de un estímulo real. Las alucinaciones pueden ser de diferentes tipos. Las más extendidas son: auditivas, cuando se oyen voces; visuales, cuando se ven objetos diversos, especialmente de tamaño reducido; táctiles u olfativas.

La celotipia es el último escalón de los celos y no todas las personas celosas llegan a desarrollarla. Ya hemos comentado que, según algunos estudios, los celos a pequeña escala y bien digeridos hasta pueden ser una manera de ponerle chispa a la relación y una ayuda para valorar lo que tenemos.

¿Entonces? ¿Son necesarios los celos en el amor? Difícil respuesta. Si le hubiésemos preguntado a Lorena a los pocos años de conocer a Álex, muy probablemente nos hubiese dicho que sí.

Lorena y Álex son una pareja de 35 años. Se conocieron en primero de Económicas y empezaron a salir juntos. Tienen una hija de 7 años y para la mayoría de las personas que los conocen son la pareja perfecta. Ella no se dedicó exactamente a la gestión económica, sino que se montó una tienda de ropa especializada en las marcas de más prestigio y, según me contaba, le iba muy bien. Él, por su parte, es el director financiero de un hotel de la playa. En cuanto a su hija, es una alumna ejemplar y fuera de los estudios tampoco les da demasiados quebraderos de cabeza. Se podría decir que lo tienen todo; sin embargo, ya sabéis que si los menciono en estas páginas, es porque no todo va tan bien. Empecemos por el motivo de la consulta, pues desde aquí ya empiezan a verse las discrepancias. Lorena quiere arreglar la relación, hay poca comunicación y discuten muchísimo, «siempre por lo mismo, en realidad». Álex me pide que le ayude a saber si son razonables sus dudas y cuestionamientos sobre los comportamientos de Lorena:

> Quiero que me digas si estoy loco o no, porque igual a mí hay cosas que hace mi mujer que no me parecen normales e igual estoy equivocado.

Lo que le ocurre a Lorena es que está harta de la manera machista en la que se comporta Álex, pero no se atreve a revelárselo, y él, seguro de que tiene razón, quiere que sea yo quien le cuente a ella que su comportamiento no es apropiado. Más bien, quiere que la reprenda y le dé la razón a él.

Se quieren, de eso no hay duda; cada uno a su manera, pero se quieren. Cuando empiezo a trabajar con ellos, todos los problemas se acaban concentrando en uno.

ÁLEX: Es que Lorena tiene una relación muy... digamos *especial* con David, un proveedor que la visita en la tienda.

LORENA: Es un buen chico con el que tengo que trabajar y sí, es verdad que me llevo bien con él.

ÁLEX: ¡Y tan bien! Como que te invita a café todas las mañanas que va a la tienda.

LORENA: Muchos proveedores prefieren ir a una cafetería para charlar de la ropa más tranquilos, sin los clientes de por medio. Además, es parte de su trabajo tratar de caerme bien.

ÁLEX: ¿Por eso David te manda mensajes?, ¿porque quiere caerte bien?

LORENA: Te he dicho que además de eso es mi amigo. Los mensajes que me manda son de lo más normales.

ÁLEX: Entonces, ¿por qué no me los enseñas?

Ésta es sólo una muestra de las miles de discusiones que han tenido. Álex está celoso, tiene pensamientos obsesivos, imagina a su mujer besando e incluso teniendo sexo con David. Esto le lleva a espiar a Lorena: busca en su ordenador cuando ella no se da cuenta, le lee los mensajes del móvil y, cuando suena, rápidamente le pregunta quién la llama. En realidad, él siempre ha sido celoso, incluso antes de que apareciera David. Lorena me cuenta en la consulta y le recuerda a su marido la época en la que empezaron a salir y cómo él se ponía de los nervios cada vez que un compañero de clase se quedaba hablando con ella.

Lo que ocurre es que a mí, entonces, me hacía gracia. Lo veía hasta bonito cuando él se ponía de morros y yo le calmaba a base de besos y mimos. Pero ahora es muy diferente. Ya no me parece gracioso; me siento perseguida, como si no fuera de fiar. Álex me controla todo el tiempo. Cada día espía mi muro de Facebook para ver si alguien me ha puesto algo, no deja de preguntarme por todo y por lo que pasa en el trabajo. El otro día, sin ir más lejos, le descubrí en una esquina, en la calle perpendicular a la tienda. ¡Qué casualidad que además fuera el día en el que venía el proveedor que él siempre menciona! Imagínate la vergüenza que pasé cuando la chica que trabaja en la zapatería de al lado me dice: «Acabo de ver a tu marido ahí detrás; bueno, creo que era él, lo que pasa es que se ha hecho el despistado. Ni me ha saludado».

Mira los mensajes de mi móvil, entra en mi cuenta de correo, se hace pasar por otro en Facebook y «me tira los tejos» para ver si caigo. Me sigue, me espía... Y esto es sólo de lo que me he ido enterando. Vete tú a saber todo lo que ha hecho por desconfianza. Mi casa es una cárcel, siento que soy una niña pequeña a la que hay que controlar para que no se desmadre.

Álex tampoco lo pasaba bien. Él estaba convencido de que algo había, de que Lorena se alejaba y que con toda seguridad sentía algo por David, al menos cierta atracción.

Es verdad que Lorena se estaba alejando. Álex tenía razón en eso. Discutían muchísimo por los celos de él y sexualmente, con semejante clima, a ella se le quitaban las ganas de estar con su marido.

Si es que no la entiendo. Con lo fácil que sería que me dijera las cosas claras, que me explicara que le gusta este chico y ya está. Y si no es así, ¿por qué no me lo presenta y quedamos los tres, o me deja ver los mensajes del móvil? ¿Por qué no hace algo para demostrarme que no hay nada entre ellos?

Lorena explica que se lo había planteado muchas veces, pero que no quería ceder más, era una cuestión de intimidad, de respeto y de confianza. Es cierto que entre ella y el proveedor había un buen *feeling*, pero nada más. Reconocía que se llevaba mejor que con el resto y que él le mandaba de vez en cuando mensajes interesándose por ella o recomendando una película o un programa de televisión.

Quizá cometí el error de llevarme bien con un hombre, pero en realidad no sé qué hay de malo en ello. El chico tiene su pareja y nuestra relación es de lo más normal. He dicho que no quería ceder a los chantajes de Álex, pero un día lo hice y se vino conmigo a la tienda para conocer a David. Fue peor el remedio que la enfermedad. Como siempre, nos fuimos a tomar un café para que me enseñara el catálogo nuevo. Álex vino con nosotros, se sentó a la mesa y la tensión por su parte se palpaba en el ambiente. Como siempre, David y yo mantuvimos una conversación distendida; él hacía bromas, y yo me reía. Cuando llega-

114

mos a casa, mi marido me repasó uno a uno los comentarios de él y mis respuestas, la manera en la que David se dirigía a mí, cómo lo miraba yo... Esa noche tuvimos una bronca monumental. Yo no entendía nada; me sentía como si fuera una fulana. Llegué a plantearme que Álex tenía razón y yo estaba flirteando.

Álex escuchaba atento lo que contaba su mujer, se sentía mal en ocasiones, lo reflejaba en su rostro y muchas veces agachaba la cabeza; sin embargo, en otras se apreciaba cómo las palabras de ella le enfurecían. Entonces tomaba fuerza e interrumpía a Lorena para excusarse.

Mira, te he dicho mil veces que un hombre y una mujer no pueden ser amigos. ¿Verdad, José? Igual tú no te das cuenta, pero ese tío lo que quiere es lo que quiere, y claro, si tú no le paras los pies... ¿Sabes lo que pasa, José? Ella se cree que tiene un amigo, cuando lo que está esperando él es que baje la guardia para aprovecharse, un momento de debilidad de Lorena, por eso ahora está tan majo, porque sabe que ella está mal conmigo.

Álex intenta controlar a Lorena porque teme perderla; su actitud es paternal. Por un lado, no se fía de ella; pero por el otro, en vez de romper la relación, ejerce como barrera para que ella no pueda serle infiel. Se podría decir que él cree que la está protegiendo de sí misma.

No todos los celos actúan de la misma forma. La persona celosa en ocasiones toma una actitud pasiva, prefiere no saber, no mirar, no decir. Lo pasa mal, quizá muestra tristeza, pero no lo expresa. Le asusta tanto descubrir algo que prefiere no mirar. Muchas veces se comporta así porque no se siente con fuerzas para actuar en consecuencia, en el fatal caso de descubrir el engaño.

Es evidente que ninguna de las dos estrategias es positiva. Cuando no confías en tu pareja, la relación se empapa de sufrimiento; lo que cambia es la manera en la que éste se reparte.

Si eres celoso o celosa, creas o no que tienes motivos, cercar la vida de ella o de él no puede ser nunca la solución. Piensa un momento, ¿y si tras tanto tiempo de control sobre tu pareja, de verdad consigues que no te engañe? Imagina que en realidad tu pareja se moría de ganas de hacerlo, pero no ha podido llevar a cabo su traición por tu «buen trabajo». ¿Tiene algún sentido?

Mantener el acuerdo de exclusividad sexual es una decisión y el valor de este pacto reside en tener la ocasión de hacerlo, gozar de la confianza de tu pareja, es decir, tenerlo fácil para engañarla y sin embargo no hacerlo.

Álex decidió dejar la terapia a las pocas sesiones: se sentía defraudado al no encontrar en mí un aliado que se sumara a las críticas hacia Lorena, aunque también influyó que le pidiera que dejara de controlar a su pareja. Nos dimos cuenta de que él no había podido cumplir la tarea cuando Lorena descubrió que Álex había instalado sólo dos días después de la primera sesión un programa espía en el ordenador y que había conseguido todas sus claves.

Evidentemente, la motivación de Álex para venir a mi consulta era equivocada: buscaba un juez, alguien que le diera la razón, la autocrítica no aparecía y cuando se descubría a sí mismo en un comportamiento ruin, su respuesta era la de tantas y tantas parejas: «Sí, pero es que tú... Si tú no hubieras actuado así, seguro que yo no...». Cuando un paciente no cumple sus expectativas y se le pide que reflexione sobre la manera en la que hasta el momento ha tratado de resolver sus problemas, puede que le sirva para reformular el objetivo de la terapia y para tomar una actitud más constructiva; pero también puede que evite enfrentarse a esta realidad y deje de querer mirarse en el espejo, pues no soporta la imagen que éste le devuelve.

8

Cuando el hombre se retrasa

Las mujeres somos capaces de fingir un orgasmo, pero los hombres pueden fingir una relación entera.

SHARON STONE

Alcanzar un orgasmo es para muchas mujeres todo menos fácil y es que aunque cada vez hay más chicas para las que conseguirlo es una cuestión de ponerse manos a la obra, para muchas otras es bastante más complicado, incluso lo viven como una auténtica *misión imposible*. Me ahorraré los chistes sobre Tom Cruise.

Aun teniendo en cuenta la facilidad o la dificultad particular de cada mujer, cuando la comparación es con los hombres, la idea general es que a vosotras os cuesta mucho más que a nosotros alcanzar el clímax. Es más, no es extraño encontrar a mujeres que, hablando sobre sexo, expresan la queja: «¡Claro, es que para ellos es tan fácil! Un hombre llega cuando quiere, pero nosotras...».

¿Qué pensáis vosotras? ¿Tenemos los hombres un orgasmo cuando queremos?

Puede que muchas penséis que la respuesta es sí, al menos teniendo en cuenta la experiencia personal o las que os han contado. Pues bueno, es verdad que la mayoría de nosotros podemos tener un orgasmo con relativa facilidad. De algo tiene que haber servido el entrenamiento que desde bien jóvenes y desafiando la ceguera, la locura, los pelos en las palmas de las manos y hasta los terribles *granos pajeros* hemos cumplido rigurosamente. Pues bien, independientemente del entrenamiento y en contra de la creencia general, hay hombres —un 4 % según algunos estudios— para los que eyacular en sus relaciones de pareja es un auténtico problema.

Ya sé, ya sé... algunas de vosotras estaréis pensando algo similar a lo que me decía una enfermera malagueña en un congreso. «Y ¿dónde está el problema? Seguro que sus parejas no lo ven como algo tan grave. Imagínate, el chico pudiendo tener sexo el rato que tú quieras... Es genial, es mucho peor la eyaculación precoz o la impotencia.» Sin duda, para una pareja que esté sufriendo un problema de eyaculación precoz, que él no eyacule parece en principio una bendición. Pero, nada más lejos de la realidad. No conozco a ninguna pareja en la que él no pueda tener un orgasmo, que lo viva como algo positivo.

Un segundo. Antes de hablar de la anorgasmia masculina, creo que sería bueno que dejáramos claros algunos conceptos que no siempre lo están. He utilizado conscientemente *eyaculación* y *orgasmo masculino* como si fueran sinónimos, y no es sólo que no lo sean, sino que ni siquiera tienen que ir necesariamente unidos.

Sacad la libreta y el boli; es el momento de repasar los conceptos que tienen que ver con la respuesta sexual masculina.

—*Eyaculación masculina.* La eyaculación es la acción de expulsión o emisión de semen a través del pene conducido por el conducto uretral. Para que esto suceda tiene que haber una contracción rítmica a intervalos de 0,8 segundos de la uretra, los músculos que la rodean y la próstata.

—*Orgasmo masculino.* El orgasmo masculino es, en el plano físico, la descarga de la tensión muscular que se ha ido acumulando en la zona genital durante la fase de excitación. Más allá de las respuesta físicas, lo que conocemos por orgasmo es la sensación subjetiva de placer más o menos intenso que se experimenta.

Si comparáis los apuntes sobre vuestra respuesta sexual y la nuestra, comprobaréis que hay algunas diferencias fisiológicas entre vuestro orgasmo y el nuestro. ¿También en las vivencias del orgasmo? Pues no lo tengo tan claro. No hay estudios relevantes al respecto, pero sí algunos intentos de evaluar cómo siente un hombre y cómo siente una mujer el clímax. ¿Qué pensáis? ¿Lo vivimos igual? Hagamos una cosa. Voy a presentaros algunas descripciones sobre el orgasmo, pero sin deciros el sexo de quien lo escribe. ¿Pensáis que podréis distinguir fácilmente si es un hombre o una mujer quien lo relata?

Aquí os lo dejo...

Te empiezas a sentir muy caliente, tu mente se nubla, la respiración se hace más profunda y luego se acelera, se te acercan sonidos y en ocasiones suspiros de placer, mientras aumenta y aumenta la excitación, y de pronto sientes una especie de explosión en tus genitales, como fuegos artificiales que no te dejan pensar, sólo sentir y disfrutar mientras dura.

La culminación de un intenso proceso de excitación que desemboca en el mayor de los placeres. Empezando por leves caricias, mi mente se va centrando poco a poco en «esos adorados centímetros de piel» y mi cuerpo se va tensando invitándome a buscar las caricias, que al intensificarse me hacen abandonar por unos minutos las nociones de tiempo y realidad. Mi ser completo se centra, en exclusiva, en poder alcanzar ese punto máximo de placer. ¡Uf! Por fin ha llegado, la tensión de todo mi cuerpo se libera y a veces dejo de respirar unos segundos para notar esas pequeñas convulsiones que llegan a mi relajado sexo, para devolverme a la realidad del momento.

Poco a poco, aumenta el placer. Al principio está repartido por el cuerpo, los labios, el cuello, el pecho... Después se van desviando todas las sensaciones para encontrarse en mi sexo. Ya no sólo es placer, también es tensión. Juntos, tensión y placer, caminan despacio subiendo una cuesta que lleva a la cima, hasta que empiezan a correr de la mano, también cuesta arriba, suben y suben, se me acelera el pulso, noto cómo se acercan a lo más alto y entonces, ¡bum! Una explosión de goce acaba con la tensión e inunda mi cuerpo de una relajada satisfacción.

¿Lo tenéis claro ya? ¿Os ha resultado fácil? Bueno, ahí va la solución.

La primera y la segunda descripción del orgasmo han sido escritas por mujeres, mientras que la tercera es de un hombre. ¿Habéis acertado? No siempre es sencillo en realidad.

Volviendo a los conceptos de eyaculación y orgasmo, os diré que es cierto que habitualmente van unidos. El hombre siente un aumento de placer progresivo hasta llegar a un punto máximo. Es entonces cuando se dispara una explosión de sensaciones que por lo general llega acompañada de la emisión de semen en emboladas rítmicas. Esos espasmos van disminuyendo en intensidad y provocan una relajación, primero genital y después del resto del cuerpo.

Pero ¿puede no ser así?

Efectivamente, hay hombres que eyaculan y no experimentan esa sensación subjetiva de orgasmo; es decir, hay emisión de semen, pero no se siente placer. El mayor número de casos de este tipo se da entre hombres que, tras una lesión medular, tienen dañados los nervios encargados de conducir las sensaciones de placer que van de los genitales al cerebro, haciendo que estas señales no lleguen o lo hagan muy atenuadas.

Pero no sólo las lesiones o los problemas físicos pueden desconectar eyaculación y orgasmo. Hay hombres sin ningún tipo de lesión que presentan dificultades serias para atender las sensaciones de disfrute sexual. No tienen problema para conseguir una erección, desean tener sexo y, sin embargo, en el camino parecen anestesiarse. Y aunque eyaculan, no hay ni rastro de placer.

Otro gran grupo de hombres que no siente placer en la eyaculación está formado por aquellos con dificultades para controlar el reflejo eyaculatorio. Sí, seguramente te sonará, ya hemos hablado de ello en el capítulo dedicado a la eyaculación precoz. ¡Ojo!, no digo que todos los hombres con problemas de control eyaculatorio dejen de sentir el orgasmo, pero sí que a todos puede llegar a sucederles en alguna ocasión. Cuando escuchamos sus vivencias, lo entendemos fácilmente, pues para ellos el momento de eyacular no es sinónimo de bienestar, sino de fracaso. Para el eyaculador precoz y a menudo también para su pareja, la expulsión de semen se acompaña de tristeza, enfado, y de un «otra vez igual». Cuando esto es así, sólo es cuestión de tiempo que se pierda el placer.

Menos frecuentes son los casos de orgasmos sin eyaculación, lo que clínicamente se llama *orgasmo aneyaculatorio*. El hombre que experimenta este fenómeno normalmente consigue una erección sin problema y puede mantener una relación sexual disfrutando del clímax; sin embargo, el orgasmo es seco, es decir, no aparece eyaculación. En realidad y siendo estrictos, en estos casos no es del todo cierto que no haya eyaculación. Eyaculación sí hay, lo que sucede es que el paciente en vez de expulsar el semen al exterior, retroeyacula. ¡¿Cómo?! Pues sí, el semen una vez fabricado se desprende a la vejiga en vez de continuar su viaje por la uretra. Resultado: orgasmos sin gota de semen. En estos casos, bastará un análisis de orina para certificar lo que ocurre, ya que en la muestra aparece esperma. ¿Cuál es la causa? El cien por cien de las veces tiene un origen orgánico. La diabetes, una inflamación de próstata, el uso de algunos fármacos, y sobre todo intervenciones quirúrgicas como la operación de próstata, que pueden tener como consecuencia esta anomalía física.

Tranquilas, no me voy a extender en la parte médica, no estamos aquí para estos menesteres y estoy seguro de que no es precisamente eso lo que estáis echando de menos. Incluso puede que alguna de vosotras esté pensando: «Bustamante se deja algo. ¿Acaso no conoce el tantra? Hay hombres que pueden eyacular hacia dentro a voluntad, tener sesiones de hasta doce horas de sexo sin expulsión de semen alguna y después, cuando lo desean, eyacular al fin».

No, no se me olvidaba. Pero eso sí, me gustaría darle el valor que tiene, ni más ni menos. Para quien lo desconozca, os diré que *tantra* significa «expansión y liberación», y que es una corriente filosófica del llamado hinduismo contemporáneo. Constituye la práctica principal de la mayoría de las escuelas del budismo tibetano, pone el énfasis en el cuerpo y en la energía, aceptando el cuerpo como algo sagrado, el deseo como trascendencia y el sexo como placer místico. También diserta sobre la posibilidad de llegar al nirvana mediante la sexualidad, buscando una unión física y espiritual completa. Los mismos textos tántricos explican que incluso para los iniciados, alcanzar el nirvana (momento último en el que desaparecen los deseos materiales y llega la felicidad plena) supone esfuerzo y dedicación durante años. Imaginad lo que sería entonces para alguien que desconozca la base mística y no esté por la labor de profundizar en ella.

La realidad es que es una corriente que irrumpió con fuerza en nuestra cultura y que sigue de moda sobre todo por los beneficios que promete. Aquí es donde tenemos que tener cuidado, ya que si no lo hacemos, podemos acabar no sólo no resolviendo problemas, sino llegando a generar alguno que antes no teníamos. ¿Qué hombre podría resistirse ante la idea de controlar a voluntad la retroeyaculación? Algunos textos del moderno tantra prometen a quien los lee que puede llegar a mantener relaciones sexuales teniendo un orgasmo tras otro sin desparramar la energía, que para ellos es el semen, mientras su pareja sexual encadena también un orgasmo tras otro durante horas. Si se convence de que esto es posible, la idea obsesionaría al más *pintao*, y más si el *pintao* en cuestión tiene problemas de eyaculación precoz, entonces...

Un ejemplo de las confusiones de las que os hablaba es la pregunta que Soraya, de 34 años, me envió al correo electrónico:

Mi marido y yo compramos las Navidades pasadas un libro sobre sexo tántrico. En él te explican que el orgasmo femenino es positivo, porque libera una energía que es saludable, pero que el masculino no lo es cuando va acompañado de expulsión de semen, porque al parecer se pierde energía vital. Afirma que el hombre puede aprender a eyacular hacia dentro con disciplina y siguiendo los ejercicios que le marcan. ¿Hay algún truco para conseguirlo de una forma más rápida? Llevamos tiempo practicando y no hemos conseguido nada.

El orgasmo es un placer subjetivo y puede que alguien pueda tener una sensación de placer intenso que identifique como orgasmo sin haber eyaculado. Lo que no es médicamente posible es la supuesta retroeyaculación a voluntad (ya os expliqué anteriormente que puede haber un problema orgánico que hace que el semen no suba por la uretra y se pierda en la vejiga). Entendedme: no digo yo que mienta quien cuenta que puede controlar la dirección de su eyaculación, pero al igual que no he visto levitar a nadie todavía, tampoco tengo constancia probada de estas hazañas sexuales. Sea como fuere, lo más interesante del tantra se encuentra en la defensa de disfrutar del sexo de una manera más amplia, dándole importancia a todo el cuerpo, y no sólo a los genitales, en el placer sexual. Comparto con el tantra el consejo de aprender a degustar cada sensación que se recibe, desde el deseo hasta la resolución. Sin obsesiones y sabiendo distinguir la parte religiosa, mística y filosófica, puede ser interesante adentrarse en formas nuevas de vivir la relación íntima, sea el sexo tántrico, el *Kamasutra* o cualquier enfoque que nos dé una excusa para escapar de la rutina y aprender a potenciar las sensaciones eróticas.

En resumen, se trata de extraer la parte positiva de ésta o de cualquier otra filosofía. En el fondo, reconozco la inteligencia de aquel que fue capaz de hacer del defecto virtud y transmitirlo. Olé por quien ante un problema para eyacular tuvo la capacidad de convertirlo en una suerte de excelencia sexual. Aquí quien no se consuela es porque no quiere.

Muy diferente es el caso de Tomás, un chico de 32 años extremadamente vergonzoso que vino a mi consulta. Recuerdo lo mucho que le costaba hablarme de lo que le ocurría. Susana tampoco era muy habladora, pero era quien llevaba la iniciativa en la pareja. Ella tomaba todas las decisiones. Una de las más importantes había sido la de tener hijos, y derivada de ésta, la de acudir a terapia para poner remedio al problema que lo impedía y que arrastraban desde el principio de la relación. Ya en la consulta, Susana facilitaba a Tomás el trago de explicar el motivo que los había llevado a mi despacho.

Llevamos seis años de relación, cinco de novios y uno de casados. Y yo nunca he visto disfrutar a Tomás. Quiero decir que él, delante de mí, no ha tenido un orgasmo jamás. ¿Que cómo lo vivo? Pues imagínate. Cuando hablo con las amigas de sexo, las bromas con los hombres son todo lo contrario: que si mi pareja no aguanta, que aquél es Billy el Rápido, que si el otro día conocí a un chico y no se le levantó. Pero lo peor no es eso. A mí me frustra mucho tener sexo con él. Yo llego sin problemas, pero, claro, luego estamos un montón de tiempo y nada de nada. Tomás dice que le gusto yo y lo que hacemos, pero me cuesta creerlo, porque él no disfruta, al menos yo no veo que disfrute. Me he

123

estado aguantando todo este tiempo, pero es que ahora queremos tener hijos y así no vamos a poder.

Ya os he contado que la autoestima sexual femenina se sustenta, en gran parte, en cómo se siente la mujer de deseada. Susana ya había dejado de sentirse deseada; él no la buscaba e incluso evitaba las relaciones, y es que la consecuencia de los encuentros era un clima de tristeza, frustración y malestar. Poneos en su lugar, ella siente que no le gusta, que no es capaz de hacerle disfrutar y, por si fuera poco, ya ni siquiera la desea. ¿Y él?

Tomás no ha conseguido eyacular nunca delante de una mujer, no es algo que le pase ahora con Susana. En un par de relaciones anteriores tampoco lo consiguió.

Al menos con Susana tengo la tranquilidad de haber sido sincero siempre. Con mi pareja anterior fingía los orgasmos. Nunca se enteró de lo que me pasaba. Ella no podía tomar anticonceptivos, así que siempre usábamos preservativo. Al principio me preguntaba y yo le decía que no había llegado, pero cuando empecé a verla preocupada opté por fingir, me movía un poco más rápido, como veía en las películas, gemía un poco y me dejaba caer encima de ella. Después sólo tenía que irme al baño, atar el preservativo y tirarlo a la papelera. Nunca sospechó nada. Lo único es que a mí cada vez me apetecía menos. Dejé de buscarla, sólo me acercaba cuando ya veía que se estaba mosqueando. Además, alguna vez ella me llegó a pillar masturbándome y no entendía nada. Me decía que eso era porque ya no me gustaba ella y se acabó enfadando.

¿Así que los hombres también fingen? Aunque pudiera parecer ridícula la pregunta, ya veis que sí. Tomás no es el único caso. Es cierto que no es tan frecuente, y que además lo tenemos mucho más difícil, pero he conocido a hombres en la consulta que lo han hecho alguna vez y otros que, como Tomás, eran auténticos expertos.

Está claro que la excitación no es tan fácil de fingir; un hombre no puede tener una erección si no está excitado. Bueno, podría, pero necesitará *doping* o artilugios mecánicos. Pero sí puede fingir que tiene un orgasmo, sobre todo si como en el caso de Tomás usa preservativo.

¿Y sólo lo hacen quienes tienen problemas para tener un orgasmo con la pareja? Pues no. Yo conozco a hombres que lo hacen cuando sienten que van a perder la erección, o cuando no disfrutan de la relación, o cuando les duele. Como veis, al final no somos tan distintos de vosotras y tampoco lo son nuestras motivaciones.

También nosotros podemos caer en la tentación de mentir para acabar con un encuentro que no nos gusta, para dejar tranquila a la pareja y para preservar de paso nuestra masculinidad. Eso sí, las ventajas y los inconvenientes de interpretar en la cama son también similares a los de las más populares actuaciones femeninas.

Aunque si sois sinceras, seguro que más de una hubieseis preferido que vuestra pareja sexual fingiera, antes que tener que esperar una eternidad a que el muchacho terminara. Os transcribo lo que me contaba mi buena amiga Marteta y entenderéis enseguida a qué me refiero.

Llevaba un tiempo tonteando con un chico y al final decidí aceptar su invitación para cenar en su casa. Sabía a lo que iba. Me apetecía que pasara, así que antes de sacar el postre ya estábamos camino de su habitación. Todo parecía ir bien, no besaba ni acariciaba mal el chico y, cuando pasamos a la penetración, sólo tardé unos minutos en tener un orgasmo. «¡Qué bien! —pensé—. Éste no es eyaculador precoz.» El caso es que él continuó y tuve otro orgasmo, aunque de mucha menos intensidad que el primero. La zona estaba medio anestesiada y además empezaba a aburrirme de tanto mete-saca. Pero el chico ahí que seguía. Yo gemía de vez en cuando para que no se diera cuenta de que hacía ya más de veinte minutos que aquello había dejado de ser entretenido y placentero. Empecé a pensar en el modo de hacérselo saber. Quizá, si fingía un nuevo orgasmo, él se diera por satisfecho y pararía de una vez; pero fingir nunca es la solución. Así que esperé y al final llegó. «Menos mal», pensé. Pero lo peor estaba por llegar. El chico empezó a alardear de lo bueno que era en la cama. Me decía cosas como «Te has quedado impresionada, ¿eh? ¿Te han follado así de bien alguna vez? Llámame cuando quieras, ya sabes que conmigo es éxito seguro». Intenté morderme la lengua, lo prometo, pero su prepotencia sobrepasó mi autocontrol y le contesté: «Después de estar contigo, la eyaculación precoz ya no me parece tan grave».

Historias como ésta he escuchado muchísimas. ¿Cuántas de vosotras os habéis quedado mirando al techo pensando «ya acabará»? Y es que para muchos hombres el hecho de tardar mucho tiempo en eyacular es sinónimo de ser unos auténticos portentos sexuales. La de mujeres que han sufrido a chicos con estas dificultades, que necesitan muchísimo tiempo para eyacular. ¡Ojo!, una cosa es tener un problema y necesitar mucho tiempo para alcanzar el clímax, y otra diferente tener un control razonablemente voluntario de tu eyaculación. Si lo que le pasó al chico del ejemplo es que aguantó porque quería impresionar a su acompañante sexual, el problema es simplemente una cuestión de falta de información y comunicación sexual. En muchos casos, sin embargo, no es precisamente un malentendido, ya que la *partenaire*, cansada del mete-saca, le advierte: «Yo ya estoy bien. Por mí, cuando tú quieras», sin más consecuencias que el chico en cuestión empiece a cuestionarse si *más* es siempre *mejor*.

¿Dónde habíamos dejado a Susana y a Tomás? ¡Ah, sí! Os iba a contar que cuando Susana no estaba en casa, Tomás encontraba su momento de intimidad, se ponía frente al ordenador y mientras ojeaba sus páginas porno preferidas, se dejaba llevar con la misma facilidad que lo haría cualquier otro hombre. No es extraño, muchos de los hombres que llegan a la consulta por no alcanzar el orgasmo, con eyaculación incluida, tienen el problema exclusivamente con sus parejas sexuales. Incluso en algunos casos, el problema aparece con algunas parejas y no con otras. Por ejemplo, Vicente, un paciente de 42 años, vino a verme con su actual pareja porque no conseguía eyacular; sin embargo, a solas, me confesó que con su ex mujer nunca había tenido ningún problema, y que en ocasiones, cuando había echado una canita al aire, también podía eyacular sin dificultad. ¿Os parece curioso? En la segunda parte del libro, cuando os cuente los tratamientos, entenderéis el porqué. Sólo os adelanto que no tiene absolutamente nada que ver con el atractivo o la técnica sexual.

Sin embargo, lo más habitual es encontrar a hombres que pueden eyacular delante de sus parejas, con prácticas como la masturbación o el sexo oral, y que sólo tienen dificultad para eyacular durante el coito.

Volviendo a Tomás. Para él no era un problema no tener un orgasmo ni eyacular con Susana, al menos no lo era hasta que lo empezó a ser para ella.

No es que yo no quisiera tener sexo normal. Claro que pensaba de vez en cuando en que me gustaría poder llegar con ella, entre otras cosas porque seguro que es mucho más placentero que cuando lo hago yo solo. Y admito que a veces pensaba en que si queríamos tener hijos de manera natural, no tenía otra que acabar por eyacular dentro de ella. Sólo que yo ya estaba bien, después de todo lo que había pasado con otras, cuando conseguí que Susana entendiera que para mí lo importante era que ella disfrutara, y que en realidad yo también lo hacía, aunque no tuviese orgasmos.

Yo empecé a pasarlo realmente mal cuando ella comenzó a insistir en que me corriera. Era como si ya no le valiera lo que teníamos. Recuerdo que estábamos en mitad de la relación sexual y me susurraba al oído cosas como: «Dámelo, quiero sentir cómo te vas. Lo quiero todo para mí» y otras por el estilo. Aquello que ella pensaba que me excitaba, lo único que conseguía era generarme presión y agobio. Y llegó el punto en el que Susana me dijo que no entendía qué me pasaba, que si era por ella. Y el colmo fue la época en la que se ponía a llorar cuando yo le decía que quería parar. Era horrible verla empeñarse en cambiar de postura, moverse de una manera u otra, decirme cosas al oído o hacerme sexo oral durante muchísimo tiempo. Cada vez me sentía peor; tuve muchas tentaciones de volver a fingir, pero me prometí y le prometí que no lo haría. Además, estoy seguro de que me hubiese pillado y aunque me parece increíble imaginar algo peor, seguro que esto lo hubiese sido.

Más allá del sexo, os cuento que en la relación de Tomás y Susana había algo muy llamativo. Para Tomás, ella era su vida entera, lo decía una y otra vez, y no sólo con palabras. Ella escogía el horario de las citas, llamaba para hablar conmigo, ponía las palabras que él no decía. Cuando les pregunté por su día a día, corroboraron los roles que yo percibía en la terapia. Tomás se dejaba llevar sin protestar; ella subrayaba lo fácil que era estar con él y remarcaba que a pesar de que era cierto que le costaba arrancarle las palabras, éste era el único «pero» que le ponía. Bueno, éste y el motivo que los había llevado a la consulta.

Es llamativo cómo, casi por sistema, los casos de anorgasmia masculina —los que no tienen un origen físico— acostumbran a presentar modelos muy parecidos, no tanto en el ser más o menos tímidos, pero sí en ser ella quien lleva claramente los pantalones en la relación. No me malinterpretéis, por favor. No quiero decir que sean ellas las culpables, ni siquiera que ellos sean incapaces de hacer valer su opinión. Aunque es cierto que hay mujeres sargento y hombres pusilánimes, no es a lo que me refiero. Es más bien que ellas llevan el mando y ellos se lo ceden gustosos, porque han aprendido a dárselo todo. Todo, excepto su propio placer.

Segunda parte

Trabajando en los problemas.
Qué hace él, qué hago yo

Ya os he presentado los problemas. Como veis, he utilizado casos concretos, que son en realidad recortes de distintas dificultades. No creáis que son peculiares, aunque puede haber detalles específicos que os llamen la atención, aunque podáis creer en ocasiones que esto es raro, lo cierto es que cuando más pacientes veo, cuantos más casos comento con compañeros de profesión, más se evidencia que los casos de disfunción eréctil, eyaculación precoz, falta de deseo, anorgasmia, etc., son en realidad la misma canción versionada de mil y una maneras distintas, una con ritmos de *jazz*, otras de merengue, electrónica, con un deje flamenco o con voces diferentes, pero en el fondo, canciones con muchas más notas que las unen que acordes que las separan.

Hemos tratado los problemas sexuales de ellos, pero haceos una pregunta: cuando un hombre tiene un problema sexual, ¿es sólo un problema de él? Rotundamente, NO.

Tranquilidad. Sé que ahora mismo algunas de vosotras estáis empezando a fruncir el ceño y quizás otras os preguntéis en pleno proceso de mosqueo: «¿Qué pasa, siempre tiene que ser culpa mía?». No, yo no he dicho eso, pero entiendo que pueda sentar fatal que le pasen la patata caliente a una; lo entiendo sobre todo porque en alguna ocasión, cuando empezaba a hacer terapia, cometí el error de fiarme de él para transmitir esta información a la pareja y, claro, muchos escuchan lo que quieren y transmiten lo que les conviene. Recuerdo mi primer caso de eyaculación precoz. Vino él solo a contarme que tenía un problema con el control y al final de la sesión le pedí que hablara con su mujer, porque en el proceso de terapia su papel era fundamental.

Un problema sexual es siempre un problema de pareja. La manera en la que entendemos la sexualidad, las actitudes con las que nos acercamos a ella, la respuesta ante los tropiezos, las expectativas del uno y del otro... Todo ello tiene un efecto sobre lo que te ocurre, facilitando que se resuelva, haciendo que se estanque o empeorando el problema.

En principio, nada extraño, ¿verdad? Pues bien, aunque yo no estaba presente, lo que mi buen paciente le contó a su mujer cuando llegó a casa, debió de ser algo así: «Pues me ha dicho el psicólogo que tienes que ir a hablar con él, porque este problema es de los dos, no sólo mío, y tú también tienes que cambiar muchas cosas». Algo así fue porque ella no tardó demasiado en llamarme ostensiblemente enfadada.

¡Así que es cosa mía! Llevo aguantando más de un año sin decir nada, tratando de no enfadarme, quedándome a medias una y otra vez, y ahora resulta que la culpa es mía. Yo sólo quiero tener una relación normal, en la que él no se vaya cuando yo aún ni he empezado. No creo que esté pidiendo demasiado. El caso es que cuando por fin el hombre decide hacer algo para arreglarlo, llega a casa con una sonrisa de oreja a oreja, mucho más tranquilo, eso sí, pero con la cantinela de que yo también tengo que cambiar muchas cosas.

Por suerte pude hablar con ella y aclarar lo que su marido le había transmitido. Como os dije, cometí un error: parte de mi responsabilidad es tener en cuenta las interpretaciones de mis pacientes, asegurarme de cómo van a transmitir esa información a sus parejas; de hecho, ahora no dejo que sean ellos quienes lo hagan.

Un genial Forges refleja en esta viñeta los malentendidos que puede haber cuando se unen terapia y pareja.

Evidentemente, yo no quise señalarla a ella como culpable, pero en este problema sexual —como en cualquier otro, sea masculino o femenino—, las actitudes y las conductas de ambos influyen, aunque el síntoma recaiga en uno de los dos y el porcentaje de responsabilidad sea 80-20, 50-50, 60-40 o 90-10, ambos tienen algo que hacer para que se resuelva. Imaginad a una mujer que nunca ha podido tener orgasmos con su pareja delante. Digamos que le cuesta dejarse llevar y necesita estar muy concentrada en sus sensaciones para alcanzarlo, y cuando está él le resulta más complicado, ya que le preocupa lo que pueda pensar si ella se entrega al placer. Bien, pues ahora pensad lo que pasaría si su pareja, en mitad de las relaciones, se impacientase y en alguna ocasión le dijese: «¿Te queda mucho? ¿Vas a llegar o no? ¿Es que no te está gustando?». Evidentemente no es él quien causa el problema, es algo que a ella le ha pasado siempre, pero facilitarle la solución, lo que se dice facilitársela, no lo está haciendo. ¿Entendéis que los dos tendrían que cambiar y trabajar algunas actitudes y comportamientos a la hora de vivir su sexualidad?

133

Un problema sexual es siempre un problema de pareja. Y no únicamente porque ambos, porcentajes a parte, tienen influencia sobre la manera en la que se desarrolla, sino también porque afecta a los dos y ambos sufren las consecuencias. Acordaos de cómo se sentía Arturo cada vez que su soldadito se volvía pesado como uno de plomo, llegaba la tristeza al sentirse poco hombre y la rabia por no ser capaz de satisfacer a Elena. ¿Y ella? También lo vivía mal, se despertaban los complejos y empezaba a sentirse poco atractiva, incapaz de ser deseable para él. Los dos sufrían, o como poco se preocupaban, ya sea por el problema en sí, ya sea por las reacciones de él o por si afectaba a su vida en pareja; pero ambos, él y ella, pensaban en el sexo como en algo que no iba del todo bien en sus vidas.

Un problema sexual es siempre un problema de pareja. Y no sólo porque los dos tengáis responsabilidad sobre él, ni porque ambos sufráis las consecuencias, sino también porque tarde o temprano la pareja, la relación, va a verse afectada. Y es que la sexualidad es un potente catalizador de emociones. Me explico: cuando estamos bien, cuando todo funciona estupendamente, el sexo tiene el mágico efecto de impregnar la relación de positividad y buen rollo, estamos más felices y tenemos menos ganas de enfadarnos; de hecho, en algunas parejas es el buen sexo lo que las hace funcionar en ocasiones, aunque esto no es bueno, pues enmascara problemas de pareja que se sepultan bajo este buen clima. Pero un catalizador no distingue de emociones, así que cuando el sexo va mal tiene la misma fuerza, pero en dirección contraria, es decir, el clima se enrarece, estamos más irascibles y saltamos a la primera de cambio; en otros casos —depende de la personalidad del uno y del otro—, no aparecen esos enfados, pero sí una distancia que va enfriando poco a poco la relación. La experiencia me dice que ese frío silencio puede ser mucho más destructivo que una acalorada discusión.

Ya he dejado caer estas ideas en la primera parte de este libro, pero quería insistir antes de empezar a trabajar en las soluciones. ¿Cómo, cómo...? Vale, ya, ya entiendo, tenéis razón. La afirmación «un problema sexual es siempre un problema de pareja» tiene que pasar aún una prueba. ¿Qué pasa cuando no hay pareja?

Podría decir que cuando no hay pareja no hay problemas sexuales. En realidad, esto es cierto en la inmensa mayoría de los casos. Un hombre con eyaculación precoz está tranquilo cuando no tiene sexo con nadie más que consigo mismo; y una mujer con vaginismo, lo mismo. Aunque sea una preocupación de cara al futuro («¿Qué voy a hacer con este problema si conozco a alguien que me guste?»), e incluso una limitación («¿Adónde voy yo así? Mejor evito el sexo. Total, ¿para qué? ¿Para pasarlo mal y hacer el ridículo?»), no es algo que sea un problema presente. Sea como fuere, es cierto que alguien puede tener fobia al sexo y a sus erecciones, rechazar sus propias fantasías, sufrir anorgasmia o vergüenza a la hora de masturbarse..., pero la inmensa mayoría de los problemas sexuales se hacen patentes cuando se tiene una pareja estable o relaciones ocasionales. De hecho, cuando esto pasa, cuando alguien tiene un problema con su sexualidad en solitario, rara vez acude a la consulta, salvo que quiera «ponerse a punto» por si Cupido (el amor) o Baco (la lujuria) llaman a la puerta.

Así que lo consideraremos excepciones que nos ayudan a confirmar la regla. Un problema sexual es siempre, o casi siempre, un problema de pareja. Así que avisadas estáis: si queréis que el problema se resuelva, aunque él tenga un 90 % y vosotras un pequeño 10 % de responsabilidad, os toca poneros a remar para salvar las corrientes y llegar a la otra orilla.

9

Resolviendo la falta de deseo masculino. Volver a desearla

> La conducta sexual es compleja, variable y en absoluto inmutable. El deseo sexual, eje sobre el que gravita, lo es aún en mayor medida.
>
> FROILÁN SÁNCHEZ SÁNCHEZ

Mientras escribo en un tren de vuelta a casa, después de haber participado en una tertulia sobre sexualidad, me cuesta no caer en la tentación de aprovechar la casualidad y contaros lo que las féminas presentes comentaban al hablar de los problemas de deseo de ellos. «Claro, hoy en día puede que haya muchos hombres que no desean tanto, con el ritmo de vida en el que vivimos y el estrés por el trabajo o por la falta de trabajo, ¿qué esperamos? Seguro que antes, cuando la vida era más tranquila, no les pasaba esto.» El estrés fue el protagonista, ningún otro motivo parecía tener capacidad de menoscabar nuestro superpoder. Así que esa especie de kriptonita con características antilibidinosas era la causante omnipresente de este aparentemente nuevo problema masculino.

Vosotras, sin embargo, a estas alturas ya habéis descubierto o confirmado, depende de las vivencias, que a los hombres no siempre nos apetece y que no sólo el estrés es un enemigo potencial de nuestro apetito sexual. En el capítulo 1, «Cuando a nosotros no nos apetece», le pusimos cara a esos enemigos; ahora toca ver la manera de combatirlos.

El estrés y las preocupaciones mundanas

Empecemos por el que en el subconsciente colectivo aparece como el motivo principal.

Ya vimos cómo el estrés prolongado hace caer los niveles de testosterona y aumenta los de cortisol, un cóctel hormonal perfecto para menoscabar el deseo del más fogoso. Pero ¡ojo!, no es necesario que la respuesta fisiológica sea tan evidente. Hay hombres a los que las hormonas «los respetan», pero que sin embargo ven cómo el deseo se pierde entre pensamientos recurrentes sobre el trabajo o la falta de trabajo, preocupaciones más que suficientes para que éste decida quedarse invernando.

¿Qué podemos hacer?

En terapia, cuando detectamos que la causa principal es el estrés, llevamos a cabo con el paciente la formación en...

—Gestión del tiempo.
—Aprender a decir «no».
—Ejercicios de relajación.
—Aprender a desconectar.

Al final, se trata de que el paciente tenga un mejor manejo del estrés y, sobre todo, que el trabajo o las preocupaciones afecten lo menos posible a la vida familiar.

Debemos discriminar entre los dos tipos de estrés: el *subjetivo*, que es aquel que tiene que ver con la interpretación que hago sobre mi trabajo —con éste, hay que aprender a interpretarlo de una manera más positiva—, y el *objetivo*, que aparece cuando el volumen de trabajo es realmente inabarcable y/o trabajas con personas tóxicas que están constantemente poniéndote la zancadilla. Contra este estrés, la meta es modificar las condiciones de trabajo o incluso plantearse si es sensato seguir en ese puesto.

No me voy a liar hablando de estrés, porque nos daría para otro libro. Sólo un pequeño consejo para aprender a desconectar y que vale tanto para ellos como para vosotras.

Marca tu horario de trabajo. Cuando estés de camino a casa, dedica si es necesario unos minutos antes de entrar a planificar la agenda del día siguiente, a apuntar las cosas que no quieres olvidar o a mandar los últimos correos electrónicos. Es preferible llegar treinta minutos más tarde a casa, y que cuando lo hagas, ya haya terminado de verdad la jornada laboral.

Cuando abras la puerta dale a tu cuerpo la señal de que ahora es tiempo de descanso. Funcionan bien tics como darse una ducha, no con finalidad higiénica, sino con la idea de desconectar. Mientras te cae el agua encima puedes repetir: «Ahora estoy en casa y es tiempo para mí y mi pareja y/o familia». Hay que entender que a nuestro cuerpo le cuesta algo más de tiempo cambiar el chip de *trabajo* a *descanso*.

Ahora ya es el momento de estar con los tuyos. Deja que los pensamientos laborales se queden fuera, no están invitados a esta fiesta; como ya has apuntado lo importante para el día siguiente, puedes darte permiso para olvidarlo. Quizás es un buen momento, antes de sentarte a cenar, para tomarte algo con tu pareja en la cocina, poner algo de música y darte esos quince minutos para conectar con el momento familiar.

Problemas médicos

Hay problemas clínicos como el hipotiroidismo que alteran los niveles hormonales y, como ya os he contado, éstos tienen un efecto sobre el deseo sexual.

La solución pasa por el tratamiento médico que se requiera, pero a la vez conviene conocer la manera en la que interfiere y las estrategias que podemos seguir, además de las médicas, para tratar de compensar este traspié físico. Son muy importantes los acuerdos con la pareja, que ambos entiendan lo que está pasando y que ni él se sienta culpable ni ella rechazada. Algunas parejas pactan tener encuentros más afectivos que sexuales, en los que *el placer de dar placer* está presente y es él quien procura cubrir el deseo de ella; al fin y al cabo, él también lo pasa bien viendo cómo su chica goza de sus «cuidados». Pero ¡ojo!, no todas las parejas se sienten cómodas ante este acuerdo. Normalmente, es la parte cuidada la que no lleva bien tanta atención sin que haya reciprocidad: «Si a él no le apetece, prefiero que no lo hagamos; yo también quiero que él se lo pase bien». En estos casos, él suele insistir en que le encanta ver cómo ella disfruta y no tiene ningún problema en hacerlo así, pero para vosotras es especialmente difícil dejaros hacer sin que vuestra pareja tenga una erección y frecuentemente aparece malestar al decirle: «Ahora quiero hacerte cosas yo», y él responde con un: «No, cariño, a mí no me apetece».

Menos comunes, pero también los hay, son los casos en que los hombres que están pasando por este problema hormonal —venga de donde venga—, no se sientan cómodos en la posición de procurar «servicios sexuales» a su pareja. Hay que entender que la inapetencia que genera ese desequilibrio hormonal puede extenderse a todo lo que tenga que ver con la sexualidad, no sólo con su propio sexo. Y ¿qué se puede hacer entonces? En un caso así, no es sensato forzarle a tener sexo, pero sí a buscar la solución al problema. Mientras él recupera su libido, ella debe ser quien decida si quiere o no renunciar a su vida sexual. Y es que el sexo es también una forma individual de placer, y quizá, siendo positivos, puede ser un buen momento para redescubrir las mieles de la autoestimulación. Como dice Woody Allen: «No te metas con la masturbación. Es hacer el amor con la persona que más quiero».

Las soluciones no son estándar. En casos como éstos es fundamental la comunicación en la pareja y entender las ventajas de flexibilizar la idea de sexo que ambos han tenido hasta entonces. Generalmente, esos problemas hormonales son temporales, y una vez se da con el tratamiento adecuado, todo vuelve a la normalidad. Entre tanto, hay que decidir juntos la manera en la que elegimos vivirlo.

Drogas legales e ilegales

Siguiendo con los enemigos fisiológicos, tenemos que atender a aquellos efectos que provocan algunas drogas (fármacos incluidos) que consumimos.

El alcohol y el cannabis, por ejemplo, son sustancias cuyo consumo a largo plazo puede provocar un descenso notable en el «ardor guerrero». Es verdad que su efecto desinhibidor puede facilitar la liberación del deseo en el momento en el que se consume, pero en realidad ambas sustancias tienen un efecto desmotivador en aquellos hombres que los consumen frecuentemente.

Ya os he contado que las otras drogas, las que se venden en farmacias, también pueden crear una interferencia en la respuesta sexual y en concreto en la fase del deseo. Antidepresivos, hipotensores, antiandrógenos y ansiolíticos son algunos de esos fármacos que zancadillean el deseo sexual, tanto en nosotros como en vosotras.

El problema es el desconocimiento. Algunos médicos merecen un tirón de orejas, ya que no informan al paciente de estos efectos secundarios, y es que el sexo, por más siglo XXI en el que estemos, sigue siendo un tabú, incluso en la intimidad de una consulta.

Evidentemente, para corregir el problema de deseo provocado por una sustancia, lo mejor es dejar de consumir esa sustancia. Eso sí, si hablamos de un medicamento, ¡cuidado! No podemos dejar de tomarlo simplemente porque afecte a nuestra libido, y no es que no sea importante desear, es que muerto se desea mucho menos. Exageraciones aparte, lo inteligente es hablar con el médico, ver si hay alternativas de tratamiento e incluso saber si en momentos concretos se puede dejar la medicación o tomar dosis más bajas. Así que fuera vergüenzas y a consultar con el profesional.

Con los fármacos tenemos que aprender a sopesar. Juanra, por ejemplo, llegó a mi consulta con problemas de deseo. Es verdad que al preguntarle, este hombre de 42 años me dijo que llevaba seis meses tomando antidepresivos. La tentación de un terapeuta puede ser pedirle que reduzca la dosis o que hable con su médico para que directamente se los quite. Sin embargo, Juanra no se tomaba el fármaco por capricho, se lo recetaron por la depresión que estaba pasando a raíz de perder el trabajo en el que llevaba toda su vida. Cuando llegó a la consulta, ya había encontrado otro trabajo y, aunque no le gustaba tanto como el anterior, era un apoyo que junto al tratamiento le estaba ayudando a encontrarse mucho mejor.

¿Qué hacemos entonces? ¿Renunciamos al sexo? ¿Dejamos los fármacos? Lo sensato en un caso como éste es buscar la dosis justa para que siga ayudando al paciente y que a la vez interfiera lo menos posible en su libido. Y es que si mejora su sexualidad, también lo hará su estado de ánimo; y si mejora el ánimo, es más probable que le apetezca tener sexo. Y al contrario, la frustración sexual implica una caída del humor, y una caída del humor puede implicar una caída del deseo.

Con Juanra fue sencillo, porque al ponerme en contacto con su médica planeamos juntos un descenso progresivo de la medicación, que compensábamos con ejercicios para potenciar el deseo, que resultaron para él y su pareja una saludable medicina emocional.

Problemas de pareja y sexuales

Evidentemente, estos factores son importantes y conviene tenerlos en cuenta, pero la experiencia clínica nos dice que en la mayoría de los casos los problemas de deseo masculino tienen que ver con la relación. Pero no sólo con la relación de pareja, también con la que uno tiene con su propia sexualidad. Me explico: al final, aunque las interferencias fisiológicas estén presentes, lo que acaba por mantener un problema de deseo sexual hipoactivo (a estas alturas doy por sentado que os habéis familiarizado con la nomenclatura), es la manera en la que él vive el sexo y cómo lo vive con su pareja.

Si ha recibido una educación sexual muy represiva, puede que desear con mucha pasión le resulte sucio y difícilmente se recreará en sus fantasías. Si ha sufrido gatillazos con cierta frecuencia, seguramente cada vez le apetecerá menos tener sexo. ¿A quién le apete-

142

cería intentar algo cuando tienes el miedo de volver a hacerlo mal y, lo que es peor, a sentirte un inútil por ello?

Pero no sólo hace falta que haya problemas. Si para él el sexo se ha convertido en algo rutinario y predecible, es más sencillo que la pereza, enemiga del sexo donde las haya, venza la batalla al deseo: «Total, si ya sé cómo empieza y acaba el juego, para qué voy a jugar».

¿Qué hacemos para combatir estos enemigos del deseo sexual masculino?

Los efectos de una educación sexual represiva pueden ser devastadores, y aunque vosotras habéis sido víctimas, por lo general, de mensajes más negativos y antisexuales, lo cierto es que en la consulta encontramos a muchos hombres que se sienten mal con determinadas posturas o juegos, pero sobre todo no llevan nada bien que sea la mujer quien tome la iniciativa en la parcela íntima. Os conté ya algo al respecto a propósito de Rosa y Sergio.

Lo bueno de la educación, aunque sea represiva, es que todo aquello que se aprende podemos también desaprenderlo, así que la tarea es sobre todo educativa. Hay que guiar al paciente hacia el *descubrimiento de una nueva visión de la sexualidad* y sobre todo de las relaciones sexuales en pareja.

Pero no os llevéis a error; no se trata de hacer un lavado de cerebro al paciente. A lo que me refiero con reaprender es adecuar sus valores para poder disfrutar de una sexualidad más positiva. Si un paciente, por ejemplo, está en contra del sexo anal por una cuestión moral, no tiene por qué llevar a cabo esa práctica, faltaría más. Sin embargo, si este mismo paciente piensa que su pareja es una «cualquiera» por el hecho de ser activa sexualmente, nuestro trabajo es ayudarle a entender de dónde viene esa idea, las consecuencias que tiene en su vida y a ser capaz de cuestionarla.

Para ser sincero, he de deciros que aunque en muchos casos basta con esta reeducación, la realidad es que en muchos otros *los efectos de años y años de educación sexual castrante son realmente profundos* y necesitamos ir más allá en la terapia.

Cada caso es diferente, pero desde mi experiencia clínica puedo deciros que se consiguen cambios muy importantes con sesiones en las que *se trabaja sobre las emociones, los recuerdos del pasado mal procesados o los bloqueos sobre el sexo* de los que muchos pacientes ni siquiera son conscientes.

Recuerdo a un paciente con problemas de deseo al que le costaba mantener relaciones, sobre todo cuando su pareja tomaba una actitud más seductora. Él no soportaba los intentos de ella de practicarle sexo oral. Nos costó, pero en una sesión apareció el recuerdo de un abuso que había sufrido de pequeño por parte de su tío. Cuando indagamos, el paciente descubrió que revivía la sensación de sentirse manipulado por el abusador cada vez que su mujer trataba de seducirle para tener sexo. El sexo oral era la práctica con la que el abusador conseguía que él acabara cediendo, por eso sentía un rechazo tan frontal a que ella lo llevase a cabo. Un abuso sexual infantil o haber sufrido un castigo severo ante el descubrimiento de una masturbación son ejemplos de cómo la vivencia de algunos hechos del pasado puede llegar a tener consecuencias muy negativas en la sexualidad de un adulto mucho tiempo después de que se produjeran.

¿Qué hacemos cuando hay otro problema sexual como base?

¿Os imagináis que cada vez que comierais os sentara mal la comida y empezarais a tener un terrible dolor de estómago? Cuando pasa algo así, lo habitual es que al tiempo acabéis por perder el apetito. Si fuerais médicas y llegara un paciente así a vuestra consulta, ¿intentaríais que recuperara el apetito o primero trataríais de saber por qué le sienta mal la comida?

Pues lo mismo ocurre en terapia cuando encontramos otro problema sexual como responsable principal de la falta de deseo.

Si un hombre tiene dificultades en la erección, llega demasiado pronto (eyaculación precoz), demasiado tarde (eyaculación retardada), no llega (anorgasmia) o le duele (dispareunia), es muy probable que vaya perdiendo a mayor o menor velocidad el apetito

144

sexual y, claro está, para empezar a recuperarlo lo primero será resolver estos problemas, o al menos trabajar en la manera en la que afectan al paciente y a su pareja. Y no, no vale con buscar un tutorial en YouTube o poner el nombrecillo en cuestión en el buscador de moda; lo recomendable siempre en estos casos es acudir a un buen especialista en sexología. Eso sí, una recomendación. No os fieis de la primera persona que se haga llamar terapeuta sexual: exigid una formación específica reconocida por las asociaciones de especialistas.*

¿Y la monotonía?

¿Habéis visto esos dibujos japoneses en los que aparecen monstruos feísimos con un aspecto de lo más amenazante? En *Mazinger Z* salían muchos y en los actuales *Pokémon* o *Gormiti* también; si tienes hijos pequeños, seguro que sabes a qué me refiero. Pues bien, cuando yo oigo hablar de la rutina, la pereza y la monotonía sexual, siempre me viene la imagen de un monstruo de ese estilo, con tres cabezas similares, pero algo diferentes en realidad. No sé si existe el bicho en cuestión en alguna serie de animación, pero me viene bien para ser consciente de la ferocidad con la que son capaces de devorar el deseo. Y es que cuando hablas de rutina, pereza o monotonía sexual, piensas, evidentemente, que es algo que debes evitar en tu sexualidad; sin embargo, acostumbramos a no ser conscientes de lo verdaderamente peligroso que es el enemigo.

A la hora de vencerle, eso sí, sabemos que es cuestión de acertar el disparo, ya que por lo general lo que rompe con la rutina sexual hace saltar en pedazos la monotonía y salva la pereza de un salto. Hay que entender que la convivencia en pareja acostumbra a ofre-

---

* La Asociación Española de Especialistas en Sexología (AEES) es una de las asociaciones sin ánimo de lucro que vela por la profesionalidad de la sexología y puede recomendaros profesionales de vuestra zona. En su web (www.aees-sexologia.es) podéis encontrar información al respecto.

cernos tranquilidad, sosiego, calma y seguridad, algo deseado, pero a la vez, alimento para el monstruo.

Una idea para ahuyentarlo es ser conscientes que cualquier pequeña variación en la sexualidad puede servir para conseguirlo.

—*Variaciones en el escenario*: luces diferentes, olores nuevos, música, texturas...

—*Cambiar de escenario*: cualquier lugar de la casa es bueno para tener una relación sexual: la cama no es el único lugar para «acostarse». Ni qué decir tiene que si el presupuesto lo permite, no está de más acudir a un hotel, aunque sea dentro de tu misma ciudad. Si no nos llega, ¿has pensado en recuperar el sexo adolescente que practicabas en el coche? Conozco parejas que bajan al garaje porque les encanta hacerlo en el asiento de atrás, pero no les gusta la idea de que alguien pueda verlos.

—*Tira de juguetería y cosmética erótica*: son sin duda una excusa perfecta para innovar en el sexo y, además, quién sabe, puede ayudaros a descubrir nuevas sensaciones.

Podríamos enumerar cien ideas más para ponerle sal a una relación sexual, pero al final la idea es *atreverse y explorar juntos nuevas formas de disfrutar*. Las posibilidades son casi infinitas.

¿Y la pereza?

Es uno de los siete pecados capitales, y aunque a muchas os dé la impresión de no ser suficiente para crear un problema de deseo en un hombre, os aseguro que está en la base de muchos de los casos, eso sí, con matices. Porque algunos te explican que tienen pereza ante la idea de tener relaciones sexuales y argumentan: «Llego cansado del trabajo, ceno, me pongo a ver la tele, y ya me da pereza pensar en ponerme. Es que se me quitan las ganas». Muchos otros, la mayoría, lo que ven con pereza es iniciar una relación sexual que saben será muy larga: «Es que a ella le cuesta mucho. Tengo que estar con las caricias un buen rato. Luego, el sexo oral otro tanto; y en la penetración, aguantar bastante para que pueda llegar al orgasmo. La mayoría de las veces prefiero masturbarme, que acabo antes».

Y ¿qué podemos hacer? Pues bien, depende mucho de la pareja, pero hay un par de cosas que nos ayudarán.

—*Colocar el sexo en la posición que se merece*. Si pensamos que el sexo es importante, ¿por qué lo dejamos para el final del día? ¿Siempre tiene que ser por la noche? ¿Siempre tiene que ser después de cenar? ¿Por qué tenemos que haber *acabado todo* antes de tener sexo? ¿Y si dejáramos un tiempo a medio día para el encuentro? ¿Y si antes de ponernos a preparar la cena nos diéramos un homenaje? ¿Y si los miércoles, por ejemplo, nos ponemos el despertador treinta minutos antes para jugar un poquito?

Son sólo ideas, cada uno tiene sus horarios, sus obligaciones, que atender a sus hijos, unos momentos mejores que otros a lo largo del día, etc. Mi consejo es que si la pereza nos llega a determinadas horas, busquemos juntos alternativas. Hay que atreverse a romper con «lo de siempre».

—*Entender el sexo más allá del orgasmo*. No siempre tenemos que tener relaciones sexuales buscando como fin el orgasmo; incluso puede que sea interesante prohibírselo de vez en cuando. Muchos hombres y también sus parejas consiguen desterrar la pereza cuando buscan sexo «sin pretensiones», olvidando el orgasmo y jugando simplemente a disfrutar de sus cuerpos, sin más obligación.

Para eso, que quede claro, ambos tenéis que estar por la labor de pasar un buen momento de sexualidad, sin enfurruñarse por el hecho de que uno, otro o los dos hayáis acabado sin orgasmo. ¿Os atrevéis a probarlo?

Una última cosa: frecuentemente la pereza es una consecuencia más de la monotonía. Echad un vistazo a lo que antes escribía sobre este monstruo. Cuando el sexo motiva, cuando hay cosas nuevas que probar, cuando no sabes qué te vas a encontrar, la pereza se hace muy, muy pequeña y consigues vencerla sin apenas dificultad.

El efecto de los nuevos roles sexuales

Si os fijáis, cualquiera de los enemigos del deseo masculino enumerados hasta ahora lo son también del femenino. Será que en realidad no somos tan diferentes.

Sin embargo, y por cotidianos que nos puedan parecen los problemas anteriores, los hombres, cuando acuden a terapia con sus parejas por problemas de deseo, lo hacen sobre todo por cuestiones relacionadas con la respuesta a los nuevos roles sexuales y las dificultades que encuentran para adaptarse a ellos. En realidad, lo podríamos encuadrar dentro de los problemas de pareja, pero más importante que etiquetarlos es que aprendamos a prevenirlos, identificarlos y solucionarlos, ¿no creéis?

¿Os acordáis de Rosa y Sergio? Son una pareja joven que acudió a mi consulta con apenas 30 años. Os hablé de ellos en el primer capítulo del libro, «Cuando a nosotros no nos apetece». Os hago memoria.

Vinieron a verme por la falta de deseo de él, aunque ésta no era la única queja de Rosa. Se lamentaba de que siempre era ella quien tomaba la iniciativa y que cuando tenían sexo, éste era muy descafeinado, sin pasión alguna. Mencionaba que percibía un bloqueo sexual en él. Sergio, por su parte, me confesaba en privado que sí deseaba y que de hecho se masturbaba algunas veces, pero no sabía por qué, dejaba pasar el tiempo y no acaba de acercarse a ella.

Conociendo la historia de la pareja se entiende por qué dejaba pasar el tiempo. Ya os contaba que Rosa actuaba como una madre con Sergio, pero no una madre cualquiera. Ella era una madre que cuidaba y quería a Sergio, pero también era quien le guiaba, le decía cómo hacer las cosas, le corregía y le regañaba cuando no hacía algo bien. Él aceptaba el papel de hijo y al hacerlo aceptaba también que estaba por debajo en la relación, que no era capaz de tomar decisiones en casa y que no tenía derecho a discutir.

Rosa no es un ogro, ni mucho menos. Ambos quieren huir de estos roles, ya os conté, pero es difícil cambiar un sistema y, en realidad, de alguna manera, los dos lo alimentan porque obtienen algún beneficio. Él se ahorra el trago de tomar decisiones —es muy inseguro, recordad—, pero además es que le aterra que sublevarse suponga perder a su diosa. Ella cubre su necesidad de proteger y ayudar, en realidad así se siente imprescindible y necesaria, todo un manjar para la autoestima.

Todos buscamos el equilibrio: uno puede aguantar, no decir lo que piensa en realidad, no cuestionar las decisiones de su pareja por mal que le parezcan. A Sergio no le gustaba que Rosa saliera los jueves con sus amigas hasta tarde, ni que se gastaran tanto dinero en viajes o escapadas de fin de semana, ni siquiera soportaba las reformas carísimas que se habían hecho en casa. «Se puede vivir sin gastar tanto, creo.» Por supuesto, a ella nunca le había insinuado siquiera algo así.

Os hablaba de equilibrio. Imaginad un globo a medio inflar, e imaginad que apretáis de un lado y de otro, pero sin la intención de explotarlo. ¿Qué pasará? Pues que el aire irá hacia el espacio que tenga libre y aparecerá un «chichón» en su superficie, ¿no? Este chichón también aparece en el sexo. Podéis llamarlo venganza inconsciente o simplemente un mecanismo de compensación, pero lo cierto es que en ese terreno, al decir que no o dejar a Rosa frustrada, era Sergio quien tomaba el control, quien se revelaba y aun teniendo la intención de seguir haciendo lo que ella quería, acababa por no hacerlo, o bien no se acercaba sexualmente, o bien, cuando lo hacía, su cuerpo no respondía como se esperaba.

Como un niño que sabe que se ha portado mal, Sergio trataba de compensar su travesura con besos, cariño, afecto... Es lo que harías con una madre, ¿no? Incluso cuando saltaba la barrera de la ternura y pasaba al sexo, la *madre* no le despertaba pasión ni lascivia, sino un respeto mal entendido.

¿Cómo trabajamos esto? En un caso como el de Sergio y Rosa

—más frecuentes de lo que muchas imagináis—, es fundamental que además de la terapia en pareja y sexual conjunta, se lleven a cabo sesiones individuales para cada uno de ellos.

Lo primero es hacerles conscientes de los roles que desempeñan en la relación, de la manera en la que éstos han hecho daño a la pareja y cómo la cama sólo es el lugar donde se muestran las consecuencias de una mala relación de pareja. ¡Ojo! Ellos se llevan genial («no discutimos nunca»). Me viene al recuerdo el dicho popular —«dos no discuten si uno no quiere»—, poco más que decir, bueno sí, que seguramente todo les habría ido mucho mejor si hubiesen discrepado de vez en cuando.

En esta época de transición, en la que los hombres buscan encontrar su nuevo papel, me encuentro en la consulta con muchos de ellos que muestran auténtico rechazo al rol masculino clásico y confunden la queja o la expresión de sus necesidades con machismo. Son esos hombres que de vez en cuando se llevan un rapapolvo de la gente que los quiere, algo así como «espabila, hombre, que de bueno que eres pareces tonto».

Nada tiene que ver con la bondad el no ser capaz de transmitir una queja y hacer creer que todo está bien, cuando en realidad se sienten engañados, estafados y la idea de cómo tendrían que haber actuado les ronda la cabeza durante horas e incluso días. Muchos de estos pacientes escenifican en su imaginación lo que les hubiese gustado decir o hacer ante una situación en la que se han sentido pisoteados. Esta actitud desemboca muy frecuentemente en falta de deseo sexual hacia la pareja, por lo que necesitamos que el paciente entienda que expresar sus deseos no es ser machista y mucho menos agresivo.

En terapia, con este perfil de hombres pasivos resultan muy útiles los ejercicios de *comunicación asertiva y seguridad*.

La *asertividad* es un estilo de comunicación que se encuentra en medio de dos etilos negativos de comunicación: el agresivo (imponer tus ideas, deseos y necesidades) y el pasivo (acatar la voluntad del otro sin mostrar rechazo aunque te haga daño). La asertividad se define como un comportamiento comunicacional maduro, en el cual la persona no agrede ni se somete a la voluntad de otras personas, sino que manifiesta sus convicciones y defiende sus derechos.

Sé que puede costar ver la relación con el sexo, pero os aseguro que el cambio en la manera de relacionarse de un hombre habitualmente pasivo a asertivo repercute, y mucho, en la mejora del deseo.

La seguridad en sí mismo es una de las cualidades más valoradas por las mujeres en los hombres. ¿Estáis de acuerdo?

Estos hombres pasivos adolecen en realidad de seguridad. Ése es su verdadero problema y justamente esto es lo que les hace perder la espontaneidad y la fuerza en el sexo. De ahí vienen las quejas de ellas: «Necesito que sea un hombre. Me encantaría que me cogiera en mitad del pasillo, me besara de forma apasionada, me quitara la ropa sin miramientos y me hiciera el amor allí mismo. [...] Me gustaría que tomara decisiones sin tener que preguntarme siempre lo que yo quiero hacer. No se atreve ni a darme una sorpresa, por miedo a equivocarse».

¿Cómo se entrena la seguridad?

La seguridad, y a partir de ahí la espontaneidad, aparecen cuando no tienes miedo a equivocarte o a las consecuencias de tu error. A continuación os dejo algunas ideas para trabajar las tan necesarias seguridad y espontaneidad sexuales.

Técnicas para mejorar la autoestima sexual

La autoestima es la valoración que hacemos de nosotros mismos. La autoestima sexual tiene que ver, por tanto, con la valoración que hacemos de nuestras capacidades sexuales. Sólo con una adecuada autoestima sexual seremos capaces de dejarnos llevar a la hora de besar, acariciar o tener relaciones sexuales.

Una forma de mejorar nuestra autoestima sexual es, por ejemplo, establecer un diálogo con nuestra pareja. Pero no vale cualquier conversación. La idea es hablar en positivo de lo que más le «pone» a ella del repertorio sexual de él.

En la consulta, Felisa, una mujer de 42 años, le contaba esto a Juanjo, su marido, que con el tiempo se había convertido en un mar de inseguridad sexual.

> Me gustan mucho tus manos, me resultan muy sugerentes. También me gusta mucho cuando me besas la espalda poco a poco, bajando desde el cuello, siguiendo la columna y acabando en mi sexo. Hace mucho que no me lo haces, pero cuando te decides, me excita muchísimo.

A veces hay que insistir un poco y no quedarse en un «me gusta todo de él», «si a mí, del sexo, me gusta todo». Se trata de resaltar lo positivo, lo que se tiene, dejando a un lado lo que no está bien; se busca por tanto subrayar partes del cuerpo, pero también prácticas concretas, una o dos, que la pareja hace o ha hecho alguna vez y cuanto más sencillas sean, mejor.

En estos casos, el ejercicio para casa es que él ponga en práctica esas cosas que ya ha hecho alguna vez, pero ahora con la seguridad de que a ella le gustan.

ELABORACIÓN DE PROYECTOS DE SUPERACIÓN PERSONAL

Es conveniente plantear pequeños retos abarcables a muy corto plazo con el paciente. Cuando éste los va superando, comienza a ganar confianza en sí mismo, en su papel dentro de la pareja y en su capacidad sexual. De esta manera, él podrá volver a atreverse a desear.

No os asustéis. Sé que el nombre es muy rimbombante: *superación personal*, pero en la práctica, y más en el ámbito sexual, es algo mucho más sencillo de lo que cabría imaginar. Os cito algunos ejemplos de retos sexuales que pacientes de mi consulta se han puesto.

—Entrar en un *sex shop* con su pareja y comprar algo.

—Ver con ella una película erótica.

—Masturbarse delante de su pareja.

La mayoría de estos proyectos son en realidad peticiones que siempre les han hecho sus parejas y nunca habían podido hacer, o, en el caso de la masturbación con ella presente, pequeñas fantasías que quería llevar a cabo, pero que no se atrevía siquiera a comentar.

Para muchas de vosotras pueden parecer cosas sencillas, pero recordad que son retos que se plantean los hombres que por un motivo u otro tienen problemas de seguridad y de deseo sexual. En algunos casos, el reto debe plantearse poco a poco. Recuerdo el caso de un chico que quería entrar en un *sex shop*: primero tuvo que ir él solo un día para enfrentarse a la vergüenza que le producía, antes de atreverse a ir junto con su chica.

¿Habéis visto *Sueños de un seductor*, de Woody Allen?** Os la recomiendo. En ella aparece un Woody Allen torpe e inseguro, ayudado por un imaginario Humphrey Bogart, que le muestra cómo ganar confianza utilizando para ello la idea de una masculinidad supuestamente irresistible para la mujer.

Además de ser una película que —al menos para mí— es de lo más divertida, yo la utilizo con muchos pacientes para observar, de manera exagerada, la importancia del aplomo y de la seguridad en las relaciones sexuales y de pareja. ¡Cuidado! Es una comedia y, como os acabo de contar, utiliza un modelo exagerado y machista. Soy el primero que tiene claro que hace tiempo que el Bogart de *Casablanca*, por suerte, perdió toda su vigencia.

Sergio es un buen ejemplo de esa baja autoestima sexual, de inseguridad y, por tanto, de la carencia total de espontaneidad. Me contaba que nunca se atrevió a dar el paso de empezar a desnudarla cuando los besos cariñosos comenzaban a ser más apasionados. Ser-

** *Play It Again, Sam*, 1972.

gio siempre le preguntaba si le apetecía tener sexo... Recuerdo a Rosa muy alterada, diciéndole delante de mí:

Te estoy besando con toda la pasión de la que soy capaz, metiéndote mano y suspirando para demostrarte que estoy muy caliente, y tú ¿de verdad necesitas preguntarme si quiero sexo?

Muchos hombres con bajo deseo sexual viven con esa inseguridad todo lo que tenga que ver con las mujeres. Sienten miedo a parecer lanzados, a que ella se moleste, a equivocarse, a ser rechazados, a que su pareja descubra que no son lo suficiente... o a no ser capaces de hacer disfrutar a las mujeres. Con todo este miedo en el cuerpo, se entiende mejor por qué acarician a su pareja temblorosos, sin firmeza, como si en vez de una mujer estuviesen manipulando un arsenal de dinamita a punto de estallar.

Y vosotras, ¿qué podéis hacer para facilitar su deseo?

Cuando un hombre está sexualmente apático, el consejo popular es: «Mujer, cómprate un juego de lencería sexi y prepara una velada para los dos, si es posible fuera de casa y con alguna copita de por medio».

Entendedme, no es que crea que sea mala la idea. Es más, estoy convencido de que os ha funcionado y os funcionará cuando la monotonía o incluso la pereza sean los culpables de la inapetencia. Pero de ahí a ser un remedio universal para los problemas de deseo, me temo que hay un buen trecho, chicas. ¡Ojalá fuese tan sencillo!

Cuando un hombre tiene problemas con su deseo sexual, lo mejor es hablarlo, ver lo que está sucediendo, buscar ayuda profesional y ponerse manos a la obra para solucionarlo. Y es ahí, en esa fase de *tratamiento* cuando vuestra actitud es fundamental.

¿Cuál es la actitud? Pues la comprensión está bien como principio, pero no lo es todo, sobre todo en las relaciones de pareja *madre/hijo* de las que ya os he hablado. *¡Cuidado con regañar primero y*

154

consolar después! No hace falta que os repita a qué se parece esto, ¿verdad?

Así que además de compresión, nunca está de más entender al otro. Lo útil durante el proceso de cambio es *dar espacio* para que se produzca el cambio y *tener paciencia para evaluar los resultados.*

Dejar espacio para desear

Si siempre conduces tú el coche, si siempre recoges los platos después de comer, si siempre me llamas tú, si siempre me dices «te quiero», si siempre me besas tú, si siempre propones tú el sexo... qué difícil será que quien conduzca, recoja, te llame, te diga que te quiere, te bese primero o proponga un relación sexual sea él.

A esto me refiero cuando hablo de espacio. Las parejas de los hombres con falta de deseo no sólo se quejan de que tienen pocas relaciones, también lo hacen de la falta de iniciativa de él. Lo de antes ha sido un ejemplo; por favor, que ninguna asocie ahora llevar el coche o recoger los platos con tener más o menos sexo. Lo que quiero decir es que las dinámicas de pareja hacen que en la relación en general —y en el sexo en particular—, sea uno quien propone y el otro quien dice sí o no a la propuesta.

Cuando he contado esto en la consulta, he encontrado a muchas replicándome: «Eso ya lo he intentado y no sirve. Opté por no decirle nada, por no buscar sexo, por dejar a ver el tiempo que podía *estar sin* y al final me desesperé. Si por él fuera, podíamos habernos tirado meses sin nada de nada». Tienen razón, dejar espacio por dejar espacio no siempre sirve. Para que esto funcione tiene que darse dentro de un proceso de cambio, cuando ya se ha consensuado y acordado con la pareja la estrategia para tratar de resolver el problema y sin que huela a amenaza, que os conozco. No valen sugerencias del tipo: «¡Mira, yo ya no te lo voy a decir más. Cuando te apetezca ya sabes dónde estoy! No voy ni a acercarme más a ti. Estoy harta de ser siempre yo la que te está buscando!».

Un inciso. Creo que ha quedado claro, pero prefiero repetirme a que os llevéis una idea equivocada. Que vosotras seáis activas sexualmente, que toméis la iniciativa, que os guste el sexo, no es un problema, EN ABSOLUTO. Pero para cambiar esta inercia negativa en la pareja, funciona el dejarle huecos al otro, al que menos desea, para que pueda tomar esa demandada iniciativa erótica. Es más, esa actitud de dejarle hacer a él, una vez resuelto el problema de deseo, no tiene por qué mantenerse. Lo sensato es que unas veces guíe uno; otras, el otro; y otras muchas, ninguno de los dos, pero sin obsesionarse. No hace falta llegar ni mucho menos al 50%. Mientras lo llevéis bien, no hay nada que objetar a que sea él o ella quien acabe siendo, muchas más veces, el director de la orquesta.

TENER PACIENCIA PARA EVALUAR LOS RESULTADOS

Esto suele ser de lo más complicado. Las parejas tienen la mala costumbre, salvo honrosas excepciones, de venir a la consulta cuando el problema está más que enraizado, y uno, otro o los dos ya no pueden más. Consecuencia: pues que además de ser más costosa la solución, uno de los dos tiene las reservas de paciencia al borde del agotamiento.

Pero esto no pasa sólo en la consulta. Quizás hayas comprado este libro, estés leyendo este capítulo o hayas hablado seriamente con él, sintiendo que ya no aguantas ni un «no» más después de haber sufrido meses o años de sus evasivas sexuales.

En los casos de falta de deseo masculino, muchas mujeres, antes de hablar con sus parejas, antes de acudir a terapia, antes de buscar una solución, han optado simplemente por esperar a que las cosas se resolvieran por sí solas, a que él cambiara, o a que lo hicieran las circunstancias, el trabajo, el estrés... o a lo que fuera que se le echara la culpa de lo que pasa. Por eso, cuando pasa el tiempo y a pesar de todo la cosa no mejora —incluso empeora—, ellas buscan una solución ya cansadas, enfadadas, desilusionadas y con poca fe en que pueda producirse una transformación.

Es comprensible que os lleguéis a sentir así ante su desánimo sexual. Al fin y al cabo, atenta contra vuestra autoestima, y eso remueve. Aun así, por más comprensible que sea, es importante que sepáis que no deja de ser la peor de las actitudes para afrontar este trabajo.

Cuando uno de los dos miembros de la pareja o los dos muestran su vaso casi repleto —cuando apenas queda una gota más para que se derrame—, hay que hacer un esfuerzo para recuperar la paciencia del principio, pues de poco servirán los avances del otro si cuando tropieza su compañera pronuncia frases como éstas: «Ya sabía yo que nunca ibas a cambiar» o «Ya estamos otra vez como siempre».

¿Que cómo se hace eso? Para empezar, hay que entender que el primer cambio ya se ha hecho, ya que se supone que habéis decidido juntos resolver de una vez lo que os pasa. Con esa idea clara y siempre que de verdad hayáis acordado salir juntos de este problema, os propongo una estrategia para vaciar el vaso, aunque sólo sea un poco, de cara a esta nueva y/o quizás última oportunidad de resolver su falta de deseo.

En el siguiente cuadro te marco las pautas que debes seguir. Pero lo dicho, no servirán si antes él no se ha comprometido a coger al toro por los cuernos.

Recobrando la paciencia

Entiendo que estés harta de ver que él no reacciona, de pedirle cambios, señalarle los errores y comprobar que continúa tropezando una y otra vez en la misma piedra. Sé que esto te ha hecho minar tu autoestima como mujer, que has sufrido mucho y le has dado mil oportunidades sin que nada haya cambiado. Sé además que ya no te quedan ganas de luchar, que llegas a esta batalla con poca fe y que lo único que te sirve es que sea él quien cambie, porque a ti no te apetece moverte en absoluto. No te sientas egoísta. Comprendo que has hecho mil intentos por salvar lo vuestro y a veces has tenido la sensación de haberlos hecho sola.

Pero si estás leyendo esto es porque quieres darle una última oportunidad a la relación. ¿Es así? Si la respuesta es afirmativa, lo que te pido es que no te engañes y dejes que de verdad esta última oportunidad sea una oportunidad. Si quieres quedarte tranquila, si necesitas tener claro que lo has intentado todo antes de plantearte dejar la relación, te pido este último esfuerzo. Si decides no hacerlo, de acuerdo, estás en tu derecho, pero entonces es absurdo seguir leyendo, y pedirle a él que luche solo. Si lo haces, te estarás engañando a ti misma y le estarás engañando a él, porque es verdad que os habréis propuesto arreglar esto, pero no lo habréis intentado de verdad.

Piénsalo bien. Piensa si quieres apurar las posibilidades, si quieres comprobar si todavía queda alguna oportunidad de que el problema se resuelva.

Si la respuesta es sí, únicamente te pido que tomes aire y empieces a prepararte para apurar el último aliento, y deja que sea yo quien marque las reglas de la reválida.

Desde hoy mismo te vas a marcar una fecha, más o menos dentro de dos meses y medio o tres, lo que tú decidas. Apúntatela en la agenda, pero guárdala en secreto; al menos él no debe saber que existe, sólo serviría para añadir presión a su cambio. Mientras llega ese día, deja de evaluar la relación, deja de testar los cambios que da, deja de atender a si hay más o menos relaciones, si toma más o menos la iniciativa, si le notas más o menos activo, etc. Cuando él tropiece deja que lo haga, no le digas nada, no le insinúes, no te enfades... Al menos trata de no hacerlo delante de él.

Lo que sí puedes hacer es apuntar todos tus cabreos o sentimientos de malestar en una libreta con la fecha del día en que sucedieron, pero no con el objetivo de acordarte de ellos, sino con la idea de desahogarte y poder hablarlo con él más adelante. De la misma forma, anota los avances que vas percibiendo; por supuesto, éstos sí puedes compartirlos con tu pareja para que os sirvan de motivación a ambos.

Cuando llegue el día señalado, evalúa la situación de nuevo, primero sola y luego con él. Fíjate en si la relación se parece ahora algo más a la que te gustaría tener. Ése será el momento para tomar decisiones y saber si en realidad había o no posibilidades para el cambio. A partir de ahí, valora lo ocurrido: es el momento de tomar nuevas decisiones.

Es importante entender que una pareja no tiene espacio para el cambio si a cada minuto se está enjuiciando, si nos estamos preguntando todo el tiempo cómo vamos, si se están o no produciendo los cambios. En el caso concreto de alguien inseguro, es aún más importante ese espacio, ya que es muy complicado avanzar con la mirada constante del examinador y más si es su pareja la encargada de la evaluación.

Pero hay que entender a la que espera los cambios, hay que comprender que no puede hacerlo eternamente y es lógico que le desborden las emociones y la tensión ante ideas tan duras como romper si todo sigue igual. Es por eso que expresan lo que sienten a sus parejas, porque no quieren tener que tomar una decisión tan dolorosa. Cuando ellas se dan permiso para dejar de pensar durante un tiempo en lo que ocurre y en cuestionarse si dejar o no la relación, se sienten aliviadas, recuperan fuerzas y se colocan en una mejor posición para poder ver y disfrutar de los avances del otro.

Juegos para volver a desear

Además de lo que os he contado en concreto para cada caso de falta de deseo, a todas estas parejas les ayudan los juegos que buscan potenciar el deseo y que en la mayoría de los casos persiguen además arrinconar el tedio y la rutina.

Hay muchas posibilidades, pero os contaré tres de ellas que resultan especialmente interesantes, ya que además de darle aliciente al encuentro erótico, pretenden fomentar en el hombre con poco deseo la seguridad y la iniciativa de las que acostumbra a carecer.

Bondage

El juego que te propongo es un ejercicio muy *light* de *bondage*. Para empezar, debemos conseguir un kit básico para jugar al rehén y al captor, al amo y al esclavo, al dominante y al dominado, como prefieras. Podéis comprarlo en un *sex shop* si quieres, pero no es necesario; la mayoría tenemos en casa utensilios para ello. Servirían una cuerda, un cinturón, un fular o similares. Tened en cuenta que no se trata de atar de verdad a la pareja, no hace falta que no pueda escaparse; de hecho, lo sensato es que pudiese hacerlo si quisiera. Recordad que es un juego y el rehén no debe tratar de zafarse, sino de desempeñar su papel. Es necesario que sea así.

También necesitamos tapar los ojos para el juego, así que usad un pañuelo de seda, un antifaz o cualquier cosa que se os ocurra y sirva para que el otro no pueda ver lo que está pasando. Después es tiempo para crear un ambiente agradable y buscar un momento en el que no haya prisas ni riesgos de que os descubran.

¿Ya lo tenemos todo? Pues ahora ella será el rehén, la esclava, la dominada, así que él tendrá que tumbarla en la cama, atarla y vendarle los ojos. Sin hacer daño. ¡Es UN JUEGO!

La instrucción es que él puede hacer con ella lo que le apetezca para disfrutar de su cuerpo, sin que ella pueda expresar nada más que gemidos (evidentemente antes del juego hay que pactar las prácticas sexuales con las que no se está de acuerdo y no entran en el repertorio).

Otro día, si queréis, podéis intercambiar los papeles y ser él el dominado.

Para los más atrevidos, se puede elaborar mucho más el *bondage* y ser mucho más «crueles» en el juego; evidentemente, ésa es una decisión libre que debe tomar la pareja. Mi consejo es que empecéis poco a poco y siempre una vez resueltos los problemas sexuales. La experimentación sexual no es aconsejable cuando hay dificultades.

Relatos eróticos

Para llevar a cabo este juego, el primer paso es conseguir una serie de relatos eróticos, cuya extensión no vaya más allá de las cuatro páginas. Hay libros recopilatorios y, además, en Internet hay comunidades muy numerosas de aficionados a la literatura erótica que comparten sus creaciones. No es muy complicado encontrarlos si tecleáis en cualquier buscador «relatos eróticos».

Una vez obtenido un buen número de narraciones, la pareja debe pactar un día y una hora para desarrollar el juego, dejando al menos tres días para preparar el momento. Ya escogido el día D y la hora H, es el tiempo de que cada uno de los dos, de manera individual, vaya leyendo diferentes relatos, con estilos, contenidos y prácticas diversas. Cuantas más lecturas diferentes se hayan hecho, mejor. El objetivo es buscar los que más nos gustan, nos excitan, pero también los que pensamos que más le van a «poner» a nuestra pareja, de modo que tras varios días indagando hayamos escogido el relato que más nos excita y el que creemos que más le gustará al otro.

Con todo preparado, llega el momento de que cada uno lleve sus dos relatos impresos al lugar previsto para el encuentro. Es fundamental que se haya dispuesto un clima adecuado, con luces tenues, suficientes para leer, pero que acompañen a la atmósfera erótica. Puede haber alguna copita de por medio y música de fondo, y es positivo darse una ducha o baño previo al encuentro. Una vez todo listo, nos desvestimos, podemos dejarnos la ropa interior puesta, y buscamos una posición cómoda para leer, muy cerca del otro. Una sugerencia es que él se siente y ella también lo haga, pero apoyando su espalda en el pecho de él.

Ya en esa posición, el juego consistiría en que cada uno vaya leyendo sus relatos al otro, despacio, de manera suave y sosegada, mientras el que escucha cierra los ojos e intenta imaginar las escenas que describe el texto.

Durante la lectura puede haber caricias del que lee al que escucha; incluso, la lectura puede hacerse al oído del otro.

Si tras los relatos le apetece, la pareja puede dejarse llevar a un encuentro erótico, pero sólo si ambos lo desean.

Calentamiento semanal y cambio de escenario

Lo primero es planificar el cambio de escenario. Para ello hay que buscar un día y un lugar para tener un momento de intimidad lejos de la habitación de siempre y, si es posible, lejos de la casa de siempre. Vale cualquier lugar, pero se recomienda una habitación de hotel y no es necesario que sea lejos; incluso podría ser dentro de la misma ciudad. Lo importante es que sea un lugar novedoso para la pareja.

Una vez escogido el lugar y el día para el encuentro romántico, de lo que se trata es de ir calentando motores, pero portándose mal.

Me explico.

Si por ejemplo hemos quedado dentro de diez días en ir a un hotelito de la ciudad que siempre hemos querido visitar, durante ese período previo tenemos que proponernos seducir al otro. Eso sí, hasta que llegue el día está prohibido cualquier tipo de contacto sexual. ¿Cómo podemos ir seduciendo? Pues mandando mensajes insinuantes a la pareja, durmiendo desnudos, viendo juntos una película con contenido erótico, con masajes, atacando a la pareja en el pasillo y besándola de forma apasionada, pero sólo durante unos segundos... Lo que se os ocurra, pero ambos debéis tener clarísimo que no va a haber nada más que insinuaciones y contactos mínimos hasta que llegue el momento planeado.

Para amenizar la escapada al hotel, está bien irse primero a comer o cenar juntos y tomar la copa en el hotel.

Nota: cuidado con hacer turismo antes de llegar a la habitación; se trata de que ambos estéis lo más descansados posible.

Estos juegos ayudarán sin duda al hombre con poco deseo a incentivarle, pero también a la pareja de éste a disfrutar de encuentros diferentes a los de siempre. Ambos podéis encontrar en las propuestas una excusa para enriquecer la vida sexual y apostar por la calidad de las relaciones, más que por la cantidad de éstas.

Con todo, no conviene engañarse. Por lo general y salvo algunas excepciones, si vosotras sois las activas, las que disfrutan más del sexo, las que proponen ideas para la alcoba, esto se reflejará también en los juegos que os propongo. Seguro que sois también vosotras quienes os lo «curráis» más en los preparativos. Así que rebajad las expectativas de cómo él se comportará tanto de cara a los juegos eróticos como una vez resuelto el problema de deseo.

Si él nunca ha sido detallista, pasional, seguro de sí mismo o con un voraz apetito sexual, ninguna terapia conseguirá que lo sea. Es verdad que siempre hay margen para la mejora, pero seamos realistas, por más que yo vaya a clases de canto, nunca seré como Bruce Springsteen, por más que me pese.

Tenemos que ser conscientes de quién es nuestra pareja, de los cambios que en realidad le podemos pedir y de si tendremos bastante con ellos. Si la respuesta es no, merece la pena plantearse la relación, aunque suene duro. Es mucho peor pasarse la vida esperando y demandando un imposible. Y es que tú eres tú y él es él, y no podéis dejar de serlo.

Nunca olvidéis que amar es también aceptar.

10

Resolviendo la falta de deseo femenino.
Volver a desearle

> La espontaneidad es uno de los ingredientes más apreciados en el proceso de seducción. Pero no todo vale, hay espontaneidades que te hacen salir corriendo.
>
> MARÍA PÉREZ CONCHILLO

«Cariño, hoy no me apetece.» Esta frase en boca de una mujer resulta mucho más familiar que si es un hombre quien la pronuncia. Y es que las mujeres deseáis mucho menos que nosotros, ¿no? Es algo de sobra sabido.

Os he dejado el punto y aparte a modo de espacio para la reflexión. ¿Qué habéis sentido tras leer este tópico? ¿Normalidad absoluta? ¿Extrañeza? ¿Enfado? ¿Indignación? ¿Descanso? Seguro que hay respuestas de todo tipo. Es lo que conlleva vivir en una época en la que conviven clichés de este tipo y la lucha por romper mitos de género, especialmente los que afectan al sexo.

¿Ordenadas las ideas? Bien, pues sigamos. Tener mayor o menor deseo no viene de serie con ser hombre o mujer. Al menos a día de hoy no hay estudios que determinen que así sea, y las consultas, recordad el caso de Sergio y Rosa, son prueba de ello. Lo que sí es cierto es que hombres y mujeres deseamos de forma dispar, nuestro deseo y el vuestro se aviva y se apaga de manera distinta, e incluso en ocasiones, para colmarse, necesitamos unos y otras cosas diferentes.

En este capítulo, vamos a dejar de lado el dogma de fe «los hombres tienen mayor deseo sexual que las mujeres» para dar respuesta a la pregunta «¿qué hace que no desee?», y sobre todo «¿qué puedo hacer para solucionarlo?».

Uno de los motivos que os hacen perder el deseo es la frustración ante la caída de las expectativas, así que no me convirtáis en el enésimo hombre que os promete algo que luego queda muy lejos de cumplirse. Antes de empezar a hablaros sobre los problemas del deseo sexual femenino y de cómo abordarlos para tratar de resolverlos, os pido que ajustemos juntos las expectativas. El deseo sexual es el gran reto en psicoterapia y medicina sexual, y es que la libido responde a factores psicológicos, culturales, educativos, hormonales... A veces lo que motiva esa falta de interés sexual tiene que ver con un poquito de aquí y otro poquito de allá, por lo que no siempre es sencillo encontrar el origen, y cuando lo encontramos no siempre es sencillo restaurar el deseo. De modo que no me podéis pedir, sobre todo aquellas de vosotras que os reconocéis desde hace un tiempo con una libido despistada, que en unas líneas os dé la fórmula mágica para desear cuando queráis y hasta a quien queráis desear.

Cuando el deseo se pierde del todo, cuando dejas de desear a alguien de verdad, es prácticamente imposible encender la llama de nuevo, al menos con ese alguien.

Estoy releyendo lo que acabo de escribir y puede que me haya pasado con el tono dramático. La realidad es que cuando una pareja llega a la consulta buscando resolver sus problemas de deseo, acostumbran a conseguirlo. Así que recuperemos el optimismo. Es verdad que no tengo la fórmula mágica para desear cuando y a quien queramos, pero sí conozco las claves que nos ayudarán a alimentar y a encontrar el deseo cuando lo hayamos perdido. Vayamos a ello.

El deseo sexual masculino y el femenino comparten algunos enemigos, y es que por más que se empeñen, no somos de planetas distintos, así que me centraré un poco más en los que atacan con más fuerza a vuestro apetito sexual.

El estrés y las preocupaciones mundanas

Titulo este epígrafe igual que el de los chicos para que os resulte sencillo asociarlo al apartado anterior, ya que aunque pueda parecer algo más tradicionalmente masculino, de la misma forma que el estrés afecta a los niveles de deseo de ellos, también vuestra libido puede verse atacada. Los tiempos cambian y parece ser que cada vez es más real la igualdad entre hombres y mujeres; sin embargo, queda mucho por hacer y en el camino muchas mujeres se quedan con el «derecho» a trabajar fuera de casa y con la «obligación» de seguir siendo responsables en el hogar.

Es sencillo imaginar lo que ocurre con el deseo cuando al cansancio del trabajo se le añade una segunda jornada laboral al entrar por la puerta de casa. No se trata sólo de las innumerables tareas domésticas, que también, sino de lo que para muchas de vosotras es todavía más agotador. Tener la agenda completa de todos y cada uno de los miembros de la familia.

> Sé perfectamente lo que le gusta al pequeño; cómo le va en el cole al mayor; los días que él juega al pádel y, por tanto, cuándo necesitará la ropa de deporte limpia; cuándo son los cumpleaños de mi familia, de la suya y de los amigos; dónde dejaremos a los niños el sábado que viene para ir a cenar con Claudia y Sandro; y en ocasiones, hasta cuándo llegan los recibos de la luz, el agua o la comunidad.

¿Habéis encontrado el deseo por algún lado? Seguid buscando, mientras yo me quedo explicándoselo a uno de tantos hombres que a pesar de semejante listado de ocupaciones de su mujer, me pregunta en terapia: «¿Qué le pasa a mi mujer? Cuando éramos novios le apetecía muy a menudo. ¿Será algún problema hormonal?».

¿QUÉ SE PUEDE HACER?

Lo primero es ver si además del estrés y/o las preocupaciones del trabajo y la casa, o puede que debido a ello, hay una especie de cabreo interno con la pareja. Que sea interno significa que quizá la pareja no se ha dado cuenta e incluso puede que tú misma no lo hayas hecho o no sepas identificar de dónde viene el enfado. Si lo hay, primero deberías aprender a averiguarlo. Añade a estas sugerencias las que aparecen en el siguiente apartado, «Cabreo oculto».

Supongamos ahora, aunque sea mucho suponer, que no hay enfado, ni oculto ni visible, y que por tanto lo que pasa es sólo una acumulación ingente de tareas y el consecuente estrés mental que esto supone. En tal caso, os remito de nuevo a las técnicas que os conté para el estrés de ellos:

—Ejercicios para aprender a manejar el estrés.
—Técnicas para dejar fuera de la vida familiar las preocupaciones.

Dejad de leer con esa cara de indignación. ¿Qué os pasa? ¡Ah, ya sé! Os estáis preguntando: «¿Cómo no va a afectar a la vida familiar algo que está pasando en casa?». Incluso las más rápidas estaréis pensando: «Claro, ahora Bustamante nos va a decir que aprovechemos el trabajo para desconectar de la casa, ¡no te fastidia!».

Tranquilas, no os estoy tomando el pelo, es evidente que si la fuente de estrés y preocupaciones se encuentra en la parcela familiar, la desconexión sólo la podríamos hacer fuera de la casa y no, no os voy a sugerir la brillante idea de usar el trabajo como espacio para desconectar de los quehaceres familiares. Aunque puede ayudar, no es ésa la solución, sino encontrar momentos de ocio en estado puro. Sí, sí. Oasis de tiempo en los que uno puede disfrutar de lo que le apetezca, una buena lectura, un helado de chocolate, algo de ejercicio, un paseo por la ciudad... lo que sea que una identifique como «tiempo para mí».

Y ¿cómo encontramos ese tiempo? Lo primero, cuando uno de los dos miembros de la pareja —la mujer en este caso— se siente sobrepasado por la casa es la reorganización. No basta con un simple «te echo una mano». Es más que eso. Tenemos que plantear las tareas domésticas, las obligaciones y las responsabilidades, y desde ahí, los dos miembros de la pareja empezaréis a distribuir el trabajo según el tiempo del que dispone cada uno. Evidentemente, si uno de los dos trabaja cuatro horas y el otro ocho, el reparto no puede ser al 50 %, pero tampoco al cien por cien para quien trabaja menos horas. «¡Claro! —estaréis pensando—. Es evidente.» Ya, ya, estoy de acuerdo en que lo es, sin embargo, a la hora de la verdad, ¿cuántas mujeres tienen el total de las responsabilidades de la casa, a pesar de trabajar unas pocas horas menos que su pareja?

Si no os pasa, esto no va para vosotras, pero por si acaso, una recomendación: buscad papel y lápiz —un bolígrafo azul también me sirve—, y repartid las obligaciones del «hogar, dulce hogar». Si no nos ponemos las pilas, acabaremos por convertir nuestro nidito de amor, descanso y calma en un amargo campo de trabajo.

Así que manos a la obra. Pero antes de repartir las tareas, una cuestión y un consejo.

La *cuestión*: repartir las tareas del hogar no es dejar que él te ayude con tu pesada responsabilidad, pero eso significa también que una vez que tu pareja asume una tarea doméstica le dejes hacerla. De poco sirve que él pase la aspiradora, por ejemplo, si tú vas detrás con la escoba retocando lo que se ha dejado. Aclarad lo que son las tareas, acordad por consenso cómo y cada cuánto se deben hacer. De esta manera cada cual podrá responsabilizarse de lo suyo.

El *consejo*: si estáis muy sobrecargados de tareas domésticas y ambos trabajáis, contemplad la posibilidad de una ayuda externa. Muchas parejas la consideran la mejor de las inversiones a la hora de mejorar su vida íntima, más incluso que el lubricante efecto calor. Entended que si os pasáis la semana trabajando, y el sábado y el domingo comprando para la casa, limpiando o poniendo lavadoras y planchando, poco tiempo y ganas os van a quedar para usar el lubricante.

Cabreo oculto

Os he contado cómo el estrés y las preocupaciones pueden afectar al deseo sexual de hombres y mujeres, y cómo esa doble jornada que muchas sufrís en solitario aumenta y mucho las probabilidades del «adiós al sexo». Pero es extraño que la sobrecarga familiar afecte sin más. En la mayoría de las ocasiones, no es sólo el cansancio mental y físico lo que aleja el sexo, sino el cabreo oculto que ello comporta. En resumidas cuentas, es el cabreo con el que muchas mujeres viven cuando se pasan el día trabajando fuera, dentro y pendientes de todo y de todos, sin recibir un ápice de valoración. Es frustrante, ¿verdad? Pues la cosa empeora cuando al mirar a su lado, ve que no queda ni la sombra de aquel que un día fue su príncipe azul. Me contaba una paciente:

> Igual no tengo derecho a quejarme... Claro que yo me paso el día corriendo de aquí para allá, con las cosas de la casa, con el trabajo, con los niños, sin un segundo para mí, pero el señorito, que es verdad que trabaja muchísimo, se guarda los martes y los jueves para jugar al fútbol con los amigos, porque necesita liberar estrés. ¡Y yo qué! No es siempre, pero algunos jueves, sobre todo los jueves, me entra mala leche cuando estoy en casa con los niños y sé que el señor está de cachondeo con los amigos.

¿Qué pensáis? ¿La solución es que él deje de jugar al fútbol? Pues en principio, no. El problema se resuelve procurando que también ella tenga sus espacios para hacer lo que le apetezca y si es posible, fuera de la casa. Os aseguro que él estaría encantado de que los lunes y los miércoles fueran para ella. Y si no lo está, entonces de cabreo oculto nada: cabreo, cabreo, pero del de verdad.

Cuando nada de esto se habla —cuando ella sólo deja pasar el tiempo y pasa los jueves murmurando porque él está disfrutando mientras ella apura sus últimas reservas de energía en bañar a los niños—, el dormitorio empieza a convertirse en el lugar donde se fragua la venganza.

No os confundáis, no es que ella le niegue el sexo como castigo por «haberse portado mal», es sólo que no le apetece ese jueves, pero tampoco el fin de semana. Ninguno de los dos es consciente en realidad de lo que pasa. Quizás ella sí se da cuenta de que no está bien con él y que es por eso por lo que no tiene ganas de sexo, pero es difícil descubrir que lo que le pasa es que está triste y agotada, y que, de alguna manera, culpa a su pareja de su estado.

El primer paso es hacer visible el enfado; el segundo, aceptar lo que sucede y empezar a utilizar el reparto de tareas y responsabilidades que veíamos en el apartado anterior. Y ¿ya está? ¿Problema resuelto?

En absoluto. No echéis las campanas al vuelo. Aunque él lo vea y esté por la labor de cambiar la dinámica familiar, muchas veces —muchísimas, diría yo— esto no es suficiente para recuperar el deseo. Ese cabreo, sobre todo si se ha mantenido oculto durante mucho tiempo, puede haber minado la relación. En estos casos, llamar al deseo supone un acercamiento en la pareja y esto no siempre es fácil. Acudir a alguna que otra sesión de terapia de pareja con un buen profesional sería la mejor de las ideas para retomar con fuerza la relación.

Seguro que no os sorprende demasiado que un problema de pareja pueda afectar vuestro deseo; aun así lo vemos juntos ahora mismo.

Problemas de pareja

Me gustaría compartir con vosotras un símil que les cuento a las parejas para hacerlas conscientes de la importancia de cuidar la relación.

Clavar un clavo en la pared es sencillo, entra con facilidad con un solo golpe. Sin embargo, si te arrepientes, quitar ese clavo no es tan fácil y aunque lo consigas, siempre quedará un agujero. Lo mismo que con el clavo ocurre con el daño que le hacemos a nuestra pareja: puede ser un *pequeño clavo* (como un olvido), uno más grande (una frase dura en una discusión), uno aún mayor (un grito o un insulto) o uno enorme (una infidelidad).

Podemos pedir perdón, podemos perdonar y siempre hay margen para compensar el daño, pero el agujero tardará en taparse del todo, si es que lo hace alguna vez.

Os cuento esto porque la salud de la relación es un requisito casi imprescindible para poder desear —al menos para vosotras— y estos agujeros son de todo, menos sanos. No es que a nosotros no nos afecten los desencuentros, lo que ocurre es que por lo general podemos estar enfadados y sin embargo apetecernos un poco de sexo.

«¿Cómo os puede apetecer en un momento así?» No sé la de veces que me han preguntado esto y no me extraña. Así, en frío, si lo piensas bien, lo lógico sería que se te quitaran las ganas; seguramente es mucho más coherente lo que os sucede a vosotras. Pero lo nuestro tiene una explicación; dos, en realidad:

— *Podemos tener sexo a pesar del enfado, porque podemos.* ¡Qué a gusto me he quedado! No os enfadéis. Ahora explico lo que quiero decir con esto. Los hombres tenemos menos conexiones neuronales entre los hemisferios derecho e izquierdo que vosotras y además su organización está más especializada. En la práctica, esto significa que se nos da mal hacer más de una cosa a la vez, pero que por otro lado, cuando nos centramos en algo, lo hacemos sólo en ese algo, sin atender a distracciones. Así que yo puedo enfadarme porque todos los domingos tenemos que ir a comer con sus padres y una vez finalizada la discusión, tener un encuentro de lo más pasional sin que me distraigan los ecos de la bronca, la idea de que quizá despertemos a los niños o la camisa nueva tirada en el suelo como si fuera un ovillo. El cerebro femenino está mucho más interconectado, lo que es genial para relacionar conceptos o poder llevar a cabo la multitarea, pero es un fastidio cuando tratas de disfrutar del sexo y tu mente se llena de distracciones.

— *Podemos tener sexo a pesar del enfado, porque lo necesitamos.* Ésa es la otra parte. Los hombres toleramos muy mal el enfado y la tensión con la pareja. Por eso, cuando hay una discusión que se acaba por convertir en pelea, buscamos formas de romper con la dinámica y asegurarnos de que todo está bien. Y a nuestro específico y a veces incomprensible cerebro se le ocurre que la mejor manera de conseguirlo es tener una relación sexual con la que decir y sentir un «te quiero».

171

Parecerá una obviedad, pero es que no hay mucho más que podamos hacer. Si el deseo se ha caído por los problemas de la pareja, tendremos que ver la forma de resolverlos para levantarlo. Pero ¡ojo!, no bastará con detectar lo que no funciona y cambiarlo. El «a partir de ahora» es un paso fundamental, pero acordaos del clavo: el daño ya está hecho y para sanar el pasado habrá que echar un vistazo para ver si quedan heridas abiertas que convendrá cerrar antes de poder seguir.

Una mala educación sexual (podría vivir sin sexo)

Seguro que habéis visto los típicos carteles de *Wanted* o «Se busca» (en su versión española). Pues bien, podríamos decir que uno de los sospechosos habituales cuando el deseo femenino no aparece es la educación sexual recibida. Claro que cuando esto pasa no podemos hablar de una pérdida de deseo, sino más bien de que éste, estar, lo que se dice estar, no ha estado nunca. ¿Nunca? Bueno es posible que en algún momento, sobre todo en la fase de enamoramiento, haya habido algún que otro fogonazo de pasión. A fin de cuentas, *el amor todo lo puede*, y el enamoramiento es, sin lugar a dudas, el más potente de los afrodisíacos.

Muchas mujeres, a pesar de haber recibido una educación sexual represiva, consiguen enterrar los mensajes que advierten de que el sexo es algo sucio y vergonzante mientras dura el efecto del afrodisíaco. Y dura poco; bueno... en realidad dura lo suficiente como para confundirlos a ellos. No hay mala fe, no me malinterpretéis, pero la consecuencia es que muchos hombres no entienden el porqué del cambio, cuando han disfrutado del lado más ardiente de ellas.

Qué diferentes han sido los mensajes sobre el sexo que hemos recibido hombres y mujeres. ¿Han sido? Todavía en muchas casas los padres siguen reprimiendo con mucha más dureza la sexualidad femenina que la masculina.

Pero no sólo pasa en casa. Vivimos en una sociedad que sigue juzgando de manera diferente el comportamiento sexual de hombres y mujeres. Ojalá esta frase ya no tenga sentido cuando leáis este libro, pero a día de hoy, un hombre sigue siendo un triunfador si le faltan dedos para contar las chicas con las que ha estado, y una mujer una fresca (buscad el sinónimo que mejor describa lo que se dice) si se lleva a la cama a un chico diferente cada mes.

Un ejemplo más de lo anterior. Cuando trabajas con un grupo de chicas y chicos de 18 años y les pasas un cuestionario anónimo sobre la masturbación, el 98 % de los chicos dicen hacerlo, no sentirse culpables por ello y haberlo contado a los amigos sin problemas, mientras que apenas el 60 % de las chicas dice masturbarse. De ese porcentaje, el 75 % explica que no se lo ha contado a nadie y el 10 % de las que admiten haberse masturbado dicen haberse sentido culpables alguna vez por hacerlo.

Éstos son sólo dos ejemplos del machismo sexual del que aún sois y somos víctimas, pero hay cientos. A la consulta, sin ir más lejos, continúan llegando mujeres jóvenes y sanas que te dicen que podrían vivir perfectamente sin sexo: «Entiendo que el sexo es necesario para la pareja, pero yo podría pasarme la vida sin practicarlo. Al final lo hago y no lo paso mal, pero si me pongo es por él, porque sé que lo necesita».

Esto es serio, al menos a mí me lo parece. Estamos hablando de que una niña, por el hecho de serlo, está expuesta a una educación más represiva y restrictiva hacia el sexo, lo que con toda probabilidad la llevará a tener muchas más dificultades para vivir su sexualidad de una manera plena. Muchas mujeres lo consiguen a pesar de todo, pero supone un esfuerzo enorme conseguir borrar los efectos de mensajes que desde la más tierna infancia se han ido colando en el inconsciente.

Yo sé que la masturbación no es perjudicial, sé que puede ayudarme a conocerme y a resolver mis problemas para alcanzar de una vez un orgasmo. Pero cuando me intento tocar, me pongo muy nerviosa, me siento mal, como sucia y así es difícil que pueda disfrutar. Luego, cuando me toca mi pareja, todo va bien. Ahí sí me lo permito.

Quizás es porque he visto el resultado de esos mensajes negativos en la sexualidad de muchas mujeres, pero el caso es que me preocupa mucho la educación sexual de niños y adolescentes.

A todos nos indigna, por suerte, la ablación del clítoris que se sigue practicando en países como Somalia. Cuando esos padres somalíes extirpan o permiten que extirpen el clítoris a sus hijas, lo hacen creyendo que es un bien para ellas. Están convencidos de que por culpa del placer de ese órgano, sus hijas podrían verse empujadas a estar con hombres antes de casarse o a ser infieles después de haberlo hecho. Es una manera de sumisión y control de la mujer, a la que se cree incapaz de manejar su sexualidad.

En nuestro país, cuando unos padres riñen o pegan a su hija en la mano cuando ésta explora sus genitales, cuando se le dice que eso es «caca», cuando no se le explica cuál es la función de sus genitales, cuando mediante mensajes negativos se le hace ver su sexo como algo sucio y vergonzante... ¿no se está tratando de ocultar el clítoris? En muchos colegios es evidente. Cuando se explican los genitales femeninos, se habla de la vagina, de los labios mayores y menores, del meato urinario, pero ni mención del órgano encargado del placer. Al final, de una manera mucho menos cruenta, no hay comparación, se busca controlar y reprimir el interés sexual de la mujer.

La sexualidad nos va a acompañar toda nuestra vida e intervendrá en el bienestar de uno de los vínculos más importantes que establecemos: la pareja. Apostar por una adecuada educación sexual para nuestros jóvenes es hacerlo por su felicidad.

Volviendo a los adultos, la vergüenza, el sentimiento de culpa y hasta el asco hacia su propio cuerpo aparecen en muchas mujeres que han sufrido este tipo de educación contraria al placer. ¿Las consecuencias? Una dificultad seria para conectar con el placer y un desconocimiento de su cuerpo erógeno. Muchas veces se justifican a sí mismas diciendo que pueden vivir sin sexo, que eso no es un problema. Estupendo, si son felices, no seré yo quien les diga que hay un problema. Pero bueno, en realidad, si están en terapia sexual, será porque todo, lo que se dice todo, no está tan bien como les gustaría.

Lo bueno de lo que se aprende es que también se puede desaprender. Así que aunque cueste contrarrestar años y años de mensajes en la otra dirección, si una está por la labor, puede ir quitándose de encima el lastre de la educación machista.

Aunque no es tan sencillo como aceptar que se tiene derecho a disfrutar del cuerpo y la sexualidad, ni siquiera es cuestión de entender que dentro de la pareja y si los dos están de acuerdo, no hay ningún juego que sea vergonzante. La reflexión mental ya la han hecho la mayoría de las chicas que veo en la consulta y que, por su cuenta, han conseguido liberar su parte racional del efecto de esos mensajes caducos. La lucha que emprendemos en terapia es para conseguir que en la privacidad de su habitación también lleguen a sentirse libres.

Me contaba una vez una paciente:

> Yo quiero ser una mujer moderna, disfrutar de mi sexo, masturbarme delante de mi marido, desmelenarme en la cama. Sé que a él le encantaría, y a mí también, pero todavía me siento mal sólo por desearlo.

En estos casos, sí o sí, conviene acudir a terapia.

Se muere por falta de cuidado

No me gusta nada utilizar el símil de la plantita que hay que regar para que no se muera. No es que esté mal, es muy gráfico y creo que ayuda mucho a entender el fenómeno, pero es que lo he oído tantas veces y de tantas maneras que me suena demasiado cursi. Es verdad que habitualmente lo de la plantita hace referencia al cuidado de la relación y no sólo de la esfera íntima, pero si no fuera por mi alergia, el ejemplo me vendría al pelo de todas formas.

El deseo hay que cuidarlo para que no se seque. ¡Ya sabía yo que acabaría por recurrir a la plantita! Un error frecuente es creer eterna la pasión del enamorado, esa manera espontánea de desear, sin buscar nada y casi de forma constante. Se nos olvida que ese estado de atolondramiento y felicidad es fruto de un combinado hormonal, perfectamente preparado, eso sí, pero cuyos efectos no pueden durar siempre.

A vosotras, por un lado, se os despierta, animada entre otras sustancias por la testosterona, la parte más deseosa y apasionada; nosotros, por nuestro lado, estamos colocados por el cóctel en el que abundan las dosis de oxitocina, nos volvemos más detallistas, atentos y amorosos.

Víctimas voluntarias de esta maravillosa enajenación mental, no hace falta nada más para que el deseo inunde a los enamorados. Pero el efecto es transitorio; tiene que serlo o moriríamos de sobredosis química.

Y ¿qué pasa cuando la inercia del empujón de Cupido se acaba? Pues que tiene que ser la pareja quien siga empujando el deseo. Muchos lo hacen genial, porque incluso cuando el carro iba solo, ellos ya se habían bajado a empujar. Sin embargo, otros se quedan parados, subidos en el carro, mirando a todos los lados sin acabar de creer que se haya acabado el efecto, que ya nada ni nadie arrastra por ellos. Y es que no es fácil asumir este cambio. A nosotros ya no nos sale tan espontáneo el ser detallistas, tendremos que poner empeño para seguir siéndolo; vosotras dejáis de desear sólo porque sí, tendréis que aprender a llamar y alimentar el deseo.

¿QUÉ HACEMOS PARA SUPERARLO?

El primer paso es aprender cómo evoluciona el deseo dentro de las relaciones de pareja. Para eso conviene tumbar muchos de los mitos del amor romántico que todavía perduran. ¿Sabéis cuáles son los dos más potentes? «Si nos queremos nos desearemos siempre» y «El deseo debe ser espontáneo».

Después de la lucha contra los mitos, la pareja ya está lista para aprender a cuidar el deseo.

Y ¿cómo se cuida el deseo? No voy a daros un curso acelerado, pero sí alguna pincelada de cómo se hace:

— *Aprovechad la fuerza inicial*, es decir, no esperéis a que empiece a frenarse para hacer algo. Es más fácil innovar o atreverse a hacer cosas nuevas en plena efervescencia.
— *Cambiad las rutinas*. Hay vida sexual más allá del dormitorio, os lo aseguro. Jugad, explorad, retaros. El sexo es mucho más que la penetración y el orgasmo, pero para descubrirlo tenemos que dejar libre la imaginación. No hay nada que no esté bien, siempre que los dos estéis de acuerdo.
— *Poneos sexis*. Cuanto más atractivas os sintáis, más desearéis a vuestra pareja. Os lo aseguro. No, no es una errata, he dicho justo lo que habéis leído y es que está comprobado que cuando una mujer se siente sexi aumenta su deseo sexual.
— *Buscad espacio y tiempo para la intimidad*. Para que crezca el deseo, son necesarias ambas cosas.

Como os decía, son algunas pinceladas. Hay juegos concretos que son de lo más sugerente, pero ni esto ni nada servirá si no hemos conseguido desterrar los mitos de los que os hablaba. Insisto, porque hoy mismo, mientras escribía este apartado, he tenido que dejarlo para atender una consulta. Y mira qué bien, una frase de mi paciente me ha recordado algo que quería recalcar en este apartado. «Pues sí: sólo con cuatro años de relación ya tenemos que estar echándole imaginación para romper la monotonía. No sé qué pasará cuando llevemos diez.» Este chico de 34 años es un claro ejemplo de lo que muchos hombres sienten cuando pasan de ser el objeto irresistible de deseo para su mujer sólo por el hecho de existir, a alguien que aman, quieren y les resulta atractivo, pero demasiado predecible en la cama.

Enfermedades, fármacos y problemas hormonales

Ya os hablé de este aspecto en el capítulo anterior y no quiero aburriros con lo mismo. Sólo recordaros que algunas enfermedades, desajustes hormonales y/o efectos secundarios de algunos fármacos pueden menoscabar el apetito sexual tanto en hombres como en mujeres. El primer paso para salvar estas barreras es buscar la información sobre lo que ocurre, y si no la encontramos, pedirla a quien corresponda.

Una mención especial para las píldoras anticonceptivas. No me extenderé, sólo mencionar que hoy por hoy los estudios sobre cómo afecta tomar anticonceptivos orales al deseo sexual se contradicen. Mientras algunos establecen una relación clara entre la caída del deseo y el fármaco, otros explican que no existe relación alguna. Sea como fuere, hay mujeres que sí advierten este fenómeno. Mi consejo es que busques alternativas si te sucede; hay un montón de marcas y métodos anticonceptivos que pueden ser más apropiados para ti.

Ahora ya conocéis los causantes principales de la falta de deseo femenino. Seguro que habéis reconocido alguno de ellos. Lo que no sé es si tenéis tan clara la manera en la que nosotros nos sentimos cuando esto pasa y cómo —derivado de ello— nos acabamos comportando. Frecuentemente, nuestros intentos por resolver lo que a nosotros nos parece un problema grave acaban por convertirse en el causante principal de que vuestra falta de apetito sexual se mantenga. ¿Un ejemplo? OK. ¿Os acordáis de Xavier y Blanca? Cuando os los presenté en la primera parte del libro, ya os mencioné que él, en su intento por avivar el fuego, no sólo no lo había logrado, sino que había contribuido a que se extinguiera casi del todo.

¿Recordáis cómo lo había hecho? Bien, pues como tantos otros hombres, ni más ni menos: pidiendo, casi exigiendo, el sexo, como si fuese una obligación, enfadándose cuando no lo recibía, presionando, pero sobre todo, buscándolo a cada mínima oportunidad. Es fácil entender que la presión y la exigencia acaben por generar rechazo; pero la petición constante, ¿cómo actúa? Los hombres, al menos muchos de nosotros, hemos crecido pensando que el sexo es un premio que nos dais vosotras, que además es escaso y que, por tanto, si existe la ocasión, no podemos desaprovecharla. Por si fuera poco, para saber si existe o no la posibilidad de llevarnos el «premio», tenemos que ser nosotros los que lo tanteemos. Y así, con toda esa serie de mitos bien grabaditos en la cabeza, los hombres iniciamos con nuestras parejas una estrategia similar. Aceptadme el ejemplo de las máquinas tragaperras...

Están solos en casa, parece un buen momento, así que sin necesidad de preguntarse a sí mismo si le apetece o no, el hombre le propone sexo a su pareja; ella dice que no. Esta vez no ha tocado premio, pero seguirá intentándolo. Sigue probando una vez, y otra, y otra más, algunas de ellas incluso sabiendo que es imposible que toque. Sigue probando y probando hasta que al final, tras digamos unos ocho intentos, suena la flauta. Y tras el premio, de nuevo pone su contador a cero. Desde ese momento, él volverá a intentarlo, y a intentarlo otras tantas veces más hasta que vuelva a tocar el premio; quizás esta vez sea a la tercera, o a la vigésima, no hay una norma, y eso es lo que hace que él siga intentándolo, sin desistir. En psicología a esto le llamamos *refuerzo intermitente* y debéis saber que es tremendamente efectivo para hacer que él no pare de intentarlo.

No sé si en alguna ocasión habéis vivido —mejor dicho, sufrido— este tipo de estrategias. Lo cierto es que no lo hacemos a propósito; no se le puede llamar estrategia en un sentido estricto, sino más bien un estilo aprendido, con el cual ninguno de los dos sale bien parado. Ella, cansada de tener que «defenderse»; él, agotado de perseguirla y sintiendo cada rechazo como una prueba más de que ya no es capaz de hacer vibrar a su pareja.

Ya conocéis cómo funciona este juego del ratón y el gato: uno persigue sexo, aunque sea para decir «te quiero», y la otra huye, a pesar de que se muere de ganas de sentirse querida. En terapia, el primer trabajo es hacer patente a la pareja el círculo vicioso que alimenta. Ambos tienen que ser conscientes de cómo él ha aprendido a demandar y ella a esquivar, sin preguntarse ninguno de los dos si en realidad les apetece. Desde ahí, ya podemos empezar a romper esa dinámica. El primer paso, que él sea capaz de *darle a ella espacio para poder desear*.

Sí, sí... vosotras también necesitáis espacio para desear, como ya os conté que les sucedía a los hombres en el capítulo anterior. De hecho, os servirán los consejos que os daba para ellos, pero hay matices, así que seguid leyendo y estad bien atentas a las nuevas propuestas.

Dar espacio para desear supone, en la práctica, conceder tiempo en el que la pareja no os reclame sexo. Pero no basta con eso. Para las mujeres con falta de deseo, el tiempo sin propuestas sexuales se tiene que llenar de juegos dirigidos a ir abriendo el apetito.

¿Que cómo se hace eso? Pues poniendo en práctica por ejemplo, el ejercicio del *calentamiento semanal y cambio de escenario* que os propuse en el capítulo 9. Pero hay más ideas para animar el deseo. ¿Os las cuento? Vale..., pero con la condición de que penséis seriamente en llevarlas a la práctica.

Haciendo sitio al deseo

Empezamos por acordar un espacio de unos diez días en los que esté completamente prohibido el sexo. A cambio, el juego es seducir al otro, conociendo lo que le gusta, lo que le motiva o al menos lo que conseguía en el pasado propiciar el deseo. Quizás os preguntéis si este juego de seducción sólo tiene que hacerlo él. ¿No se supone que es ella la que no desea?, ¿para qué tiene que seducirle a él si está dispuesto a hacerlo dónde y cuándo sea?

Es fundamental que vosotras retoméis el coqueteo, pues sabemos que el hecho de que una mujer se sienta sexi, seductora y atractiva resulta uno de los afrodisíacos más potentes. Así que ya sabéis. ¡A gustaros!

Así que en marcha; comentad con vuestra pareja la pregunta: «¿Qué te pone, qué te ponía en el pasado o crees que podría ponerte de mí?».

Indagad de verdad. Quizá no sea sencillo encontrarlo a la primera. Os pongo el ejemplo de lo que dijeron Xavier y Blanca para que os inspiréis.

Él identificó que le encantaba cuando ella le quitaba una de sus camisetas viejas y se la ponía para estar por casa. También contó que le ponía muchísimo que mientras se duchaba le pidiera a él que le llevase algo y verla tan sexi bajo el agua.

A Blanca le costó un poco más, pero finalmente nombró dos situaciones.

En algunas ocasiones me ha movido cierto deseo verle hablar con algunas chicas, ver cómo ellas le hablan y le miran, y lo bien que sabe desenvolverse. Pienso: «Es mío», y esa idea me excita. También me gusta cuando se pone alguna camisa elegante, sobre todo cuando salimos a cenar los dos solos a un restaurante coqueto.

¿Os valen los ejemplos? Pues lo dicho, daos un par de pistas de lo que os pone a cada uno. Repito, si no se os ocurre nada, pensad en cosas que movían vuestro deseo antes.

Ahora ya sí, con la lección aprendida y el intercambio de información, es el momento de seducir al otro, con la premisa de que no puede haber insinuación, propósito y mucho menos encuentro sexual. En ese marco, ambos tenéis que jugar a conquistar y a dejarse conquistar por el otro.

Para que funcione el ejercicio, ambos debéis tener muy claras las reglas. De poco sirve el esfuerzo si cuando él ve que ella parece volver a sentir deseo, se lanza en busca de una relación sexual. Ya sé que el objetivo es volver a desear, pero si atacamos cuando hay pequeñas muestras de deseo, tiraremos por tierra todos los logros conseguidos.

A vuestra pareja se lo podéis explicar con este ejemplo, pero no os riais, ¿vale?

Imagina que mi deseo es ahora un animalillo asustado, que se esconde por miedo y que no quiere salir por más que lo llames. Con este juego, el animalillo va recuperando la confianza, empieza a sentirse cómodo, tranquilo y poco a poco va saliendo. ¿Qué pasaría si cuando asoma un poco tratamos de tocarlo? Pues que volvería raudo a esconderse. Por ello hay que ir poco a poco hasta que el animalillo salga del todo, vuelva a confiar y se deje acariciar tranquilamente por nosotros.

Dejad de reíros, os lo había advertido. Entiendo que no es el mejor de los ejemplos, pero es que no se me ocurría ningún otro. ¿Tenéis alguno mejor? Me encantaría escucharlo.

Una cosa más. No se lo contéis a él, pero en este ejercicio, en realidad, vosotras tenéis permiso para saltaros la prohibición de la relación sexual a partir del cuarto o quinto día, pero sólo si os apetece y sin que él tenga ni idea de que podéis hacerlo.

Evidentemente con un solo juego no se resuelve todo un problema de deseo sexual, pero en muchos casos supone un momento importante en el que se rompe de una vez con la dinámica negativa en la que se había entrado, en la que él movía y movía la botella de cava, haciendo que fuera perdiendo el gas tras cada intento.

A Blanca y a Xavier les ayudó mucho este ejercicio. El siguiente paso, una vez frenada la inercia que desgasta el deseo, es profundizar mucho más en la relación de cada pareja y en los motivos por los se originó el problema en cada caso. Vayamos a ello.

Seguro que las que tengáis buena memoria recordaréis a Néstor. Sí, justo, es el hijo de Blanca y Xavier. El pobre, sin comerlo ni beberlo, había sido señalado como el causante principal de los problemas de deseo que vivía la pareja. ¡PARA NADA! Y si al exponeros su caso os he dado esa impresión, perdonadme. Un niño no crea problemas donde no los hay, ni los soluciona donde existen. No negaré que la llegada del primer hijo supone, en casi la totalidad de las parejas, un momento de crisis en la familia: las cosas van a cambiar y cualquier cambio supone un período de reajuste. Pero si se hace bien, si los cimientos de la relación son sólidos, más que herida, la relación aparecerá reforzada y el deseo no tiene por qué verse ostensiblemente dañado. Así que, por favor, no olvidéis que un hijo ni es un recurso para resolver conflictos de pareja ni es el causante de vuestros problemas. Como mucho, su llegada sólo hará más visibles las carencias que ya existían entre vosotros.

De todos modos, para que estéis preparadas, aquí os dejo un cuadro en el que os hablo de la sexualidad cuando sois tres y no precisamente un trío.

Cuando llegan los hijos

Los cambios para vosotras empiezan ya en el embarazo. Las hormonas se os disparan, cada vez os veis más gordas y, sin querer, sentís que el *sex appeal* se ha perdido por el camino. Es verdad que cada vez se reivindica con más fuerza el atractivo de las mujeres embarazadas, que lo tienen, ¡claro que sí! Pero no es fácil para una mujer embarazada sentirse así. Pasado el embarazo, cuando llega el bebé, todo es alegría y no hay tiempo para cuestionar nada, ni siquiera la ausencia de sexo. Pero esa emoción inicial se pasa y la pareja se encuentra ante el primer momento crítico. El cansancio y la falta de sueño os hacen más susceptibles, y nosotros, ávidos por recuperar nuestro rol de privilegio, buscamos resolver esas tensiones a través del sexo. El resultado: las tensiones siguen y nuestra posición de *preferidos* cada vez está más en entredicho. La dedicación al nuevo miembro de la familia es casi exclusiva y sólo el hecho de encontrar tiempo para vosotras entre cambios de pañales, comidas cada dos o tres horas, sueño y llantos puede convertirse en una *misión imposible*. «¿Queda sitio para el sexo y la pareja?», os preguntáis y os preguntamos.

Si queréis que la relación no se resienta, tiene que haberlo. Ser padres no significa dejar de ser amantes. Un consejo, para vosotras, pero también para ellos. Nada de sustituir el *cariño* o el *amor* que os decís por el *papi* o *mami* que os acabáis diciendo. Es algo simbólico, lo sé, pero dice mucho de lo que vemos en el otro. Tener un hijo es algo maravilloso y quizá vosotras lo viváis de una manera más intensa todavía, pero eso no puede hacer que se relaje la pareja y sólo quede tiempo y cariño para el niño.

Admito que nosotros no siempre lo ponemos fácil. Para empezar, porque la llegada de los niños, por lo general, la vivimos con cierto miedo. Nos preguntamos: «¿Cambiarán mucho las cosas? ¿Y si no sé cómo hacerlo? ¿Qué pasará con mis partidos de fútbol y las cenas con los amigos?».

Una vez superados los miedos, esta etapa supone innumerables momentos hermosos, y nosotros somos los primeros a los que se nos cae la baba con el pequeño.

Lo inteligente es ver lo positivo, pero también entender que hay que poner de vuestra parte tanto como de la nuestra para no dejar que el deseo y la pareja queden enterrados por la familia. Insisto, el esfuerzo es por parte de los dos. Nosotros cometemos el error, muy a menudo, de pretender recuperar la vida sexual al poco tiempo de que hayáis dado a luz de pronto. Así sin más, como si no hubiese pasado nada. No siempre entendemos que ha habido un cambio y que ahora vuestro deseo necesitará tiempo, y no presiones, para recuperarse poco a poco.

En el otro extremo están los hombres que más que presionaros para recuperar la vida sexual, hacen todo lo contrario. ¿Conocéis el llamado *complejo de Elvis*? Se denomina así al rechazo sexual que experimentan algunos hombres cuando sus parejas han dado a luz. Para que luego digáis que todos somos iguales.

La explicación a este síndrome tiene su origen en una idea semisagrada de la maternidad. Estos hombres manifiestan un muy mal entendido *respeto* por la figura materna. El nombre viene del mito de que el famosísimo cantante de los sesenta no quiso volver a tocar a su mujer una vez que ésta dio a luz, por considerarla como «la sagrada madre de su hija». Por suerte, estos casos no son demasiado frecuentes.

Para acabar, me gustaría advertiros de la importancia de cuidar la sexualidad en la pareja. En terapia, veo a muchas mujeres a las que tengo que hacer conscientes de que están olvidando la vida de pareja. Así que si acabáis de tener un hijo o estáis pensando en lanzaros a la aventura, recordad lo que os cuento. No dejéis que el amor de madre haga desaparecer el de amante.

Pero *¿cómo se consigue recuperar la sexualidad?* Tranquilas, aquí os lanzo algunas ideas:

—Empezad por recuperar los momentos de intimidad, las charlas de pareja, compartir un café, una cena juntos, sin el pequeño. En este caso, toca tirar de familia y amigos, pero para eso están.

—Iniciad los contactos sexuales de una manera gradual. Quizás el primer encuentro deba limitarse a besos y caricias no genitales; en la siguiente ocasión, juegos sin penetración, e id poco a poco subiendo el listón.

—Es fundamental que os sintáis guapas. Es verdad que el cuerpo tras el parto ha sufrido. Empieza por trabajar tu autoestima; el papel de la pareja es fundamental para ayudarte a sentirte deseada.

—El cuidado del niño es cosa de los dos: cuanta mayor implicación haya por parte de la pareja, más se fortalecerá el vínculo entre vosotros y más sencillo será que reaparezca el deseo.

—Cada mujer es diferente, cada pareja también. Así que debéis buscar juntos vuestro propio ritmo para encontraros de nuevo.

Nada de sentimiento de culpa o de abandono por dejar un tiempo al niño. El mejor de los regalos para un hijo es vivir un buen vínculo afectivo entre sus padres, por lo que darle tiempo a la pareja no es robárselo al niño, es invertir en su felicidad.

Dejemos el tema de los niños. Con o sin pequeños de por medio, son muchas las mujeres que pierden el deseo. Ya hemos visto diferentes motivos en este capítulo, así que no cantéis victoria: con hijos o sin ellos, ninguna está vacunada contra la caída de la libido, os lo aseguro.

Blanca y Xavier son un claro ejemplo de esto. Ellos ya tenían discusiones por el sexo antes de la llegada de Néstor; su hijo simplemente los puso de relieve. En realidad, la propia decisión de tenerle fue un problema. Blanca se sentía madura y con ganas de seguir avanzando en la relación, mientras que Xavier no quería renunciar a lo que significaba ser joven. Estas ideas eran las que los distanciaban, y a ella le hacían perder el interés sexual por él. Al final, en vez de ver lo que ocurría, ella forzó la situación, y él dejó que pasara. Os cuento esto porque son muchas las parejas que me encuentro con conflictos similares y, por desgracia, demasiadas escogen mal la solución al problema. Lo repetiré una vez más: *¡un hijo no resuelve un problema de pareja!*, y chicas, *no puede ser una manera de llenar una vida que sentís vacía.*

Pero no sólo Blanca se equivocó. Xavier vivía constantemente enfadado; él sentía que le había arrastrado a una vida de adulto que no quería vivir, por lo que la culpaba a ella de todos sus males.

¿Os suena? No sería extraño que lo hubieseis vivido alguna vez. Y es que frecuentemente culpabilizamos a nuestra pareja de las renuncias que hemos tenido que hacer y le pedimos de manera inconsciente que nos compense. Xavier, por ejemplo, responsabilizaba a Blanca por no poder salir como antes o por el cambio de ciudad. Pero hay quien culpa a quien tiene al lado por haber dejado los estudios, los amigos, el deporte que le gustaba, por haber «renunciado a los mejores años de mi vida para estar a tu lado mientras preparabas la oposición a juez», por los fines de semana sin salir por culpa de las horas extras en la fábrica o por el año entero sin viajar juntos porque él tenía que acabar un libro (espero que esto no me pase a mí).

¿CÓMO RESOLVEMOS EL PROBLEMA?

Lo primero para trabajar un enfado es sacarlo a la luz. En la mayoría de los casos, el enfado no se ve, sólo apreciamos las consecuencias. Con Blanca y Xavier era muy claro.

Xavier no hacía nada en casa y no se implicaba con el niño. Blanca, por su parte, le quitaba a su pareja lo que éste más reclamaba: el poder disfrutar sexualmente de ella.

¿Y vosotras? Analizad vuestra relación —si la tenéis—, o las que habéis tenido, o las de la gente que conozcáis. ¿Encontráis luchas de este tipo?

En este aspecto, en terapia empezamos por hacerles conscientes de lo que ocurría, pero mientras se daban cuenta y aceptaban lo que cada uno estaba haciendo —entended que no es fácil—, comenzamos a repartir las tareas más justamente, en el que el cuidado de Néstor también estuviese equiparado.

186

Cuando se reparten las tareas y empiezan a cumplirse, suele ocurrir algo llamativo: por un lado, quien hasta ahora se escaqueaba empieza a entender la importancia de lo que hacía su pareja y que hasta ahora no había visto, pero también disfruta de no tener que oír las quejas porque no mueve un dedo. Por otro lado, la otra parte en ocasiones descubre que su pareja hacía más de lo que pensaba.

Xavier y Blanca mejoraron su relación de pareja gracias a este reparto, pero sobre todo y lo más importante, al pasar más tiempo con el nene, Xavier empezó a disfrutar de su hijo y a vivir la paternidad como una alegría y no como una obligación o como un castigo, como había llegado a sentirlo. ¿Os parece una tontería? Algunas personas te cuestionan hasta qué punto puede ser importante el reparto de obligaciones para el bienestar de la relación; habitualmente, quien se lo cuestiona es quien más se escaquea en las responsabilidades de la casa.

Aprendiendo a llamar al deseo femenino

Blanca y Xavier iban por el buen camino; habían empezado a dejar espacio para que ella deseara. A Xavier se le había pasado el enfado, al menos ya no le echaba la culpa a Blanca por lo que había perdido al hacerse adulto. En el camino, poco a poco, iba encontrando motivos para disfrutar de esta nueva etapa, sobre todo de su hijo y de la nueva forma de relacionarse con su mujer. Pero esto no bastó para dar por extinguido el problema que les trajo a mi consulta; de hecho, las mejoras iniciales son normales cuando uno siente que estaba perdido en el abismo y empieza a vislumbrar la salida.

Uno de los puntos que hay que trabajar es la anatomía del deseo femenino. Muchas parejas piensan que hombres y mujeres deseamos igual; por ese motivo, Xavier esperaba que Blanca le deseara al verle salir desnudo de la ducha o al cambiarse delante de ella. Esto, evidentemente, no pasaba, y él comenzaba a sentirse «feo, gordo y envejecido», como me decía. Pero no sólo eso, él también cometía el error de ir a buscarla en los momentos menos oportunos para ella, que no tienen porque coincidir con los de otras mujeres: después de un enfado, recién levantada o cuando ella tenía la regla.

Por si fuera poco, Blanca tampoco conocía muy bien cómo funciona su deseo; había crecido rodeada de todos esos mensajes del amor romántico, viendo en el cine y la televisión cómo los enamorados sólo necesitan que se crucen sus miradas para derretirse de deseo. No es estúpida en absoluto y sabe que lo más parecido a esas escenas de novela rosa se dieron al principio de su relación con Xavier, pero que con el tiempo la pasión va dando paso a un amor más calmado. Sin embargo, a pesar de tener clara esa evolución, hay restos de esos mitos del amor en su forma de ver el deseo. Ella piensa que debe esperar el deseo, que éste llega, como llegan el hambre o el sueño, y que es entonces cuando puede permitirse tener una relación sexual. Blanca y Xavier, igual que muchas otras parejas, son víctimas de una idea errónea de cómo evoluciona el deseo femenino. Y es que con el tiempo, una vez pasados esos dos o tres años de amor pasional, vuestro deseo hacia la pareja empieza a no encenderse siempre de forma espontánea, «sólo por mirar al otro», sino que requiere que se le dé el espacio adecuado e incluso que se busque de forma voluntaria. Esta idea que aportó la ginecóloga y especialista en sexología Rosemary Basson ha revolucionado la idea de la respuesta sexual femenina. No me voy a enrollar explicándoos teorías y estudios varios; lo que quiero es que quede claro el error que supone quedarse en el sofá esperando a que te inunde el deseo por tu pareja, y es que también nosotros debemos entender que para encender el deseo de nuestra pareja no basta con estar y punto, por más que algún día sí fuese suficiente. Ahora mismo, ambos tenemos que aprender a llamar al deseo.

Lo principal es procurar espacio y tiempo para él; es decir, si queremos alentar el deseo, tendremos que procurarnos momentos de intimidad. Pero ¿a qué llamo intimidad?

Cuando os hablo de intimidad no me refiero únicamente a estar a solas con el otro. Es más que eso. Supone un espacio sin prisas, tranquilo, donde poder charlar y sobre todo sentirte cómplice del otro.

Procurarse un momento de intimidad es «quedar con tu pareja» en la habitación de la casa o en el sofá, sin televisor ni móviles, para no hacer nada en especial, pero con permiso para abrazaros, acariciaros, besaros y si surge, sólo si surge, dejaros llevar a una relación sexual.

Olvidaos del mito de la espontaneidad. Si surge una relación sexual espontánea, genial; pero mientras tanto, conviene procurarse un espacio de este tipo al menos una vez por semana, entendiendo los dos que puede que no se llegue a una relación sexual con penetración, entre otras cosas porque no estamos quedando para tener sexo, estamos quedando para «hacer pareja», para cuidar y fomentar la complicidad y de paso para invitar al deseo.

Cuando les conté esto a Xavier y a Blanca, la reacción inicial de él fue cuestionar la espontaneidad. A veces a nosotros también nos cuesta aceptar que el deseo femenino requiere alimento. A Blanca, por su parte, le preocupaba otra cosa:

> ¿De dónde voy a sacar tiempo? Pero si es que entre la casa, el trabajo, Néstor... el único rato que veo son los sábados a la hora de comer o los domingos; pero el sábado, a esa hora, suelo planchar, y los domingos comemos con la familia. Yo creo que no hace tanta falta esto, si con los cambios que hemos hecho ya de vez en cuando salta la chispa y tenemos sexo, sinceramente, no creo que sea tan necesario programar nada.

El discurso de Blanca es común; muchas mujeres se rebelan contra lo de «tener una cita para los dos». Sin embargo, es fundamental, tengamos o no problemas, encontrar ese hueco en la agenda.

Mi estilo no es tratar de convencer a nadie, sino ayudar a pensar. ¿Hacéis un ejercicio conmigo? ¡Genial! Buscad un folio y un bolígrafo, y escribid por orden de importancia aquello que consideréis necesario para que funcione una pareja. Pensad en la confianza, en

189

tener una economía holgada, en sentir atracción, amor, en que la casa esté limpia, en mantener relaciones sexuales, en hablar cada día, en conocer al otro, en divertirse juntos...

Qué necesita una pareja para funcionar
1.
2.
3.
4. [...]

¿Ya lo tenéis? Os diré que la mayoría de las personas colocan el buen sexo en las tres primeras posiciones. ¿Y vosotras? Lo entiendo, lo entiendo, es privado. Ahora, mirad vuestro listado y poned al lado de cada uno de los requisitos para que la relación funcione, lo que estáis haciendo para que eso ocurra. Es decir: «¿Qué estoy haciendo para procurar que la casa esté limpia? ¿Qué estoy haciendo para procurar que el diálogo no se pierda? ¿Y para que sigamos manteniendo relaciones sexuales?».

Reflexionad un poco. En el fondo se trata de ser consecuentes. Si para vosotras el sexo es importante para que la relación funcione —más que tener la cocina recogida, los deberes de inglés terminados o haber hablado con todos nuestros familiares por teléfono—, ¿por qué en la práctica lo dejamos para el final, para cuando el resto de tareas (cenar, recoger, estudiar, etc.) están acabadas?

Sólo os cuento que Blanca y Xavier dejaron de comer cada domingo con sus padres. Ahora van cada quince días y la plancha pasó a ser tarea para la chica que va los viernes a echarles una mano. ¿Se os ocurre algo a vosotras para darle al sexo y a la pareja el lugar y el tiempo que les corresponden?

Juntos aprendieron a mantener entre sus prioridades su momento de intimidad como algo fundamental. Les sugerí que podían mejorar ese espacio de intimidad si de vez en cuando cambiaban el escenario (restaurante, paseo por la playa, hotel, etc.), siempre que el tiempo y la economía lo permitieran, claro.

ALGUNAS IDEAS PARA PREVENIR LOS PROBLEMAS DE DESEO SEXUAL

Hemos hablado de por qué aparecen y qué hacer cuando llegan los problemas de deseo sexual femenino. Sé que no es de buena educación dar consejos a quien no te los pide, pero es que muchas mujeres me preguntan en las charlas y talleres qué pueden hacer para mantener el deseo sexual y no sucumbir a sus enemigos. Así que voy a correr el riesgo de ser tachado de metomentodo, y aquí os dejo algunos consejos.

—Conocer a los enemigos.
—Entender la evolución natural del deseo.
—Definir adecuadamente la sexualidad.

Lo primero es que *conozcáis a los enemigos*. Leyendo este libro ya estáis haciéndolo, pero sería bueno que identificarais los que sentís más cercanos, aquellos que pensáis que os pueden atacar más fácilmente.

El segundo de ellos tiene que ver también con la información: se trata de *entender la evolución natural del deseo*. Ahora que hablamos de esto, recuerdo una conversación telefónica que mantuve con Sylvia de Béjar en relación con la decepción que muchos hombres sentimos cuando vuestro deseo flaquea.* Seguro que no le molesta la indiscreción. De todas formas, quedaos ahí, en silencio. Yo pongo el

---

* Esta conversación tuvo lugar con motivo de mi colaboración en el libro *Deseo* (Barcelona, Planeta, 2011), de la escritora y experta en sexualidad humana y educación sexual Sylvia de Béjar. Os recomiendo su lectura si queréis profundizar en el conocimiento del deseo sexual femenino.

manos libres para que podáis escuchar, pero no hagáis mucho ruido. ¡Shhhhhh!

SYLVIA: Buenas, José. Estaba escribiendo y pensaba en cómo los hombres no nos hacéis responsables de vuestra felicidad, que os gustamos tal cual somos y os enamoráis de nosotras sin más. Que como mucho sólo esperáis que no cambiemos.

JOSÉ: Es cierto, Sylvia, pero el caso es que cambiáis. Nosotros también lo hacemos, pero vosotras cambiáis en lo que menos estamos preparados para asumir: en que dejáis de querer tanto sexo.

SYLVIA: En realidad, vosotros no esperáis tanto como nosotras de la relación, pero sexo sí esperáis, y mucho. Quizá por eso tendemos a defraudaros. Pero ¿tanto os fallamos?

JOSÉ: *(Riendo.)* Ja, ja, ja... Tampoco es eso, Sylvia. Contestando a tu pregunta: cuando un hombre encuentra pareja, suele creer ingenuamente que tiene el sexo asegurado de por vida. No es que lo piense en plan estratega, pero el anhelo existe. De alguna forma, cree que se acabó el tener que flirtear, pasarse noches eternas buscando presa, invitando a cenar o a copas, recibiendo negativas después de habérselo currado un montón, tener que escuchar excusas horribles, cuidar al máximo qué hago, qué digo, qué me pongo... y hasta poner velas a san Baco (dios romano del vino y la lujuria). Inconscientemente, piensa que si se van a vivir juntos, será genial, porque así tendrán un espacio donde acostarse cuando quieran. Se dice: «Seguro que cuando vivamos juntos, follaremos mucho más». ¡Ilusos!

SYLVIA: *(También riendo.)* Ja, ja, ja... ¡Cómo somos! ¡Vosotros y nosotras! Nuestras diferencias me llenan de ternura.

JOSÉ: De todos modos, no quiero llevarte a confusión. Con lo que te he dicho no vayas a creer que un hombre busca pareja sólo por razones carnales... Menos aún cuando se enamora porque entonces estaría dispuesto a renunciar al sexo por estar con ella, cosas de la enajenación mental transitoria. Pero sí, como te decía, el sexo a menudo es una expectativa más o menos consciente. Y, claro, con el paso del tiempo, acaban desilusionados y te cuentan: «Cada vez lo hacemos menos; antes podíamos montárnoslo en cualquier lado, siempre le apetecía, y ahora el paso de una mosca es una excusa para rechazar-

---

me». Es bastante frecuente oír: «Si estamos así ahora, ¿qué me espera cuando llevemos veinte años juntos?». Y ahí lo tienes: ésa es la desilusión por la que me preguntabas.

SYLVIA: ¡Qué desesperanza! Ya no tengo ganas de reír.

JOSÉ: Sé que parece triste el enfoque. Lo positivo, sin embargo, es que nadie quiere defraudar a nadie. El enamoramiento comporta ciertas hormonas que os hacen más sexuales y a nosotros más atentos y cariñosos. Evidentemente, cuando disminuye su cantidad, también disminuyen los efectos. Pero eso no significa que todo esté perdido. Vosotras podéis aprender a buscar y llamar al deseo, nosotros a interiorizar la importancia de atender los detalles en la relación.

SYLVIA: Entonces, ¿no todo está perdido?

Entender la evolución natural del deseo es fundamental para que no aparezca la frustración, pero no significa conformarse con que esto pase; como le decía a Sylvia, podemos aprender a ser mejores parejas y mejores amantes.

El tercer consejo para prevenir la pérdida del deseo sexual femenino es *definir adecuadamente la sexualidad*. A Xavier y a Blanca, por ejemplo, les ayudé a aplicar ese cambio de concepto dentro de la relación. ¿Os habéis preguntado alguna vez qué es la sexualidad y para qué sirve? Cuando les hice esa pregunta a ellos, me contestaron que era un instinto, una forma de sentir placer y también de reproducirse. Otras personas me han respondido que también tiene que ver con el amor y los sentimientos.

Muy bien, definir la sexualidad es complejo; sin embargo, para entender la función primordial que cumple en una relación de pareja, tenemos que decir que es un lenguaje privilegiado, un modo de comunicación único que posee el ser humano. Con el sexo podemos decir «te quiero, te amo, te deseo, me gustas, me pones...». Sólo con los besos, podemos mostrar ternura, cariño, pasión, lujuria. Aunque hablemos idiomas distintos, con nuestros cuerpos, a través del sexo, podemos decirnos todas estas cosas y lo que es más importante, podemos llegar a transmitir y a sentir emociones que son capaces de crear un vínculo especial en una pareja que sólo a través de este lenguaje se pueden conseguir. Mi pregunta es: para transmitir esto, para fomentar el vínculo de la pareja, ¿hace falta que se dé una relación sexual con penetración y que ésta acabe necesariamente en orgasmo?

Ya os contesto yo: NO, en absoluto. Un beso, una caricia, un abrazo, la masturbación, el sexo oral, el coito, una mirada, un mensaje de texto subido de tono... todo ello también es sexualidad y tiene la capacidad de transmitir emociones. Cuando confundimos lo que es el sexo y pensamos que sólo el coito es hacer el amor, convertimos este lenguaje privilegiado en algo muy, muy pobre, y lo que es mucho peor, nos imponemos la norma de que sólo tenemos sexo si hay penetración o incluso si hay penetración y orgasmo.

De esta última idea deriva el cuarto consejo. *Luchar contra el «todo o nada»*. Os lo explicaré con la ayuda de Blanca y de Xavier.

Blanca está en el sofá viendo la tele, ya ha acostado al peque y espera que Xavier se tumbe con ella. Blanca mira a Xavier, que acaba de salir de la ducha, tiene el pelo mojado y le parece que está muy guapo; él mira el televisor y ve que están hablando de Praga. «¿Te acuerdas cuando estuvimos allí, cómo te reías de mí cuando en vez de hablarles en inglés les hablaba en castellano, pero muy, muy despacio, para ver si así me entendían?» Ella ríe al recordarlo y por un segundo se le pasa por la cabeza abrazarle y darle un beso. Pero rápidamente piensa: «Si lo hago, pensará que quiero guerra. La verdad es que está guapo, pero a la hora que es y con lo cansada que estoy, entre desnudarnos, empezar a tocarnos durante un buen rato para que yo me excite lo suficiente, ir a por el preservativo, luego ponerme encima y estar ahí un buen rato hasta que llegue, que igual hoy ni llego... y encima aún se cabreará. Mejor ni lo intento». ¿Os suena? Palabrita del Niño Jesús que esto les pasa a muchísimas mujeres que viven en pareja. Pues bien, cada vez que pasa esto, cada vez que aparece el pensamiento erótico y lo cortáis, le estáis secando las raíces a vuestro deseo (al final ha tenido que volver a aparecer la dichosa plantita).

No es culpa vuestra: ni de ellas, ni de ellos; es culpa de entender el sexo como un concepto de todo o nada. Es aquello de «no es por no ir, pero ir *pa ná* es tontería».

Para no cargarse el deseo es importante atender esas pequeñas señales. Blanca se tenía que haber atrevido a besar y abrazar a Xavier tan apasionadamente como le hubiese apetecido, e incluso a meterle mano sin la presión de tener que ir más allá si no le apetecía. ¿No debería ser así?

En la práctica, esto no pasa en casi ninguna pareja, porque para eso él tiene que aprender a dejar que ella lo haga. Me explico. Xavier, Tomás, Luis, Francisco, y prácticamente la mayoría de los hombres del planeta, tenemos que aprender a disfrutar de esas muestras de deseo sin esperar nada más y sobre todo sin molestarnos porque no haya nada más. Sé que no es fácil, sobre todo porque los hombres hemos recurrido durante mucho tiempo al famoso «ahora no me puedes dejar así. Si me dejas con este calentón voy a tener un dolor de...». Y no, no es que no sea verdad que los hombres cuando nos excitamos durante un tiempo prolongado necesitamos tener un orgasmo o de lo contrario la tensión nos provoca dolor abdominal. Es cierto, sólo que para que eso pase la excitación tiene que ser muy prolongada, no basta con un achuchón momentáneo de apenas unos minutos. Además, resulta que esto no es exclusivo del género masculino, también a vosotras os duele la parte del abdomen si os excitáis durante mucho tiempo y no liberáis esa tensión muscular con un orgasmo. En resumen, que ni el dolor es tan habitual, ni pasa nada porque se sienta alguna vez.

Chicas, el deseo llama al deseo. Por eso, si no nos permitimos expresarlo, acariciarnos, besarnos y tocarnos, poco a poco irá menguando. Así que para que podáis dar rienda suelta a esas chispas de deseo, voy a contaros un juego para acabar con la intranquilidad de que aparezcan enfados, malas caras o la típica pregunta: «¿Y ahora qué pasa? ¿He hecho algo mal?» cada vez que os acercáis sin más pretensión que unos besos.

El abrazo del oso

En realidad, esto no es un juego, sino más bien una estrategia, un pacto para no ir ignorando al deseo. Así que lo principal es que ambos entendáis la explicación que os he dado antes, esa que habla de la importancia de hacer caso a los pequeños conatos de deseo y los riesgos de no hacerlo. Una vez aceptada la idea de luchar contra el «todo o nada», ella y él tendrán permiso para acercarse al otro cuando les apetezca, para besarle, tocarle, acariciarle... con la seguridad de que si decide parar en algún momento, cuando sea, puede hacerse sin peligro ninguno. Pero ¿cómo paramos? Decir «basta», «déjame» o apartar al otro es un poco brusco, así que aquí entra el abrazo del oso. Previo pacto, ambos deben acatar que cuando el otro, en mitad de los besos o las caricias, decide que ya no quiere continuar, debe abrazar fuerte a la pareja y quedarse así para que ésta entienda que se ha terminado el momento erótico.

El abrazo tiene que durar un poco, para que los dos tengan tiempo de recobrar el estado de tranquilidad inicial. Ese tiempo debe ser usado por el que aún tenía ganas de continuar para relajarse y lanzarse mensajes mentales positivos del tipo: «Esto está ayudando a que mejore el deseo», «Estamos en el camino adecuado», «Si se ha acercado es porque me ha deseado».

Xavier me contó cómo vivió su primera experiencia con el abrazo del oso:

La verdad es que la primera vez que pasó fue genial. Blanca me besó, empezamos a tocarnos y sin darnos cuenta estábamos haciendo el amor. Ella me confesó después que sólo quería darme un beso, pero que se había empezado a excitar. Disfruté mucho y además fue como un extra a nuestro tiempo de intimidad acordado. Lo difícil fue la segunda vez, porque empezó parecido al primer día, incluso nos empezamos a masturbar, pero cuando llevábamos un rato me abrazó fuerte y tuve que parar.

Él se sintió frustrado, pero tal y como le indiqué, mientras duraba el abrazo pensó en que había estado bien el contacto, que era mejor que la distancia y que además aquel contacto era un grano de arena más para seguir potenciando el deseo. Las siguientes veces, Xavier se sintió mejor, incluso en alguna ocasión había sido él quien había usado el abrazo del oso:

> No es que no me apeteciera, pero había estado bien el juego y pensé que era mejor dejar ahí el deseo para cogerlo con más ganas al día siguiente.

No es sencillo, pero cambiar esta dinámica de o todo o nada supone un terreno fértil para que llegue el deseo. Pensad en la cantidad de parejas que no tienen contacto físico, más allá del beso de saludo, hasta que no van a llevar a cabo una relación sexual, y la de veces que os habéis frenado —sí, vosotras también—, en una muestra de afecto, cariño e incluso pequeño deseo porque no os apetecía iniciar todo el paquete que supone una relación sexual. ¡Cuánto deseo desperdiciado!, ¿no? ¡CORRED! Aún estamos a tiempo de recuperarlo.

¡Ah! Se me olvidaba. ¿Recordáis que Xavier usaba el sexo para decir «te quiero» y que a Blanca no le llegaban esos «te quiero» físicos y echaba de menos las palabras?

Como imaginaréis, esto empezó a cambiar cuando ambos entendieron que la sexualidad, toda la sexualidad, no sólo la penetración, era una forma única de comunicación. Ella sentía los besos como palabras de amor. Pero no quise que quedara sólo en eso. Él tenía que aprender a utilizar las palabras para expresar lo que había aprendido a decir con su cuerpo. Para mejorar la comunicación emocional, le pedí que le escribiera una carta a Blanca en la que le expresara todo eso que nunca le decía. No le pedí que me la enseñara, pero Blanca insistió en que lo hiciera. Cuando la leí, entendí por qué. Había descubierto el lado más romántico de su marido, diría que incluso él mismo disfrutó de aquello. Quizá fue ese placer por escribir, recién descubierto; quizá fueron los refuerzos de ella o el ver la cara de felicidad de su mujer; o quizás un poco de todo, pero Blanca me escribió meses después de dejar de venir a terapia, para contarme que Xavier no había perdido la costumbre de sorprenderla con alguna que otra notita repletita de amor y que, por su parte, ella estaba aprendiendo poco a poco a disfrutar más de los momentos de intimidad sexual. Os confieso que con ellos llegué a dudar durante un segundo de si lo que mejoró definitivamente su relación fue la terapia o la transformación de Xavier en trovador.

¡Toc, toc! ¡Chicos! ¿Estáis ahí? ¿Estáis leyendo esto? Veo que aún queda alguno. Es que quería comentaros algo. Seguid el ejemplo de Xavier: no hace falta que escribáis como los ángeles, seguro que a vuestra pareja, si la tenéis, le encantará recibir un carta de amor.

11

Resolviendo los problemas de erección.
Levantar el soldadito

> Muchos hombres viven con la presión de entender
> el sexo como aquel viejo chiste: «¿Cuánto dura el
> sexo? Pues lo que dura, dura».
>
> JOSÉ BUSTAMANTE

Reímos cuando alguien bromea sobre el tema, como si no fuera con nosotros; sin embargo, haber tenido un gatillazo es tan común como inconfesable para muchos. Somos hombres y se espera de nosotros que estemos siempre listos para el sexo, por lo que cuando «fallamos» nos deshacemos en justificaciones. En realidad, no habría mayor problema si se quedara en este capítulo; pero para muchos éste es sólo el primer episodio de todo un culebrón. No podemos dejar de pensar en ello y llegamos al siguiente encuentro con el miedo metido en el cuerpo. Empiezan los juegos y vigilamos de cerca al soldadito —«Parece que está preparado», «Qué alivio», «No me falles ahora, ¡eh!»—. La hora de la verdad. «¡Oh, no! —titubeamos— ¿Y si me vuelve a pasar?» Llegó el gatillazo. ¿Y nos sorprende? ¿Qué tienen de eróticos estos pensamientos? Pues lo mismo que un debate sobre el estado de la nación. Ya vimos por qué nos pasa y os llegué a confesar cómo nos sentimos cuando nos ocurre. Así que basta de lamentaciones; vamos a ver qué podemos hacer unos y otras para solucionar el traspié.

Antes de empezar a trabajar en las causas más comunes del problema sexual masculino por excelencia, se me ocurre que sería una buena idea echar un vistazo a todos aquellos motivos orgánicos que pueden provocar disfunción eréctil. Sí, sí, habéis oído bien: a pesar de la creencia de muchos hombres, la causa principal y mayoritaria de los problemas de erección tiene que ver con causas psicológicas, con sus pensamientos y sus miedos a la hora de acercarse a un encuentro sexual. Digo que a pesar de lo que muchos hombres creen, porque son mayoría los que antes de aterrizar en mi consulta han pasado por su médico de cabecera, el urólogo, el andrólogo y vaya usted a saber por dónde más. No digo yo que esté mal asegurarse de que todo funciona bien en nuestro cuerpo ante un problema de erección, es sólo que antes sería bueno responder a un par de preguntas.

«¿Consigo erecciones cuándo me masturbo?» Si la respuesta es sí, el paciente en cuestión tiene una buena pista para deducir que el mecanismo de erección funciona perfectamente. El pene no sabe si quien lo acaricia es tu mano o la de tu pareja, quien lo sabe eres tú y por tanto es ahí, en tus pensamientos, donde se encuentra el bloqueo.

Lo mismo ocurre si la respuesta es sí a las siguientes preguntas. «¿Tienes erecciones matutinas y/o durante el sueño?» Salvo que haya un problema orgánico que lo impida, los hombres tenemos erecciones cada noche, durante el sueño REM; independientemente de que estemos teniendo una pesadilla o un sueño precioso, es un mecanismo que no tiene que ver con la excitación, sino con una función reguladora del cuerpo que busca oxigenar los tejidos cavernosos. Esto no es sólo que sea normal, sino que es sano y necesario; cuantas más erecciones tengamos, mejor funcionará.

Lo dicho, nunca está de más un chequeo médico, pero los especialistas en sexología —sean psicólogos o médicos— son los profesionales más indicados para tratar un problema sexual y serán ellos quienes te indiquen las pruebas necesarias.

Volviendo a la hipótesis de que el problema de erección tiene un origen orgánico, muchos de ellos se resuelven de una manera tan sencilla como es retirar la sustancia que los provoca (fármaco, droga legal o ilegal, etc.) o con el apoyo farmacológico adecuado (luego os hablo un poco más de la famosísima pastillita azul y sus parientes cercanos).

En otros casos, los daños en el mecanismo de erección no tienen una solución tan sencilla como una pastillita, sino que hay que recurrir a dispositivos de vacío o métodos más drásticos, como las inyecciones de prostaglandina directamente en los cuerpos cavernosos del pene e incluso, en los casos más graves, cuando ninguno de los métodos anteriores ha sido satisfactorio, a la intervención quirúrgica para colocar una prótesis de pene.

Ahora es cuando tendría que ponerme en plan médico y contaros los detalles de los métodos de succión, inyección y operación, así como las causas orgánicas que pueden provocar una disfunción eréctil. Algunas de vosotras estaréis interesadísimas en ello; pero otras tantas, seguro que no. Así que os dejo sendos cuadros explicativos que os podéis saltar o leer detenidamente.

¡Hasta ahora!

Los *aparatos de succión* consisten en la aplicación de un cilindro hueco que, al colocarlo en el pene y accionar un mecanismo —ya sea manual o eléctrico—, hace un vacío que conduce la sangre hacia el pene. Una vez conseguida la erección, se coloca una anilla constrictora en la base del pene para no dejar salir esa sangre al retirar el cilindro. El uso de este método no entraña riesgo alguno siempre y cuando no se mantenga la anilla más de treinta minutos.

Las *inyecciones intracavernosas* consisten en la autoadministración de agentes vasoactivos en la zona del músculo liso cavernoso del pene. El medicamento, una vez inyectado en el pene, provoca entre treinta y sesenta minutos de erección debido a la relajación de la musculatura. En algunos países, la administración de este fármaco se hace mediante supositorios que se introducen por la uretra.

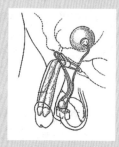

Las *prótesis para el pene* son la alternativa quirúrgica a los problemas de erección. Este tratamiento consiste en introducir en los cuerpos cavernosos del pene dos cilindros que proporcionan rigidez. Dentro de las diferentes prótesis que pueden colocarse, existen dos grandes grupos: las llamadas *maleables* —que suman a los ya mencionados cilindros, unos alambres trenzados que una vez en el interior del pene facilitan que éste pueda adoptar una posición y rigidez suficientes para la penetración— y las *hidráulicas*. Son éstas las prótesis más utilizadas. Su funcionamiento se basa en un mecanismo hidráulico activado por el propio paciente, que rellena de líquido los cilindros colocados en la operación, consiguiendo la rigidez necesaria para la penetración. Las prótesis hidráulicas gozan de mayor popularidad por el gran parecido de la erección obtenida con el mecanismo natural. Además, una vez finalizada la relación sexual el líquido vuelve a su lugar de origen tras accionar el mecanismo (manual o mecánico), con lo que se pierde la erección.

El deseo, el placer y la eyaculación no tienen por qué verse afectados por la intervención.

Problemas orgánicos que pueden provocar disfunción eréctil

Disfunción neurogénica
Esclerosis múltiple.
Neuropatía autonómica (diabetes mellitus y alcoholismo).
Enfermedad de Guillain-Barré.
Epilepsia.
Enfermedad cerebrovascular.
Enfermedad de Parkinson.
Enfermedad de Alzheimer.

Trauma cerebral.

Daño infeccioso, inmunológico, traumático o tumoral de la médula espinal.

Trauma pélvico o perineal.

Cirugía pélvica o perineal.

Disfunción endocrinológica

Diabetes mellitus.

Hipogonadismo.

Hipo e hipertiroidismo.

Hiperprolactinemia.

Hiperlipoproteinemia.

Acromegalia.

Hipercortisolismo endógeno e insuficiencia suprarrenal.

Disfunción vasculogénica arterial o cavernosa

Inducida por drogas

Legales: alcohol y tabaco.

Ilegales: marihuana, cocaína, opiáceos, anfetaminas, cannabis y ácido lisérgico.

Inducida por algunos fármacos (efectos secundarios)

Antihipertensivos.

Hormonales: estrógenos, progesterona, antiandrógenos...

Psicotrópicos: tranquilizantes, ansiolíticos, barbitúricos, antidepresivos, antipsicóticos y anorexígenos.

Otras causas orgánicas de disfunción

Prostatitis.

Uretritis.

Insuficiencia renal crónica.

Insuficiencia hepática.

Esclerodermia.

Sida.

Enfermedad pulmonar obstructiva crónica.

Enfermedades sistémicas debilitantes.

Intoxicaciones exógenas.

Hola de nuevo. Si has leído los cuadros anteriores, espero que hayan sido lo suficientemente explicativos; si te los has saltado, bienvenida. Dejamos atrás los problemas orgánicos y volvemos a lo más habitual, es decir, a los hombres que sufren por ese ataque directo a su autoestima sexual provocado, sobre todo, por sus propias zancadillas mentales.

Casos como el de Arturo, con sus matices, son mucho más frecuentes en terapia. Ya os conté lo que le pasó en su primer gatillazo con Elena. En realidad, si estudiamos bien la «escena del crimen», el motivo del desastre no fue sólo uno, y alguno de los precipitantes fueron probablemente físicos. Esa noche, Arturo estaba cansado, era evidente que el alcohol no le ayudó, e incluso se podría decir que estaba nervioso porque Elena, aunque apenas la conocía, había sido capaz de moverle mucho más en una noche que la suma de las diecisiete chicas que habían pasado por su cama tras la traumática ruptura con su ex. En realidad, terapéuticamente hablando, no nos importa demasiado qué pasó esa primera vez. Un mal día lo tiene cualquiera, ¿no? A lo que realmente tenemos que atender es a lo que hace que tiempo después continúen los problemas de erección. Es lo que llamamos en terapia el *mantenedor* o *mantenedores* del problema.

La presión por estar a la altura sobrevuela sobre muchos de los problemas sexuales de los hombres, si no sobre todos. A los sexólogos no nos gusta nada llamar impotencia a los problemas de erección: el miedo a fallar se convierte para algunos hombres en terror, cuando el temido momento no sólo es la peor de sus pesadillas, sino que además lo han vivido en sus carnes.

Así lo vivía Arturo. Desde que tuvo el primer gatillazo, se acercaba a los encuentros sexuales con esa vocecita que le decía cosas como: «¿Y si vuelves a fallar?», «El otro día hiciste el ridículo», «Seguro que la vuelves a cagar».

Huelga decir que con estos pensamientos surge la ansiedad y cuando ésta aparece, la respuesta sexual tiene poco sentido. Dejad que os explique algo. La ansiedad es un mecanismo de defensa del ser humano que se debería disparar ante un peligro de vida o muerte; ésa era su utilidad cuando vivíamos con la amenaza de tener que luchar o huir para sobrevivir. Imaginad por un momento que en la selva dos *Homo sapiens* mantienen una fogosa relación sexual cuando de pronto escuchan un león que parece estar aproximándose a ellos. ¿Qué es lo más sensato para la supervivencia, seguir con la relación sexual o que todo el cuerpo se ponga al servicio de la huida? En ese momento, adiós a la erección y a la excitación de ella, lo que toca es sobrevivir, ¿no? Pues algo así nos pasa a los hombres cuando, de forma equivocada, sin león ni riesgo vital de por medio, se dispara la ansiedad ante un encuentro sexual.

Y *¿cómo luchamos contra ese miedo?* Pues retirando las minas, para conquistar la seguridad de que nada malo va a pasar.

Me gusta poner a mis pacientes el ejemplo del campo de minas cuando les explico la manera en la que se están acercando al sexo. Les cuento que lo hacen con la tensión de creer que en cualquier momento un movimiento en falso hará que pisen una mina, es decir, pasará algo, en este caso el no tener una erección, que hará saltar por los aires el encuentro erótico. Esa tensión se convierte en ansiedad cuando hay alguna señal de que el gatillazo va a llegar y es entonces cuando se cumple la profecía. Os estaréis preguntando ¿y cómo se retiran esas minas?

Hay una diferencia sustancial entre tener pareja o no. Si el paciente tiene pareja y ella está por la labor de colaborar en la terapia, la cosa es mucho más sencilla que para los chicos que, como Arturo, sólo tienen encuentros esporádicos o les gusta alguien que desconoce su problema.

Empecemos por lo sencillo. El paciente llega con su problema de erección después de que un mal día —quizás un día en el que él se forzó para tener sexo sin que en realidad le apeteciera demasiado— se acerca a un encuentro sexual con el miedo de que vuelva a pasar y, claro, pasa. En un caso como éste, y después de descartar otras causas, trabajo con él y con su pareja.

Lo habitual es que ella haya mostrado una respuesta positiva, que no lo haya castigado demasiado por lo que ocurre. Pero él te dice cosas como...

Mi mujer dice que no pasa nada, que será cosa del estrés, que no me preocupe, que cuantas más vueltas le dé es peor. Pero en el fondo sé que le fastidia que me esté pasando esto, aunque no me lo diga.

Claro que ella no está contenta por lo que pasa, pero muchas veces lo que le fastidia es la reacción de él cuando falla y se viene abajo, y la distancia que esto genera en la pareja. Al principio de un caso de disfunción eréctil, es habitual que él busque a su pareja de forma obsesiva cuando piensa que puede funcionar, se fuerza a intentar tener sexo justo al despertarse, cuando nota una erección matinal. Sin embargo, lo que consigue suele ser todo lo contrario: la pareja no se siente cómoda en esa especie de asedio por penetrar cuando él nota una erección, sin que haya casi preliminares ni nada que se le parezca. Evidentemente, ésta no es la manera de resolver el problema. Lo que hacemos en terapia es asegurarnos de que nada saldrá mal en el siguiente encuentro.

Para empezar, prohibida la penetración, incluso la excitación, si se considera oportuno. Hay muchas maneras de disfrutar de la sexualidad, y la erección sólo es imprescindible en algunas de ellas. Dependerá del caso en concreto, pero se trata de recuperar el placer por el sexo con la pareja sin la necesidad de buscar la erección.

No os voy a contar todos los ejercicios que se pueden llevar a cabo para ir adquiriendo confianza en la pareja, pero sí os explicaré uno básico en la terapia sexual que ayuda —y mucho— a recuperar las buenas sensaciones en la intimidad de la pareja y hasta a ampliar el concepto de sexualidad. Se llama *focalización sensorial.* La idea fundamental es que los dos aprendan a vivir la erección y el coito como parte del juego sexual, no como la finalidad última. Y en este sentido, tanto nosotros como vosotras tenemos que interiorizar esta idea. De nada sirve que vosotras lo tengáis claro si nosotros nos empeñamos en penetrar para dar por «buena» la relación sexual o a la inversa, porque también hay muchas de vosotras que no entendéis el sexo sin esa parte tan pequeña de nuestro cuerpo.

Focalización sensorial

La idea es llevar a cabo un encuentro íntimo sin objetivos, sin pretensiones, sin buscar nada más que el reconocimiento de nuestros cuerpos. Ni siquiera buscamos la excitación, aunque si aparece, no es un problema.

El ejercicio tiene dos partes, para las cuales previamente se deben acordar un día y un momento en el que el tiempo no sea un problema y que nada ni nadie nos pueda molestar (*apaguen sus teléfonos móviles, por favor*).

Para que el ambiente sea adecuado, podemos recurrir a velas, incienso, luces indirectas, música agradable... lo que se os ocurra y os apetezca.

En la *focalización sensorial I* debemos respetar una norma: está completamente prohibido el contacto con genitales o pechos, así como la penetración.

Una vez desnudos, uno de los dos se tumba y empieza a recibir las caricias del otro; el que da las caricias decide sobre la manera en que quiere hacerlo, la duración y con qué parte de su cuerpo quiere acariciar (pueden usarse las manos, la boca, la lengua...). Una vez que el que acaricia lo decida, se intercambian los roles y el acariciador pasa a ser acariciado, con las mismas normas que antes.

En una segunda parte (*focalización sensorial II*), repetiremos el ejercicio, pero esta vez se incluirán en las caricias los pechos y los genitales, aunque, eso sí, seguirá estando prohibida la penetración.

¿Aún le estáis dando vueltas a eso de que el sexo sin penetración puede ser también un buen sexo? Está bien, hemos crecido con esas ideas, y cuando vemos una escena erótica en el cine o en la televisión, lo que se intuye es una relación coital con orgasmo simultáneo incluido. Lo entiendo, entiendo que no es sencillo luchar contra todo esto, pero ¿y si hacemos un repaso a la anatomía femenina? ¿Qué órgano es el principal responsable de vuestro placer? Sí, sí, es el clítoris, ya lo vimos cuando discutíamos sobre la importancia del tamaño del pene. Como entonces, os recuerdo que se encuentra fuera de la vagina. Y es que la penetración vaginal supone una vibración que hace que llegue estimulación al clítoris, además de los roces que determinadas posturas puedan propiciar, pero la estimulación con la que es más sencillo llegar a suscitar placer es la caricia directa con la mano, la boca, la lengua o cualquier juguetito erótico que se nos ocurra.

Eso no significa que el coito no sea placentero, faltaría más, sólo que hay muchas más formas de disfrutar y ésta debiera ser sólo una más de ellas. ¡Nos ahorraríamos tantos problemas!

Y Arturo, ¿qué hacemos con Arturo? Él llegó a la consulta sin pareja estable y, lo que es peor en términos de terapia, enamorado de una chica con la que llevaba tonteando un tiempo y a la que no se atrevía a decir nada por su inseguridad en el sexo.

Cuando a terapia llega un hombre sin pareja tenemos que enseñarle a quitar las minas por sí mismo, sin el apoyo de ella.

Y ¿cómo lo hacemos? Lo primero es la parte educativa. Tal y como decíamos antes, el sexo es mucho más que penetración y hacer disfrutar a la pareja no tiene por qué suponer tener una erección potentísima. Arturo me explicó que siempre le habían dicho que besaba muy bien, y que además se le deba genial y le encantaba hacer sexo oral a sus parejas.

Es fundamental que se centre en esas potencialidades. Arturo —como cualquier otro hombre— debe entrar en la relación sexual sabiendo que es capaz de hacer disfrutar a su *partenaire*. Con esa convicción se enfrentaría a su siguiente encuentro erótico.

¡Claro! Aquí juega que su pareja estuviese por la labor de aceptar esos juegos como sustituto del coito, al menos en los primeros encuentros sexuales. Aunque, ¿sabéis una cosa? Si de veras nos adentramos en el escenario erótico, con la seguridad de que os vamos a encumbrar a los cielos del placer, lo más probable es que aparezca la erección sin ninguna dificultad.

El problema muchas veces es el nerviosismo acumulado, esa ansiedad que tanto os he mencionado y que frecuentemente acompaña a quien encadena una serie de traspiés sexuales. Así que además de la parte educativa —por así decirlo—, además de esa dosis de confianza, es una buena idea entrenar al paciente en relajación.

El rol de espectador

¿Habéis oído hablar de ello? Por si acaso, os lo cuento. Se trata de un rol muy frecuente en los hombres con problemas de erección. En terapia sexual, cuando hablamos del *rol de espectador* nos referimos a que la persona sale de la situación erótica que está viviendo, deja de percibir las sensaciones, desconecta de la excitación y hasta del deseo, y enfoca la atención en las respuesta de su cuerpo. En este caso, se fija en si tiene erección o no, en cómo de potente es ésta, en si ella está observando su pene y toda una suerte de pensamientos que garantizan un absoluto fracaso sexual. Porque ¿qué puede tener de erótico mirar si tienes o no una erección?

¿Cómo se supera?

Contra este mal, no basta con decirle al paciente que deje de hacerlo. Ojalá fuese tan sencillo. En realidad, sí es sencillo cuando la erección se recupera y el problema se olvida. Entonces el paciente, poco a poco, empieza a olvidar también este antierótico rol.

Cuando no se «cura solo» en terapia, al menos yo, entreno al paciente en el autocontrol mental mediante técnicas de meditación. Le enseño a centrar la atención en los estímulos eróticos que recibe. Sería poner al servicio del placer todos nuestros recursos, como si de directores de nuestra propia obra de teatro se tratase, para dirigir los focos hacia la parte que queremos atender especialmente. El olor de mi pareja, el sonido de los jadeos, el tacto de sus manos al tocarme, el sabor de su piel o de sus labios y la forma en la que sus pezones se erigen en señal de excitación.

Desarrollar esta capacidad es útil para cualquiera que pretenda disfrutar de manera más intensa y vivir plenamente su sexualidad, pero se convierte en imprescindible en personas con dificultades de sensibilidad y de gran ayuda para cualquier paciente, que como Arturo, actúa con el rol de espectador en sus relaciones.

Fobia al condón

Por la cantidad de jóvenes y no tan jóvenes a los que les ocurre esto, merece la pena que os cuente un poco cómo se trabaja sobre ello. Está bien, reconozco que el título es un poco exagerado, digamos que es un recurso literario, porque en realidad no es que los chicos con esta dificultad salgan despavoridos cuando ven un preservativo, ni les genera ansiedad tocarlo o ponérselo. Lo que en realidad sucede, ya os lo expliqué en el capítulo 3, es que pierden la erección cuando se lo colocan. Los hombres me cuentan cosas como «Creo que tengo una especie de alergia. Es ponérmelo y se me baja, es automático», «Lo que me pasa a mí es que me aprieta, y por eso se me acaba agachando; probé con los XL, pero tampoco funcionó», «Yo es que con el condón no siento nada, así que ponérmelo y perder la erección es cuestión de tiempo»... Las consecuencias son similares en todos los casos. O bien directamente hacen lo imposible por no utilizarlo o, como Leandro:

> Cuando estoy con una chica y se pone muy terca con que sólo lo hacemos si me pongo el condón, yo intento estar muy, muy duro antes de ponérmelo. Cuando me lo he colocado, si me nota muy desesperado, le digo: «Venga, date prisa, corre que se me baja».

¿Qué podemos hacer?

No me cansaré de advertir de los riesgos que comporta una relación sexual sin protección. Así que lo primero es la responsabilidad. La sexualidad puede ser maravillosa, pero también puede convertirse en la fuente de un infierno. Imagina únicamente lo que supone para una persona infectarse con el VIH. En mi consulta he conocido casos de chicos y chicas jóvenes y aparentemente sanos cuyas vidas han virado ciento ochenta grados por una noche de inconsciencia.

El trabajo en la consulta con un paciente con *fobia al preservati-*

vo —permitidme la expresión— es parecido al que se hace con cualquier otro con problemas de erección, sólo que en este caso la señal de alarma está clara: en cuanto aparece la gomita, llega la ansiedad y con ella el rol del espectador. Así que habrá que trabajar en concreto con el tan temido momento.

En estos casos, si contamos con la pareja, además de lo anterior, es interesante hacer juegos en los que a él se le vendan los ojos, y ella —con entrenamiento previo en la destreza de «colocación de goma en pene»— se lo ponga; la idea es que él no sepa cuándo se lo va a colocar.

¿Y los fármacos?

Quizás algunas de vosotras os estéis preguntando: «¿Y los fármacos? ¿No son un tratamiento eficaz para los problemas de erección?». Es imposible hablar de soluciones para la disfunción eréctil sin nombrar la famosa Viagra® —cuya aparición en 1998 está considerada como una revolución sexual— y de Cialis® y Levitra®, fármacos de la misma familia que aparecieron con posterioridad. A día de hoy, son millones los hombres que resuelven sus problemas de erección con el tratamiento con alguno de estos tres fármacos.

Sin embargo, yo, hasta ahora, únicamente os había hablado de ellos para contaros cómo el urólogo le recetó a Arturo una de estas pastillas sin que tuviese demasiado éxito con ellas. He dejado conscientemente para el final la terapia con fármacos, y no es que no esté de acuerdo con ella, la desaconseje o me parezca poco eficaz, es simplemente que requiere una mención aparte para entender, cómo, cuándo y de qué manera utilizarlos para que sean una ayuda y no un problema más.

¿Un problema? Pues sí. Estos fármacos prosexuales son seguros si es el médico quien los receta y se toman según sus indicaciones. El problema empieza cuando somos capaces de cualquier cosa con tal de ser el mejor de los amantes. Ya os he contado que la autoestima sexual del hombre reside en su capacidad para haceros disfrutar.

Queremos que siempre esté arriba, la autoestima claro, y para ello vale todo: exóticos remedios naturales, místicos ejercicios tántricos, al menos hasta que llegaron la Viagra® y los demás fármacos proeréctiles e hicieron realidad la versión más erótica de la pócima de Astérix. No hay nada de malo en querer ser bueno en la cama; el problema llega cuando equivocamos la estrategia y en vez de dedicar tiempo a trazar un perfecto mapa sexual de uno mismo y del otro, a disfrutar del SEXO en mayúsculas y no sólo del coito, utilizamos los fármacos sin necesitarlos para convertirnos en superhombres por una noche. Es genial que existan fármacos para la erección, pero por desgracia en las consultas nos encontramos cada vez más a chicos jóvenes con la idea de que no van a «funcionar» sin apoyo extra o que al haber estado usando el *doping* a espaldas de la pareja temen que ésta se sienta frustrada si descubre su verdadero rendimiento. Estas adicciones psicológicas no están provocadas por el fármaco, que quede claro, sino por su mal uso. No podemos olvidar que aunque queme calorías, el sexo no es un deporte, sino una forma de expresar, sin palabras, amor, pasión, ternura, deseo... ¡Qué pena que se nos olvide tan a menudo!

¿CUÁNDO SE DEBE TOMAR FÁRMACOS?

La respuesta es cuando un problema orgánico dificulte el correcto funcionamiento del pene, y el médico —especialista en sexología a poder ser— aconseje este apoyo para salvar los obstáculos. Recordad que estos fármacos requieren receta médica, y desconfiad de esas webs donde se venden sin más trámite que introducir el número de tarjeta, por más que sea a un precio más económico.

Es cierto que en ocasiones, en terapia sexual, utilizamos el fármaco en casos en los que es evidente que no hay un problema orgánico. El objetivo es que el paciente consiga recuperar parte de la seguridad perdida y en muchas ocasiones funciona estupendamente bien, siempre y cuando seamos los profesionales quienes acompañemos en el proceso terapéutico, entre otras cosas para asegurarnos de que no se genere esa adicción psicológica de la que os hablaba.

¿Cómo funcionan?

Nunca olvidaré a Julen y Marisa, una pareja de unos 44 años que acudió a mi consulta para tratar un problema de erección. Julen me contaba:

> Le conté a un amigo que estaba teniendo problemas con el tema, que no había forma de que eso subiera. Así que me confesó que a él, desde que tenía diabetes, le pasaba igual, pero que estaba tomando Viagra® y le funcionaba estupendamente. Así que al día siguiente me trajo una pastilla para que la probara. Eso sí, me la hizo pagar, porque costaba un dineral. El caso es que a mí no me hizo nada. Me la tomé la otra noche después de cenar, y nada de nada.

Puede que no hubiese tenido efecto porque el problema era más grave, la dosis inadecuada o vaya a usted a saber. Viendo el despiste del hombre, le pregunté cómo la tomó, a lo que me contestó:

> Pues después de cenar el sábado. Me la tomé y me senté en el sofá a ver terminar el partido mientras aquello hacía efecto. Mi amigo me dijo que eran como treinta minutos o así. El caso es que desde la cocina Marisa me iba preguntando: «¿Cómo va eso? ¿Notas algo?». Pero aquello estaba igual que al principio, nada de nada.

La escena es hasta divertida. En realidad nadie les había explicado cómo funciona el fármaco. Y es que una de las ventajas de Viagra®, Cialis® y Levitra® es que su funcionamiento va a favor de la naturaleza. Me explico, el mecanismo de erección funciona como una presa. El cerebro, cuando recibe estímulos que interpreta como eróticos (pensamientos, sonidos, olores, texturas, sabores...) abre la compuerta para que el agua (la sangre arterial, en realidad) descienda por el canal hasta el lago (el pene). Ese canal en ocasiones puede contener piedras y, cuando éstas son muy grandes, no dejan que el agua llene el lago. Pues bien, esta familia de fármacos lo que hace es retirar esas piedras. Pero eso sí, para que se abra la compuerta el cerebro debe interpretar los estímulos como eróticos. Al parecer, a Julen el fútbol no le resultaba demasiado sugerente.

Arturo, por su parte, interpretaba las señales eróticas como amenazantes después de haber vivido tantas situaciones traumáticas con el sexo. Por eso, por más fármacos que tomara, su cerebro no daba la orden para que se abriera la compuerta de la presa.

Hablando de Arturo... Durante mucho tiempo continuó recordando las frases de algunas de sus parejas sexuales; el ir de flor en flor tiene lo que tiene, sobre todo cuando no se es lo suficientemente selectivo y uno acaba regalando su cuerpo a la primera persona que le resulta agradable y le devuelve una sonrisa. Arturo aprendió a ganar esa seguridad que necesitaba sin ayuda de fármacos, pero no solo del todo. Habló con Marta, la chica que le había hecho plantearse la idea de colgar los hábitos de donjuán 2.0, y poco a poco fueron intimando, primero un beso, luego una caricia... Él se había planteado que no quería sexo con penetración en su primer encuentro íntimo y con esa convención se acercó a besarla. Quizá fue eso, quizá la manera serena y cariñosa con la que ella lo tocaba o quién sabe, puede que algo tuviesen que ver las semanas de terapia, el caso es que esa noche Arturo se saltó su propia prohibición y también esa noche empezó una ilusionante historia de amor.

12

Resolviendo los problemas de eyaculación precoz. «Cariño, aquí te espero»

> Cada terapia sexual es única e irrepetible. Los profesionales hemos de tener presente que cada intervención terapéutica supone hacer un traje a medida del paciente, la pareja y su relación.
>
> ANTONIO CASAUBÓN ALCARAZ

En el capítulo dedicado a los problemas de control eyaculatorio os descubrí algunos de los trucos que se usan, con no demasiada fortuna, para tratar de aguantar más en las relaciones sexuales. También hablamos sobre lo que es o no es en realidad eyaculación precoz. Parece mentira que un problema que afecta a tantos hombres siga envuelto en un manto de desinformación que, como acostumbra a suceder, hace más difícil la solución. Un ejemplo es cuando un paciente te cuenta desesperado que lo ha intentado todo y no ha encontrado solución. ¿A qué se refiere con «todo»? Pues lo frecuente es que haya hecho una búsqueda en Internet y se haya visto inundado por páginas y páginas que prometen un tratamiento eficaz para resolver de forma definitiva los problemas de eyaculación precoz. Se venden manuales o vídeos con ejercicios de todo tipo, algunos basados en los que usamos en terapia: pastillas, cremas, remedios naturales y un sinfín de estrategias que no consiguen más que generar enormes expectativas que en la inmensa mayoría de los casos se convierten en frustración y desaliento.

Reconozco que cada vez me encuentro con más chicos y parejas jóvenes que acuden a terapia en cuanto ven que hay un problema sexual y éste persiste, pero todavía son más los que confían la solución a lo que han leído en cualquier página web, sin discriminar demasiado o, lo que es peor, a lo que le ha dicho, con toda la buena intención del mundo, el dependiente de la herboristería que frecuenta. ¡Si es que no puede ser!

Bueno, ya me he desahogado un poco. Partamos de la hipótesis de que por fin el hombre en cuestión —con o sin pareja— ha buscado a un buen especialista en sexología y se ha decidido, con cierta vergüenza, a buscar ayuda profesional.

¿Qué podemos hacer con el problema?

Para saber cómo trabajarlo, lo primero es entender cómo se ha originado. Lo que sabemos hoy por hoy es que la eyaculación precoz, salvo raras excepciones (infecciones de uretra y próstata, frenillo excepcionalmente corto o algunas enfermedades neuronales) tiene un origen psicológico y de aprendizaje.

Un mal aprendizaje

Cuando nos iniciamos en la sexualidad, llegar rápido más que un problema era una ventaja: no acostumbrábamos a disponer de mucho tiempo y espacio para la masturbación, el miedo a que nos pillasen hacía que no nos recreáramos demasiado, y por ende, no aprendiéramos a reconocer las diferentes sensaciones que acompañan el recorrido desde la excitación inicial al orgasmo. En realidad, no es sólo miedo a que nos descubran: la juventud nos llevaba a buscar el placer inmediato, lo más rápido posible. Ni qué decir tiene que la pornografía facilita esto aún más. Diseñada para sobreexcitar —ése es su cometido—, hace que los jóvenes y los no tan jóvenes pasen de cero a cien en pocos segundos. ¿Cuánto tiempo se pasa un chico entrenando esta forma de sexo en solitario? No os riais, ya sé que muchísimo; es de sobra conocida la afición que tenemos los hombres por la autoestimulación.

Sin embargo, el problema no es masturbarse, el problema es la manera en la que uno se masturba. Si el entrenamiento en solitario es para conseguir que cuanto más rápido mejor, tendremos muchas probabilidades de que al pasar del solitario al dúo, no nos sirva de nada lo aprendido, sino todo lo contrario.

Desaprender lo aprendido

Lo bueno de lo que se aprende es que también se puede desaprender. Así que frente a estos malos hábitos adquiridos, no podemos hacer otra cosa que empezar a instaurar hábitos de sexualidad más saludables. Y es que, que no nos oigan ellos ahora, lo de masturbarse de forma rápida y utilizando pornografía no es cosa sólo de jovenzuelos. También algunos adultos —seguro que tu pareja no, no te preocupes por ello— se masturban e incluso recurren a la pornografía. ¡Vaya! ¿Sorprendidas? No lo creo, la verdad. El caso es que uno de los objetivos de las primeras sesiones es que el hombre en cuestión deje de malentrenarse si lo hace y/o empiece cuanto antes con las buenas prácticas.

«Lo dejo a solas para que se vaya conociendo»

Antes de salir al escenario conviene practicar, ¿no? Pues eso es lo que se le pide al chico con problemas de control eyaculatorio.

La idea es que el paciente se masturbe de una manera más pausada, atendiendo a las diferentes sensaciones que le provoca la estimulación, de manera que cuando detecte que va a llegar el punto de no retorno o al menos un punto en el que el placer es muy elevado, detenga la estimulación, deje de acariciarse y espere un poco a que baje la excitación. Cuando ya se ha relajado un poco, debe retomar la masturbación y hacer lo mismo, al menos tres veces antes de dejarse ir del todo.

Este ejercicio se conoce como *técnica de parada y arranque* (*stop-start*), y fue desarrollado por el urólogo James Semans y popularizado posteriormente por Masters y Johnson.

Algunos pacientes, al entrenarse en esta técnica, encuentran problemas para relajar la tensión; es decir, al detenerse, aunque dejen de tocarse, notan que se mantiene e incluso sigue aumentando la excitación. En esos casos funciona bien la conocida como *técnica del apretón*. Consiste simplemente en rebajar la excitación haciendo presión en el pene con los dedos, más o menos a la altura del frenillo y en la cara anterior del pene. Mejor os lo enseño, ¿no?

Lo habitual es que esta maniobra no sea necesaria. Para la mayoría es suficiente con dejar de masturbarse. Gabriel, sin ir más lejos, consiguió muy rápidamente llegar al objetivo. Masturbarse a solas y poder parar y arrancar sin problemas ese mínimo de tres veces. Sin embargo, donde él encontró el problema era en conseguir excitarse para masturbarse sin utilizar la pornografía o a su pareja. A algunos hombres les sucede y no es un buen síntoma. Significa que han ido apagando la capacidad de fantasear, de acordarse de encuentros sexuales que le excitaron especialmente, de imaginar nuevas situaciones o inventarse una tórrida aventura erótica, sintiéndose seguros entre las paredes de su cerebro. En casos como el suyo, lo que les propongo es utilizar literatura erótica, relatos que los exciten, pero de una forma mucho menos potente que la pornografía.

¿Que quién es Gabriel? ¿No lo recordáis? A él y a Olga os los presenté en el capítulo 4, «Lo siento, cariño, pero yo ya...». Hagamos memoria. Gabriel tenía 32 años y se sentía enamorado de Olga, con quien mantenía una relación de cinco años. Había estado con otras chicas antes y nunca había tenido o quizá nunca había identificado este problema. El caso es que ahora se encontraba con una dificultad muy seria para controlar la eyaculación, lo que hacía que Olga no se sintiera satisfecha y que la relación empezara a ponerse a prueba.

Los ejercicios de parada y arranque, al igual que la técnica del apretón, no se limitan a la masturbación. Una vez conseguido el objetivo de arrancar y parar al menos tres veces en solitario —la mayoría de los pacientes lo logra rápidamente—, se pasa al siguiente nivel. La idea es ir subiendo la dificultad tan poco a poco como considere el terapeuta y con las indicaciones que cada pareja necesite, hasta llegar a penetrar en las posturas más complicadas.

Con Gabriel y Olga pasamos de la autoestimulación a que ella le masturbara, y después a que le hiciese sexo oral, también con parada y arranque, claro.

> Con el sexo oral me ha costado más, la verdad. Menos mal que me enseñaste las técnicas de respiración... Después de algún que otro intento más, ya está conseguida la cosa.

Luego os cuento lo de la respiración, dejadme que acabe con la dinámica de los ejercicios de parada y arranque, porque algunas parejas, cuando llega la hora de la penetración, plantean dudas o no lo ven muy claro.

Gabriel me contó que la postura en la que más le costaba controlar a él era en la que llamaba «del perrito». Después, por orden de complicación, el misionero de toda la vida (ella debajo), y la más sencilla para él, la del jinete (ella arriba). Con esta información particular, cada hombre es diferente, fuimos pasando de una postura a otra.

La técnica de parada y arranque en las relaciones con penetración

Hay dos maneras, en realidad tres, de hacerlo. La idea es sencilla: consiste en llevar a cabo la relación sexual con penetración y cuando él detecte que está cerca el punto de no retorno, detiene el movimiento; cuando vuelva a bajar la excitación, no la erección, continúa con los movimientos, y así al menos con tres paradas y arranques. Lo que varía es lo que se hace cuando se detienen los movimientos.

Las opciones son, por orden de mayor a menor dificultad:

—Quedarse parado con el pene dentro de la vagina.
—Retirar el pene de la vagina.
—Retirar el pene de la vagina y utilizar la técnica del apretón para que descienda la excitación.

La idea es tratar que el paciente logre que la excitación vaya bajando sin necesidad de retirar el pene. Incluso si se lo puede permitir, que esa detención de movimiento no se convierta en un juego de estatuas, sino que él continúe besándola, acariciando sus pechos, etc. Tras el primero de estos ejercicios, Olga quiso hablar conmigo:

José, yo estoy muy contenta con tu trabajo. No digo que Gabriel no esté mejorando, pero esto de los ejercicios de parada y arranque... ¿Va a ser así siempre? Es que empiezo a estar harta de que tengamos que parar justo cuando más me está gustando a mí, cuando empiezo a disfrutar. Además, para tener un orgasmo, yo necesito que aumente el ritmo, y va muy, muy despacio. Es desesperante, la verdad.

Olga no es un caso aislado; son muchas las parejas que tienen una expectativa mucho más alta de la terapia y esperan que rápidamente él se convierta en todo un atleta sexual. Ni tanto ni tan calvo. Soy consciente de que cuando uno busca una relación sexual, pretende que ésta sea lo más pasional y espontánea posible... mitos del amor romántico. Así que planear las relaciones para practicar los ejercicios, y encima tener que hacerlo con *stop-start*, puede desmotivar a cualquiera. En terapia, yo siempre intento que los pacientes conviertan los ejercicios en un juego, que lo tiñan de erotismo y no lo lleven a cabo como una gimnasia que les ha mandado el terapeuta. En cuanto a la queja de Olga, le expliqué que esto es sólo el principio del tratamiento, que Gabriel estaba ganando confianza y que poco a poco iríamos acercando los juegos a las relaciones que ella buscaba.

Y así fue; las técnicas de respiración ayudaron mucho a Gabriel. Lo que no fue tan sencillo es que Olga tuviese un orgasmo con la penetración. Menuda sorpresa nos llevamos al comprobar, después de mucho trabajo, que a pesar de que Gabriel aguantara y aguantara, ella no podía alcanzar el clímax con la penetración. No fue difícil resolverlo, lo difícil fue que Olga aceptara que ahora era ella quien tenía el mayor peso del problema.

La película no acaba cuando él se va

Hagamos un *flashback*. Ya os he contado cómo acabó la historia de Olga y Gabriel, pero sólo he hablado de una parte, aquella que tenía que ver con los ejercicios de *stop-start* y simplemente os mencioné de pasada cómo a él le había ayudado mucho aprender las técnicas de respiración. Puede que viendo la sencillez de los ejercicios de parada y arranque, muchas de vosotras hayáis pensado que la eyaculación precoz es un problema fácil de resolver. De hecho, durante mucho tiempo la terapia sexual se limitaba a estos ejercicios de reeducación para conocer mejor nuestro cuerpo e identificar el punto de no retorno y otras señales de excitación.

La realidad —experiencia profesional mediante— es que este tipo de ejercicios son muy útiles en el aprendizaje del control eyaculatorio, pero en muchos casos se quedan cortos a la hora de trabajar el problema. ¿Cómo es posible? Si lo que origina la eyaculación precoz es un mal aprendizaje, debería bastar con revertir ese mal hábito, ¿no? Ahí está el quid de la cuestión; os he contado únicamente una de las explicaciones y con seguridad la base principal que explica por qué algunos chicos no pueden aguantar. Si lo pensamos bien, la mayoría de los hombres hemos aprendido a masturbarnos de la misma manera, sin embargo no todos desarrollamos un problema de eyaculación precoz. ¿Por qué?

Sobre todo por dos motivos: uno, porque sólo algunos hombres continúan masturbándose de la misma manera que cuando eran adolescentes; y dos, por los niveles de ansiedad con los que uno se acerca a la relación sexual.

¿Otra vez el miedo? Sí, así es. Ya os dije al principio de este libro que en el sexo, los hombres tenemos miedo, todos lo tenemos. Éste es sólo un ejemplo más de ello. Y es que hay chicos que se acercan a las relaciones sexuales con unos niveles de ansiedad muy altos, acelerados y con una excitación muy descontrolada, que nada tiene que ver con lo pasional. Esto hace que las sensaciones se disipen, que sea difícil identificarlas y lo habitual es que la eyaculación llame a la puerta mucho antes de lo que a ellos les gustaría. Esa ansiedad viene «de serie», con la personalidad del chico en cuestión. Éstos son los pacientes que cuando les pregunto: «¿Cómo te describirías?», me responden de forma similar a uno de mis pacientes, uno que conducía un camión:

> Yo parezco muy tranquilo, pero soy un polvorín. Me comen los nervios por dentro y siempre voy corriendo a todos lados; incluso cuando como, lo hago muy deprisa, casi sin masticar.

En el caso de Gabriel, como en el de muchos otros, no es una cuestión de que sea más o menos nervioso; de hecho, él en concreto no lo era en otros aspectos de su vida. La ansiedad aparecía cuando se acercaba al sexo, y es que independientemente de que se tenga o no una personalidad ansiosa, pocos se libran de la irrupción de los fantasmas del pasado («¿Y si me vuelve a pasar?») y del futuro («Si pasa, estaremos mal toda la tarde») después de un episodio en el que la fiesta terminó para él mucho antes de que hubiese empezado para ella.

Un factor que aumenta aún más la ansiedad es que la otra persona te importe de verdad.

> Olga me gusta mucho. Siento cosas que no había sentido nunca y me asusta perderla si sigo con este problema en la cama.

¿Os recuerda algo? Sí, es muy similar a lo que ocurre con los problemas de erección. El hombre que ha fallado antes piensa en el sexo no como en algo para disfrutar con su pareja, sino en una parte de su vida en la que tiene un problema y de la que se examina en cada encuentro.

El funcionamiento es el mismo que con la disfunción eréctil, sólo que el temor a que no se levante se convierte aquí en miedo a irse demasiado pronto. La ansiedad funciona de esta manera, ya sabéis, quiere que la relación sexual termine sea como sea, porque la interpreta como peligrosa. ¿Os acordáis del león y la decisión sobre sobrevivir o seguir con el sexo?

¿Qué hacemos con la ansiedad?

Como veis, la cama de un hombre con eyaculación precoz está también repleta de minas. Para retirarlas, si hay pareja, es fundamental que ambos acerquen su idea de sexualidad, asuman su grado de responsabilidad en el problema y entiendan la manera en la que se va a trabajar.

¿Habéis visto alguna vez una película para adultos? Si no lo habéis hecho, tampoco pasa nada, es sólo para explicaros que en la inmensa mayoría de ellas, las escenas terminan cuando él ha eyaculado. Pues bien, resulta que muchísimas parejas han copiado el estilo de este cine y deciden que cuando él termina se ha acabado también la relación sexual. ¿Por qué motivo? Podría ser por un afán de emular a las estrellas del porno, o por la idea machista de que el único placer que importa es el masculino. De todo habrá, pero el verdadero porqué tiene que ver con la idea coital de las relaciones sexuales, es decir, si él ha eyaculado ya no podrá tener una erección hasta que pase su período refractario, así que se acabó la fiesta.

No es el momento de discutir otra vez sobre la excesiva importancia que se le da a la penetración, pero sí de que entendamos la responsabilidad que supone para nosotros tener que aguantar excitados, pero reteniendo nuestro orgasmo, el tiempo que vosotras necesitéis para tener el vuestro.

Está bien, hay casos en los que el hombre hace gala de un egoísmo increíble, él acaba y se olvida completamente de cómo se ha quedado ella, pero no sólo eso, cierra los ojos y se deja arrullar en los brazos de Morfeo. Por suerte, este tipo de hombre está en vías de extinguirse.

Gabriel hubiese estado encantado de hacerle sexo oral o masturbar a su pareja todas esas veces en las que él había acabado antes de tiempo. Así ella también hubiese tenido la oportunidad de tener un orgasmo si le apetecía, incluso muy probablemente, mientras la estimulaba, Gabriel hubiese vuelto a excitarte y podría haber acometido un segundo intento. Sin embargo, cuando eyaculaba parecía sonar una música de concurso televisivo, de esas que anuncian que has perdido el premio: «Na, na, na, na, naaaaaaaa».

> Al principio, cuando me corría muy pronto y veía que Olga estaba excitada, me ponía a tocarla, intentaba seguir con ella; pero no me dejaba, me decía que no quería que la tocase. Las últimas veces es verdad que ni me apetecía intentarlo, primero porque sabía lo que me iba a decir; segundo, porque yo me ponía de muy mal humor.

No son aceptables los niveles de enfado de Gabriel, sobre todo porque más que ayudar a resolver el problema, lo agravan, ya que ella se contagia de ese malestar cuando ve cómo se pone. Dejadme contaros algo.

Una vez, en terapia, mientras yo le explicaba a él la importancia de controlar estas reacciones, Olga comenzó a asentir a mis palabras y a recriminarle:

> Ves, Gabriel, como así no vamos bien.

Noté que se estaba molestando, mordiendo la lengua, hasta que de pronto se la quedó mirando y le dijo:

> Tienes razón. Pero me ayudaría bastante a no ponerme así, si cuando empiezo a gemir porque me llega el gusto y estoy a punto de irme, no pusieras la cara que pones de decepción y no dijeras «¡¡¡noooo!!!», como me has dicho algunas veces.

Para Gabriel era horrible comprobar cómo su placer era el malestar de ella, pero también entiendo a Olga: es muy frustrante ver cómo se repite una y otra vez lo de quedarte a medias, o lo que es casi peor, a sólo unos segundos del placer. Ambos lo estaban pasando muy mal; este tipo de diálogos son muestra de ello. Por suerte fuimos capaces de encauzar el conflicto que se estaba produciendo en la propia consulta. Les recordé que estaban allí precisamente para resolver el problema, que ya estaban haciendo algo para solucionarlo y después, conociendo el buen sentido del humor de Gabriel, Olga le dijo:

Te prometo que la próxima vez no diré nada, ni haré ningún gesto de decepción. Eso sí, igual pongo de fondo «Algo se muere en el alma...».

Los dos rieron divertidos. Por si no lo recordáis, el estribillo de esta copla dice: «No te vayas todavía, no te vayas por favor...». El nivel del chiste no es muy alto, pero al menos sirvió para limar asperezas, así que por mi parte, nada que decir.

Siguiendo con la idea de eliminar las minas y rebajar la ansiedad en los encuentros sexuales, les pedí, antes de pasar a los ejercicios de parada y arranque en pareja, que tuviesen relaciones sexuales en las que el objetivo fuese eyacular tan rápido como le fuese posible, es decir, una relación sexual sin controlar de ninguna manera. Y que, o bien antes del coito o bien después, Gabriel se dedicara completamente al placer de ella, mediante las caricias, la masturbación, el sexo oral o los juguetes sexuales.

Puede parecer una tontería, pero con este tipo de prescripciones el hombre se relaja. Después de muchísimo tiempo, ya no tiene que controlar, el orgasmo ya no es sinónimo de fracaso y puede centrarse en el placer. Por otro lado, cuando sabes que tu pareja también va a disfrutar, es decir, que tienes la capacidad de hacerlo, aumenta tu confianza... Ya lo visteis cuando os hablé del gatillazo.

La respiración

Ahora ya sabéis que un mal aprendizaje, el estado de nerviosismo general y el miedo a fallar son tres componentes que pueden explicar unidos o por sí solos los problemas de control eyaculatorio. Los ejercicios de parada-arranque son de gran ayuda y también pactar con la pareja la mejor manera de reaccionar ambos ante un tropiezo sexual, pero si estamos hablando de miedo y nerviosismo, es evidente que las técnicas de control de la ansiedad van a venir muy bien al paciente.

Lo primero es entrenarle en técnicas de respiración adecuada; después bastará con enseñarle cómo y cuándo aplicarla.

En el caso que os cuento, por ejemplo, le pedí que antes de empezar el encuentro sexual respirara un poco tal y como habíamos entrenado en la consulta, para de esta manera empezar más tranquilo. Después, durante los ejercicios, fue muy útil usar la respiración como manera de tratar de rebajar la excitación en los momentos en los que ésta empezaba a ser muy alta. Cuando Gabriel practicó lo suficiente, pudo sustituir las paradas con una disminución del ritmo y aplicar la respiración.

A veces ayuda, durante las relaciones sexuales, poner una música de fondo que contagie esa calma y cadencia que buscamos.

¿Y los *singles*? No, no se me olvidan. Cuando un chico llega solo a la consulta, se trabaja de forma similar, con la limitación de que no se puede practicar con la pareja estable, por lo que muchas veces se entrena para llegar con un mejor nivel al próximo partido. Eso sí, siempre hay algunos trucos para aquellos que ni tienen ni parece que vayan a tener en breve una relación más o menos estable.

Ejercicios de Kegel para hombres

En terapia sexual podemos encontrar muchas menciones a la utilidad de los ejercicios de Kegel en el tratamiento de la eyaculación precoz. Estos ejercicios tienen como objetivo fortalecer los músculos de la pelvis (pubococcígeos), de manera que el paciente se haga consciente de su capacidad mecánica para controlar su musculatura, en consecuencia su micción y, supuestamente, la eyaculación.

La utilidad de estos ejercicios para la mujer es incuestionable; sin embargo, hoy por hoy, y a pesar de que reputados terapeutas hablan positivamente de ellos como estrategia para mejorar los resultados en el tratamiento de la eyaculación precoz, la realidad es que no hay estudios serios que lo certifiquen.

Particularmente, no acostumbro a utilizarlos en la consulta, ya que al igual que otros compañeros de profesión, no acabo de encontrar su utilidad.

Sea como fuere, no hay nada de malo en ellos. Eso sí, cuidado con que vuestros chicos se obsesionen con la idea de que practicando estos ejercicios van a convertirse en hombres multiorgásmicos, capaces de eyacular hacia dentro o hacia fuera a voluntad. No os riais, sé lo que me digo, que después es a mi consulta adonde llegan estos hombres frustrados por no haber logrado el objetivo.

Fármacos

Por lo que os he contado hasta ahora, queda claro que la eyaculación precoz es un problema psicológico y de aprendizaje que desde la terapia sexual abordamos con muy buen porcentaje de éxito. Entonces ¿por qué hablamos de fármacos? Pues bien, en algunos casos, el problema de control es tan severo que el paciente apenas puede penetrar; literalmente, eyacula sin llegar a introducir el pene en la vagina o justo cuando lo hace. Cuando esto pasa, se hace muy complicado trabajar con los ejercicios de parada y arranque. La solución, hasta julio de 2009, era recurrir a antidepresivos: sí, sí, los inhibidores selectivos de la recaptación de serotonina (ISRS) tienen consecuencias indirectas en el reflejo eyaculador de los hombres, es decir, retardan las eyaculaciones. Así que por obra y gracia de la farmacología, el paciente estaba menos angustiado y nosotros conseguíamos unos segundos de más para poder aplicar el resto de las técnicas. Todo perfecto, ¿no? Pues sí, si de verdad aprovechamos el tiempo en el que el paciente se está medicando para hacer terapia sexual. Lo que ocurre es que muchos pacientes, viendo que la cosa mejoraba, dejaban la terapia. La consecuencia: pues que en cuanto dejaban los antidepresivos tenían unas recaídas antológicas, incluso en algunos casos, con un efecto rebote tan severo que hacía que el paciente tuviese entonces más problemas para controlar la eyaculación de los que tenía antes de tomar el fármaco.

Puede que os estéis preguntando por lo que pasó en julio de 2009. He mencionado esa fecha por algo, claro está. Os explico: fue entonces cuando periódicos, revistas, emisoras de radio y televisiones se hicieron eco de la salida al mercado de Priligy®, un fármaco que prometía acabar con la eyaculación precoz. Leímos titulares del tipo «Priligy pone fin a la eyaculación precoz», «La eyaculación precoz ya no será un problema», etc.

La realidad más de dos años después ha sido bien distinta. El fármaco, cuyo compuesto principal es un antidepresivo de vida corta (la dapoxetina), se debe tomar de una a tres horas antes de la presumible relación sexual y durante cuatro horas el sujeto multiplicará por tres el tiempo que tardará en eyacular. La ventaja de este fármaco en relación con los antidepresivos que utilizábamos antes en la consulta es que se toma a demanda, es decir, no hay que seguir un tratamiento. Pero poco más; al igual que los antidepresivos no resuelve el problema: cuando se deja de tomar ya no tiene efecto y en algunos pacientes provoca náuseas, mareo, dolor de cabeza y caída de la presión arterial.

En definitiva, Priligy® puede ser un buen aliado en terapia, pero nunca un sustituto de ésta, y siempre se debe tomar con prescripción y control médico. No me cansaré de recordar que la eyaculación precoz no es un problema orgánico, sino psicológico, y que por tanto de esta manera tendremos que trabajarlo. Os sorprendería la cantidad de hombres que han acudido a su médico de cabecera a por el medicamento, cuando tras ver un anuncio en televisión o leer una noticia en el periódico han creído de verdad que sus problemas de eyaculación precoz estaban, por fin, resueltos. El resultado: la misma cantidad de hombres decepcionados porque por desgracia no se han cumplido las expectativas.

Hablando de expectativas, quizás estés pensando en que como tu chico nunca ha tenido problemas con el control de la eyaculación, esto no va a pasarte jamás. Seguramente sea así. Pero un consejo, si un día de éstos sucede, porque hacía mucho que no tenías relaciones, por el cansancio, el estrés o vaya usted a saber por qué, no lo conviertas en una catástrofe, ni dejes que él lo haga. Dejad de lado preguntas del tipo: «Pero ¿qué te ha pasado? ¿Estás bien? ¿Cómo puede ser? Si tú siempre aguantas». Quitadle hierro y seguid con el juego. Si debe haber un objetivo en el sexo, es que ambos hayáis pasado un buen momento. Y si la expectativa es ésta, es fácil alcanzarla, ¿no crees?

13

Resolviendo dudas sobre el tamaño. Reconciliándonos con el mayor de los órganos sexuales

> La sexualidad no está entre las piernas, sino entre las orejas, dependiendo mucho el buen funcionamiento sexual de cómo actuemos con el cerebro y poco de la fuerza que pongamos en los genitales.
>
> FELIPE HURTADO MURILLO

Los casos de hombres que acuden a terapia acomplejados por el tamaño de su pene no son los más frecuentes. Al igual que un hipocondríaco se pasea entre su médico de cabecera, su médico privado y hospitales varios porque está convencido de que su problema es real, alguien que cree que la tiene demasiado pequeña acude al urólogo, pues lo que busca no es aceptar las medidas de su miembro, sino una manera de conseguir agrandarlo.

Como os decía, los hombres no acostumbran a llegar al despacho por este problema, salvo que sus parejas los lleven de la oreja cansadas de tener que soportar su complejo; sin embargo, sí es el tema de consulta más habitual en los foros de Internet y correos electrónicos. Y aunque es cierto que son los jóvenes de 15 a 22 años quienes muestran mayor preocupación por sus medidas, también lo es que las cirugías de alargamiento y engrosamiento de pene (faloplastia) se han visto triplicadas según los datos recogidos entre 2007 y 2011, incluso aunque el 90 % de los varones que se operaron tenían un tamaño del pene perfectamente normal.

También se venden alternativas «naturales» a las operaciones. Seguro que habéis visto alguno de esos anuncios que proliferan con testimonios del tipo: «A mí me gustan grandes [...]. Ahora lo hacemos más y disfrutamos mucho más que antes», y en los que se proclaman las virtudes de aparatos extensores para conseguir alargar y engrosar el pene.

Particularmente, me parecen dramáticos estos datos, y es que se trata de hombres que llegan a relacionar su felicidad con unos pocos centímetros más en la entrepierna, por lo que están dispuestos incluso a pasar por un quirófano para lograrlo, con los riesgos que esto comporta, aun tratándose de una parte del cuerpo masculino tan delicada y con mecanismos tan complejos.

Desde aquí sólo os pido que seáis conscientes de qué supone recurrir a un extensor o a la cirugía, y si finalmente él decide hacerlo, que sea con el máximo cuidado, buscando no sólo buenos profesionales, sino también honestos. Por desgracia, hay médicos que sólo piensan en los cuatro mil euros de la operación cuando un paciente con un pene sano le pide que le ayude a que éste sea más grande. Son muchos los hombres que se sienten decepcionados, cuando no engañados, tras la operación o el uso de estos aparatos. Y es que tal y como explican algunos reputados urólogos, esos dos o tres centímetros en los que se aumenta el tamaño del pene en reposo con la faloplastia o los extensores no siempre se logran mantener durante la erección. Es decir, que en muchos casos lo único que se consigue tras operarse o utilizar durante meses las técnicas mecánicas es lucir unos pocos centímetros más en el vestuario.

Ya discutimos en la primera parte del libro sobre la importancia real de las dimensiones de nuestro miembro en vuestro placer sexual; en esta segunda parte dedicada a las soluciones, me voy a poner algo más serio. Y es que entre los mil y un aparatos que hay en el mercado —extrañamente avalados por médicos y sexólogos—, y algunas de las operaciones estéticas para agrandar el miembro dominan la información a medias y los abusos. Quizá sea que quienes se prestan a estos engaños creen que a base de mentiras crecerá el pene del hombre —como si fuera la nariz de Pinocho—, pero me temo que en realidad lo único que aumenta de tamaño es el bolsillo de quienes ven en el paciente únicamente una fuente de ingresos.

Por ello, merece la pena informarse bien a la hora de buscar un profesional, sea de la disciplina que sea. Hay urólogos, psicólogos, médicos y hasta abogados que son tan profesionales como honestos. Una operación de alargamiento de pene, el uso de un aparato extensor, de fármacos o de terapia sexual, deben contar siempre con una explicación clara de lo que se puede esperar, de los riesgos que comporta y de las alternativas más aconsejables para el paciente. Después, que cada uno tome la decisión que le parezca, sea operarse o colgarse unos pesos del pene, para buscar arañar unos centímetros de confianza.

Os he hablado únicamente de los métodos de alargamiento de pene que ofrecen algunos centros estéticos y están respaldados por profesionales. Sin embargo, la red de redes está plagada de numerosos trucos para conseguir un pene mayor. El más popular y también más peligroso es el conocido como *técnica Jelqing*, que consiste en estirar y retorcer el pene para conseguir elasticidad, lo que supuestamente conseguiría alargarlo y ensancharlo. Esta técnica, además de no tener ningún tipo de base científica, puede llegar a ser peligrosa y producir irritación de la piel, inflamación de los vasos sanguíneos, fractura del cuerpo cavernoso y hasta curvatura del pene.

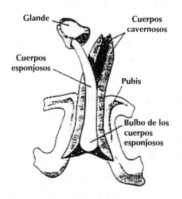

En una de las webs, muestran el dibujo anterior como prueba de que puede conseguirse el aumento del tamaño del pene retorciéndolo manualmente. ¡Ayyy, qué daño!

Como tantos otros, Sebas no acudió a la consulta por sus complejos con el tamaño; vino porque Herminia, su pareja, no aguantaba más la actitud de él en el sexo. Su excesiva vergüenza a la hora de probar cosas nuevas o hacerlo con la luz encendida y su negativa a que ella le practicase una felación. ¿Recordáis el caso? Él tenía un complejo horrible por el tamaño de su pene, y la inseguridad que esto le producía era la base de todas estas conductas mojigatas en sus relaciones. La idea de que su tamaño no era suficiente se reforzaba cada vez que Herminia le preguntaba si había perdido la erección, porque no la notaba, y el vaso se colmó cuando entró en escena «Manolito», un espectacular consolador que ella había adquirido, con toda la buena intención del mundo, en una reunión organizada por un *sex shop*.

¿Qué se hace en estos casos?

Cuando el tamaño del pene es la causa de la afectación en las relaciones sexuales, el primer paso es ser lo más objetivo posible y descartar que realmente se trate de un pene disfuncional. Con Sebas había que dar un paso previo, aunque no fuera fácil para él: era fundamental que hablara con Herminia y le explicara su complejo. Finalmente, lo hizo, pero me pidió que fuese yo quien le ayudara, así que en el despacho empecé yo a contarle y Sebas continuó. La reacción de ella fue la esperada: «¿Cómo no me has dicho nada? Pero qué tontería, si es de lo más normal». En realidad, la mayoría de las mujeres aseguráis a vuestras parejas que estáis satisfechas con el tamaño de su pene y en la mayoría de los casos es cierto, dejando a un lado el pensamiento siguiente: «Si fuese un poco más grande, tampoco pasaría nada». Herminia, sin embargo, cuando nos quedamos a solas, admitió:

> Igual estoy diciendo una tontería, pero admito que yo también he pensado en alguna ocasión que o bien yo tenía muy ancha la vagina o él tenía muy estrecho el pene, porque a veces no la noto muy bien. Lo que pasa es que como otras sí la siento, pues ya no sé...

Con este paso resuelto y las nuevas dudas encima de la mesa, lo que se acostumbra a hacer en terapia, y yo hice con Sebas y Herminia, es pasar a la llamada *fase educativa*. ¿En qué consiste? Pues

233

básicamente en explicarles lo que dice la ciencia en relación con el calibre y el placer, lo que es un micropene y las tallas que se consideran normales, y hasta el consejo para ellas de fortalecer mediante los ejercicios de Kegel su musculatura pubococcígea, ya que entre otras ventajas ayudan a sentir más y mejor la penetración vaginal.

Sebas, una vez en casa, comprobó, metro en mano, que el tamaño de su pene era de lo más normal y en un alarde, tratando también de recuperar una parte de la confianza que había perdido con Herminia, le pidió que le ayudara con el metro. Él había tomado nota de que todo estaba bien previamente y con la confianza que da saber de antemano el resultado, jugó con su pareja a que aquella era la primera vez que se tomaba las medidas.

Además de rebajar la ansiedad y ser conscientes de que el complejo de él es en realidad eso, un complejo que no tiene demasiado fundamento, conviene ayudar a la pareja a buscar maneras para disfrutar más, si ésta es una queja que aparece. Sebas, por ejemplo, estaba seguro de que ella no disfrutaba lo suficiente, principalmente por sus miedos, pero también porque en algunas ocasiones ella misma se lo había dicho. Tal y como os contaba y les conté a ellos en su día, ayuda el que ella fortalezca su musculatura pélvica, pero hay más medios para sentir algo más la penetración, si es lo que se busca. Por ejemplo, muchas mujeres lubrican muy bien, esto es estupendo en relación con el cuidado vaginal y con la manera en la que se facilita la penetración, pero también puede hacer que se pierda parte de la fricción del pene. Para resolver esto, bastará con tener una toalla cerca para retirar el exceso de lubricación de la zona. Otra idea es buscar posturas en las que la penetración sea más profunda. Aquí os dejo algunas de ellas.

El mayor de los órganos sexuales

En definitiva, para resolver los problemas relacionados con el complejo de pene pequeño es fundamental romper los mitos que el paciente trae en relación con la veneración por el falo y la creencia de que cuanto mayor es el pene, más hombre es él y más placer sienten ellas. Pero sobre todo, el trabajo se tiene que centrar en ejercitar el mayor y más importante de sus órganos sexuales: su cerebro erótico, y con ello su seguridad. Gracias a esto, Herminia no tuvo que desprenderse de «Manolito», sino que fue uno más de los muchos cambios, para mejor, que experimentó la vida sexual de la pareja. Tampoco os penséis que fue cosa de dos días. Costó, pero poco a poco Sebas fue ganando esa confianza fundamental en la cama para atreverse a ampliar su universo sexual, empezando por salirse de ella. Por cierto, en la última sesión, Herminia le dio con el codo a Sebas y le dijo:

¡Cuéntaselo anda, cuéntaselo!

Me quedé mirando a Sebas y éste comentó entre risas:

¡Nada! Que todo va fenomenal entre nosotros y el sexo ha mejorado mucho, pero el otro día se me ocurrió algo para no pasar tanta vergüenza en el vestuario cuando voy al gimnasio. Y es que me recorto los pelos del pubis y parecerá una tontería, pero te aseguro que parece que la tenga más grande, en serio. Te lo digo por si tienes algún paciente como yo, para que se lo recomiendes, que va muy bien.

Imposible no reírme con ellos tras el comentario. Sea como fuere, bienvenida la idea, por barata, segura y al parecer eficaz.

Cuanto más grande, más placer. ¡Ja! Disculpadme, se me ha escapado, pero es que se me estaba ocurriendo lo fácil que sería desmontar este mito si les presentara a Edu y a Susana, a todos aquellos que piensan así. Seguro que os viene a la mente la pareja. Ellos acudieron a la consulta porque el tamaño de él no les permitía poder disfrutar del sexo.

¿Qué se puede hacer cuando es demasiado grande?

Con Edu y Susana, el trabajo inicial fue el de ayudarles a no sentirse unos bichos raros; es cierto que no es un problema frecuente, pero sobre todo es uno de ésos de los que no se habla. Parece que alguien tan «bien dotado», fijaos en la expresión, no tiene derecho a quejarse. También en su caso era fundamental hacerles ver que el sexo es mucho más que el coito y que para transmitir emociones en pareja, no es necesario recurrir a los genitales. Al menos debía desaparecer esa sensación de él, de tener una especie de malformación que le impedía vivir de forma natural la sexualidad.

En lo práctico, les expliqué la importancia de seguir recurriendo a lubricantes, pero de mejor calidad de los que habían usado antes. Además de esto, una buena idea es comprar un dildo de un buen tamaño —quizás Herminia le podía facilitar la dirección de la tienda en la que compró a «Manolito»— para que sirva de dilatador en las relaciones sexuales. La idea es que en los contactos previos a la penetración, además de con los dedos, ella pueda masturbarse, si lo desea, con el juguete, para que poco a poco se vaya dilatando la zona y sea más sencilla la introducción del pene. «Y ¿qué puedo hacer con el sexo oral? —me dijo Susana—. ¿Me olvido de hacerlo?» En absoluto. De lo que tienes que olvidarte es de tratar de hacer sexo oral como aparece en el cine X; hay muchas formas de estimular el pene y que esto sea placentero para él. Lo primero es saber que nuestro clítoris es el glande y que el resto del pene tiene muchísima menos sensibilidad, así que bastará con asegurarse de que esa zona quede cubierta por la boca. Un truco para que todo el pene reciba estimulación es sujetar con la mano la base del pene y llevar a cabo el sexo oral sobre la parte sobrante.

Pero el problema no sólo es el dolor de ella. Hay ocasiones en las que Susana había conseguido introducirse el pene sin que le doliera; el problema venía si en las embestidas éste tocaba la pared del útero. Edu se quejaba de esto, decía que nunca había podido dejarse llevar, porque tenía que estar constantemente controlando la profundidad de la penetración.

Llega un momento en el que no disfruto, dejo de excitarme porque me paso el tiempo con el cuidado de no hacerle daño. Es un fastidio.

Además de lo obvio, que es buscar posturas en las que la penetración no sea excesivamente profunda, hay dos ideas que más que con la sexología tienen que ver con la creatividad para solucionar el problema. Una de ellas consistía en enrollar una toalla en la base de su pene, para que funcionara como tope y de esta manera, aunque hicieran el movimiento sin medir la profundidad, ésta nunca pudiese ser demasiada. La segunda es una evolución de la técnica de la toalla. Antes de contároslo, os muestro la herramienta que Edu utilizó y con la que estaba encantado.

Sí, sí, como veis es un simple reposacabezas hinchable. Éstos más redondos son los típicos que se usan para proteger el cuello de los niños cuando viajan, pero también sirven los de adulto que tienen una forma rectangular. Eso sí, después de usarlo, nada de volver a utilizarlo para lo que fue diseñado originalmente. Un poco de higiene, por favor.

¡Espera! ¿Que no sabes cómo se usa para el sexo? Pues es sencillo. Consiste en colocarlo alrededor del pene y si por ejemplo él se coloca debajo, tú puedes estar arriba y moverte de arriba abajo sin que el pene entre del todo, puesto que, como en el caso de la toalla, el hinchable actúa como tope. Edu me contaba que cuando él se ponía debajo, sujetaba el reposacabezas con las manos para que Susana pudiese moverse tranquilamente sin que se fuera la protección.

Evidentemente, al final Edu y Susana tienen que aceptar que sus características hacen que puedan tener un tipo de sexo, otro no, y otro sí, pero con cuidado. Al igual que alguien que tenga el pene más pequeño no llega a realizar determinadas posturas, el hombre que no pueda con el peso de su pareja no podrá tener una relación sexual con ella en brazos, salvo que lo hagan en el agua. Si lo pensáis, cada uno de nosotros tiene limitaciones en el sexo, pero también mil posibilidades. Se trata de centrar nuestra atención en las que ya sabemos y en todas aquellas que aún podemos descubrir. Una vez más, trabajad duro con nuestro mayor órgano sexual.

14

Descifrando nuevos roles masculinos. Recolector y cazador

> Más que una crisis de la masculinidad, lo que nos está ocurriendo a los hombres es una auténtica liberación... Hasta ahora, hombres y mujeres hemos sido víctimas del papel que nos ha tocado representar en el teatro de la vida y de la alcoba.
>
> José Luis Arrondo Arrondo

Pau y Ximo, recolector y cazador, dos modelos de hombre que se sitúan en los extremos de una mal entendida masculinidad. Voy a confesaros algo: a estas alturas del libro ya hay confianza, ¿no? Reconozco que mi primera motivación a la hora de plantearme este libro fue dar respuesta a esos hombres que llegan a la consulta con la sensación de no encontrar su sitio en esta nueva sociedad. Te dicen que están perdidos sin saber cómo actuar y sin entender muy bien qué se espera de ellos.

Os ven a vosotras, enfundadas en vuestro nuevo rol, como mujeres fuertes, independientes, seguras y sexualmente liberadas, y de alguna manera sienten que ese cambio los obliga a ellos a cambiar también. ¿Cómo? ¿Qué? ¡Ah! Que no todas las mujeres son tan fuertes, ni tan independientes, ni tan seguras, e incluso no todas viven de forma libre su sexualidad. Lo sé, parece que esté describiendo a las protagonistas de *Sexo en Nueva York* y hasta ellas en realidad tienen sus debilidades. Pero no me negaréis que la evolución existe y que cada vez son más las que se acercan al tipo de mujer que quieren ser.

Volviendo a nuestro cambio. ¿Es necesario? Rotundamente, sí. Vuestra conquista por una igualdad legal y real es cada vez más evidente y muchos de los hombres lo han querido y apoyado. Probablemente, lo han hecho en todas las esferas: laboral, social..., pero donde no cabe duda que ha habido unanimidad es en la sexual. ¿Cuántas veces os han pedido una mayor iniciativa en el sexo? ¡Si hasta David Summers con Hombres G reclamó en su día que os soltarais el pelo!

Pero ha ocurrido algo curioso. Muchos de estos mismos hombres se dan cuenta ahora de que hay que tener cuidado con lo que se desea porque, a veces, se acaba cumpliendo. De pronto descubren que a pesar de lo que les contaron, no siempre les apetece, no siempre están listos y hasta pueden fallar a pesar de tener a una mujer deseosa y desnuda enfrente. Es entonces cuando vosotras nos reclamáis, desde vuestra posición recién conquistada, más y mejores relaciones, nuevas maneras de disfrutar y hasta la incorporación de un nuevo amigo a pilas que, aunque algo más frío, tiene unas prestaciones con las que no podemos competir.

Muchos hombres viven con angustia esta realidad, sienten que se espera demasiado de ellos. Por un lado, deben ser sensibles, metrosexuales, cariñosos, capaces de expresar sentimientos y no tener miedo a llorar; por otro, deben mostrarse seguros de sí mismos, ser fuertes y comportarse como «hombres» a la hora de sacar a la familia adelante, proteger a la pareja, resolver problemas y, cómo no, «cumplir» en el terreno sexual. ¿Creéis que se vive igual que a vosotras «os duela la cabeza», que si es él quien dice: «Estoy cansado, cariño, mejor lo dejamos para mañana»?

Perdidos, desbordados, torpes y sin saber muy bien cómo hacer disfrutar a su pareja. Así es como se sienten porque, en definitiva, ante las nuevas mujeres, muchos hombres sienten miedo.

Uy, creo que suena demasiado victimista. No es para tanto en realidad, pero entendedme, cuando uno ve que Clint Eastwood ha pasado de ser Harry *el Sucio* a llorar de amor bajo la lluvia en el condado de Madison, se da cuenta de que algo ha cambiado en el concepto de masculinidad. Sin embargo, después, cuando trata de potenciar su lado femenino para desterrar al machito que ha tenido un tiempo como modelo, espera, aunque no debería, algún tipo de recompensa por vuestra parte. Y cuando esto no sucede, y encima, en tus propias narices, compruebas que gusta más ese otro chico que sigue haciendo chistes machistas, tratando mal a las chicas e incluso alardeando de ello, te sientes estafado y con la tentación de volver a un estilo de hombre que ya no te resulta familiar.

No me malinterpretéis, no es culpa vuestra, al menos no sólo vuestra. Estamos caminando hacia un cambio, y es lógico que unos y otros nos cuestionemos qué es y qué no es adecuado en nuestros nuevos roles. ¿O es que no dudáis alguna vez si tomar o no la iniciativa a la hora de buscar sexo? Seguro que muchas de vosotras sí.

Pues algo parecido nos pasa a nosotros muchas veces. Muchos hombres se preguntan cosas tan sencillas como:

> Si le abro la puerta del coche, ¿pensará que soy un machista o un caballero? Y si pagamos a medias la cena o incluso le dejo que me invite, ¿pensará que soy un rata, o entenderá que creo en la igualdad? ¿Y si me pongo crema en cara? Me tomará por un afeminado o por un chico que se cuida...

Las dudas son interminables, por eso en alguna ocasión he hecho de intermediario, preguntando a algunas mujeres qué es lo que buscan en un hombre. Os transcribo las respuestas más completas. ¿Estáis de acuerdo?

> Que sea fuerte, pero que sepa pedir ayuda y no tema mostrar debilidad.

> Que sepa vestir, pero no quiero un adicto a la moda, de esos que están pendientes de las últimas tendencias y tienen el armario más lleno que el mío.

> Que se cuide es importante, pero sin pasarse. Hay mucho loco por el culto al cuerpo y con un sinfín de cremas en el cajón.

> Que sea sensible y empático, pero no quiero un tío ñoño de estos que están todo el rato preguntándome cómo estoy.

> Es fundamental que me deje vivir mi vida, tengo amigas y amigos. No quiero que sea un hombre celoso que trate de controlarme. Eso sí, es importante que muestre interés, que se note que le importo.

¿Y en el sexo?

Que esté pendiente de lo que me gusta y sepa cómo hacerme disfrutar. Pero que se deje llevar. No quiero que esté todo el rato preguntando si me está gustando o no. Quiero que se preocupe por disfrutar él también.

Que le guste el sexo y sea activo, quiero sentirme deseada. Eso sí, debe dejarme espacio para que yo también pueda tomar la iniciativa alguna vez.

No me gustan los chicos que van directamente al grano, que se olvidan de las caricias y de los juegos previos. Pero también quiero que me dé un buen revolcón de vez en cuando, sentirme dominada por él.

¿Qué os parece? A mí, personalmente, en algunos casos me parecen sentires contradictorios. En realidad no lo son, pero tampoco sencillos. En mi opinión, este retrato de hombre perfecto, igual que el que podríamos hacer de la mujer perfecta, es una selección de aquellas características clásicas que unos y otros teníamos y eran positivas, eliminando las que no lo eran tanto.

Me explico. En este camino por la igualdad de género, el mayor error que podemos cometer los hombres —y en ocasiones hemos cometido—, es copiar características típicamente femeninas que eran más un defecto que una virtud, como la obsesión por el cuerpo o el preocuparse demasiado y darle mil vueltas a un tema. Y lo mismo os pasa a vosotras con nuestros puntos flacos, como el ser muy competitivos en el trabajo y priorizarlo por encima de cualquier cosa, o la obsesión por un sexo coital, cuya finalidad tiene que ser obligatoriamente el orgasmo.

¿No os da la impresión en ocasiones que en vez de haber aprendido los unos de los otros, hemos adquirido y hasta exagerado los defectos del género de al lado? Cada vez hay más hombres obsesionados por las arrugas de expresión o viviendo en una permanente dieta, y mujeres adictas al trabajo y con alergia al compromiso.

Igual estoy siendo algo pesimista. Es cierto que también hay quienes han sabido quedarse con lo bueno de uno y otro sexo. En realidad, una vez convencido de cuál es el camino, no es más que una cuestión de paciencia. Los cambios cuestan y en el proceso siempre hay quien se pasa y quien no llega, es lo que se conoce como movimiento pendular, inevitable al parecer para llegar a un equilibrio.

Por lo que a nosotros corresponde, reconozco que nos está costando encontrar nuestro sitio en esta nueva masculinidad. Pero ¿y las mujeres? Confesad que también a vosotras, al menos a algunas de vosotras, os resulta difícil adaptaros a este cambio de roles que unos y otras llevamos entre manos. Estamos convencidos de que la evolución es necesaria y hasta positiva, al menos yo lo estoy; sin embargo, en esta marcha, cuántas veces nos pasa, que en voz baja, hombres y mujeres confesamos resignados un «Qué le voy a pedir a mi pareja, si yo mismo (o yo misma) no sé lo que quiero».

Volvamos a nosotros. Pau y Ximo, por ejemplo, son un reflejo de ese movimiento pendular del que os hablaba. Mientras uno se siente cómodo manteniendo el rol de macho ibérico, el otro se ha pasado al otro extremo, feminizando en exceso su personalidad. Él mismo me contó cómo en cierta ocasión Carla le pidió que se comportara de una manera más varonil y que, de hecho, una broma común entre ellos era decir que ella era el hombre de la pareja.

Sea como fuere, aunque les haya costado más o menos reconocerlo, Ximo y Pau no son felices en sus vidas, y analizando este malestar en terapia, era por la manera en la que se sentían empujados a ser.

Con Pau, las sesiones tenían dos objetivos claros:

—Aprender a centrarse en el presente con las chicas que conocía, incluso con las que iniciaba una relación.
—Desprenderse del papel que seguía para poder ser él mismo.

Era complicado que Pau pudiese encontrar pareja atendiendo a la manera en la que se relacionaba. Su modus operandi era el siguiente: él conocía a alguien y rápidamente pensaba en sus defectos y virtudes como futura pareja, en cómo sería una vida con ella, en si sería buena madre, en qué le parecería a su familia cuando se la presentara... Esto hacía que descartara, de entrada, a muchísimas chicas sin darse la oportunidad de saber de verdad quiénes eran. Y claro, cuando una chica pasaba la dura prueba mental que él mismo establecía y suponía infalible, Pau lo vivía como una oportunidad única, como si estuviese delante de su media naranja y por eso mismo se aceleraba y le costaba entender que los tempos son mucho más lentos por lo general.

Finalmente entendió que su test mental no era más que una serie de estereotipos, de juicios prematuros sin prácticamente indicios, tanto en lo positivo como en lo negativo. Comprendió también que aun poseyendo el test más infalible, una pareja no es la mujer que cumple con tus criterios de forma escrupulosa; la mayoría de las veces nos enamoramos de personas con mil defectos, casi tantos como nosotros mismos, sólo que al principio nos parecen hasta divertidos y, con el tiempo, si todo va bien, aprenderemos a aceptarlos.

Fue un trabajo muy interesante. Juntos descubrimos parte de sus miedos y hasta encontramos el origen del papel que desempeñaba y del que le costaba horrores desprenderse.

De chaval era un ligón, estaba con una y con otra, triunfaba muchísimo y no me importaba nada cómo se sintieran ellas, entre otras cosas porque siempre acababa quedando bien y si no, tampoco me importaba mucho. Las cosas cambiaron con Aurora. Ella era una muy buena amiga mía, digamos que era mi confesora, me ayudaba siempre, me aconsejaba, nos reíamos juntos, era muy especial para mí, pero no me decía nada como chica. El caso es que después de un verano, cuando teníamos 16 años, ella llegó estupenda. Había adelgazado mucho, empezó a cuidar su forma de vestir. Vamos, que tenía loco a todo el instituto. A mí, sin embargo, aunque yo veía que estaba muy bien, no me decía nada; era casi como una hermana para mí. El caso es que mis amigos, como siempre me veían con ella, empezaron a pincharme, a presionarme mucho con lo buena que estaba y que era idiota si desaprovechaba la oportunidad. No sé muy bien por qué lo hice, imagino que para mantener mi popularidad, pero en una fiesta en la que habíamos bebido, le dije que me gustaba y hasta le insinué que estaba enamorado de ella. La pobre me confesó que ella también lo estaba y aquella noche nos acostamos. Todo hubiese sido genial, de no ser porque a mí en realidad no me gustaba y mucho menos estaba enamorado de ella. Por supuesto, les conté la hazaña a mis amigos y hablé con ella para decirle que era mejor dejarlo para poder centrarnos en los estudios. Aurora se acabó enterando de que la había engañado para acostarme con ella. Tengo grabado el momento en el que vino a decirme, con lágrimas en los ojos, que yo era el ser más ruin que había conocido nunca y la decepción con la que me miraba cuando me la cruzaba por el instituto. Estuve mucho tiempo mal, me planteé dejar el instituto, pero no hizo falta, se fue ella.

Desde ese momento, Pau tuvo otra actitud con las mujeres y trató de esconder a esa «mala persona» que él creía que era. Por eso se pasó al otro extremo, por eso intenta tener un comportamiento impecable y dar una imagen perfecta. Me contó lo mal que lleva cuando alguien querido le hace sentir culpable por algo que ha hecho o ha dejado de hacer. Es curioso, pero él nunca había relacionado ese hecho con su comportamiento actual; sin embargo, hablar de ese acontecimiento que pasó tantísimo tiempo atrás le seguía haciendo llorar.

La terapia con Ximo no fue tan distinta de la de Pau como se podría suponer. Es verdad que uno de sus objetivos era radicalmente opuesto, ya que él tenía que ser capaz de ver las consecuencias que tendrían sus actos antes de llevarlos a cabo, sobre todo aprendiendo a empatizar con las mujeres en general y con las que se cruzaban en su vida en particular. Sin embargo, Ximo compartía con Pau el segundo objetivo de la terapia. Para él, como para su álter ego, también era fundamental superar el miedo a ser uno mismo y quitarse de una vez la armadura, por muy seguro que se sintiera tras ella. ¿Y qué Ximo encontramos detrás de esa reluciente protección?

Ximo se mostraba altivo, siempre sonriente, como si nada ni nadie pudiese desequilibrarle y en el fondo llegaba a ser así. ¿Que cómo lo hacía? Pues como lo hacen los hombres fuertes: sin entrar de verdad, sin dejarse llevar, midiendo las palabras, estudiando las miradas y sabiendo acercarse lo suficiente para que los demás, sobre todo ellas, piensen que les importa, pero sin implicarse en realidad.

La primera vez que Ximo se atrevió a desnudarse en terapia —no literalmente, chicas— le sobrevino un llanto inconsolable: demasiado tiempo pasando de puntillas por los sentimientos de los demás. De pronto comenzó a rememorar heridas infligidas en corazones ajenos, parejas a las que había hecho sufrir, mujeres que seguían atadas a sus mensajes estratégicamente enviados, de la manera y en el momento oportuno. Pero sobre todo se acordó de Rocío y de cómo ella había tenido la fuerza de romper su relación con él.

Durante un tiempo intenté engañarme de nuevo, buscarle los defectos, pensar que me había librado de una buena. Pero qué va. En realidad sé que he perdido a una mujer estupenda, y me cuesta aceptarlo, sobre todo porque no soy yo quien lo decide. Sé que por más que me empeñe, ella no quiere estar conmigo.

Hasta el momento de aparecer Rocío, todo parecía ir a las mil maravillas, pero de pronto la armadura empezó a desquebrajarse y por ese hueco emanaron inseguridades pasadas que en el fondo no habían desaparecido nunca, simplemente estaban cuidadosamente guardadas. ¿O debería decir escondidas? Sí, la realidad era que Ximo había escondido a conciencia sus complejos para poder convertirse en el cazador que era.

De pequeño yo era el típico pardillo. Era un buen chico, pero pasaba completamente desapercibido. Me fijaba en mis compañeros, veía cómo tonteaban con las chicas y ellas con ellos, algunos incluso tenían sus historias con alguna. Yo sin embargo era invisible para ellas; como mucho, se acercaban a mí para preguntarme por Marc, mi vecino. Él era dos años mayor que yo y traía locas a las chicas de mi clase.

Mientras hablábamos de su adolescencia, Ximo me contó que había sido el último de sus amigos en perder la virginidad.

Me sentía tan desgraciado con el tema, que una vez que besé a una chica, les acabé contando a todos que me había acostado con ella. Yo tenía diecisiete años cuando pasó, y mis amigos hacía tiempo que ya habían tenido relaciones y no se burlaban de mi poco éxito. Pero el momento que recuerdo como peor fue cuando me enamoré de una chica de clase, entonces tenía unos catorce años. Como era tan vergonzoso, no se me ocurrió otra cosa que aprovechar que ella me había pedido que le grabara una cinta de casete, de Celtas Cortos creo, para dejarle un mensaje confesándole lo que sentía, detrás de la última canción. Ella nunca dijo nada, pero yo se lo conté a Esteban, un amigo de clase, y aquello acabó siendo una burla constante.

Ximo fue cambiando su actitud. Aquel incidente le volvió mucho más reservado, pero lo que de verdad le transformó fue su amistad con Marc a partir de los 18 años, cuando coincidieron en algunas clases de la universidad, ya que aunque su vecino era mayor, le iban peor los estudios. Así empezó a fraguarse una amistad que a Ximo le serviría para dejar de ser el chico al que nadie ve.

Ximo y Pau son sólo ejemplos concretos que he tenido la suerte de ver en la consulta, pero son muchos los hombres que temen enfrentarse a sus inseguridades, sobre todo si éstas tienen que ver con la sexualidad y la manera en la que nos acercamos a vosotras. Ambos son modelos extremos, aunque no tanto en realidad; ambos son chicos que tienen una vida normal, trabajan, tienen buenos amigos y sólo les frena la manera en la que han malaprendido a relacionarse con las mujeres, pero aun así, no es una manera patológica. Enseguida entenderéis a qué me refiero. Hay hombres con historias plagadas de inseguridades que te cuentan en la consulta cómo se han sentido siempre controlados por las mujeres. «Siempre son ellas quienes deciden si va a haber sexo o no.» Y acaban compensando esa sensación de la peor manera posible, buscando conductas sexuales en las que sienten que tienen el poder. Como el exhibicionismo o los abusos sexuales. Otros viven el sexo sintiendo que se están aprovechando de sus parejas. Un paciente me decía: «Sé que ella hace un esfuerzo, yo no puedo gustarle, debe ser un suplicio tener que acostarse conmigo». Lo que le traía a la consulta era su dificultad para controlar sus visitas furtivas a una prostituta con la que se dejaba medio sueldo para que ésta le golpeara, insultara y humillara en sesiones sadomasoquistas.

Estos hombres sufren, y de qué manera, las consecuencias de una personalidad repleta de inseguridades y conceptos erróneos sobre masculinidad y feminidad.

Muy lejos de estos casos quedan Pau y Ximo, por más que los acechen sus miedos, por más que hayan aprendido a librarse de ellos de manera equivocada. ¿Os cuento algo curioso? Interpretaré ese silencio como un sí. Un día, cuando ambos habían terminado ya su terapia, coincidieron en un curso que impartí en la ciudad. Mi sorpresa, relativa en realidad, es que de las veinte personas que asistieron, ellos dos fueron quienes mejores migas hicieron. Los vi charlando en los descansos y al parecer quedaron alguna vez fuera del curso. Pensé lo bien que les podía venir aprender el uno del otro en algunos aspectos, porque en realidad, a pesar de la terapia —o gracias a ella, quién sabe—, ninguno dejó del todo su lado recolector y cazador.

15

Descifrando los celos y la infidelidad. Del posesivo «te quiero» al generoso «te amo» en la marea emocional

> La confianza es la única capaz de liberarnos de los celos, que imponen la mayor de las tiranías: la del miedo.
>
> CARLOS SAN MARTÍN BLANCO

Celos e infidelidad. No se me ocurren mejores ingredientes para conseguir una pócima que sumerja a quien la pruebe en una auténtica marea emocional. Ni siquiera la lengua de serpiente, la lágrima de san Pancracio o el cuerno de rinoceronte. ¡Ups! Perdón por lo de *cuerno*, no quisiera yo herir sensibilidades, aunque chicas, si habéis pasado por esto y ya habéis sacado las lecciones oportunas, os aseguro que lo mejor es poderse reír de ello. ¿O no? Bueno, como queráis. Yo siempre he defendido que el sentido del humor es una de las mejores maneras de afrontar una desdicha.

Dejemos reposar la infidelidad en el caldero y tomemos los celos de primer plato. Qué culinario me he puesto, ¿no? Será que se acerca la hora de cenar y me está entrando la gulilla.

Celos

En la primera parte del libro os describí los celos como una respuesta emocional compleja y perturbadora, que aparece cuando percibimos que podemos perder algo que sentimos como propio. No hace falta que pienses que vas a perder a tu pareja, basta con que sientas que ya no tienes la exclusividad que te corresponde. Sí, sí... tú puedes estar bien segura de que él no te dejará y ponerte celosa,

249

por ejemplo, si lo ves charlando animadamente con otra mujer. ¿Qué temes perder ahí? Pues quizá te asusta perder tu posición como única receptora de atenciones, de piropos o lo que te moverá mucho más, puedes temer perder la exclusividad sexual. Por descontado, estos miedos no se ven de una manera clara. Cuando uno está celoso, está celoso, y no piensa «Me preocupa perder mi exclusividad sexual». Tranquilas, ya me tenéis a mí para traducir en palabras ese cóctel de enfado, tristeza y ansiedad.

Pero basta de descripciones. Ya hemos hablado bastante sobre lo que son y lo que pueden llegar a provocar los celos cuando se cuelan en una relación con el tiempo y la fuerza suficientes. En esta segunda parte veremos cómo trabajar los celos cuando son un problema de pareja e incluso cuando llegan a convertirse en un trastorno psiquiátrico. Tampoco os asustéis si habéis sentido celos alguna vez; todo el mundo, en algún momento de nuestra vida, lo hemos hecho, pero ahora únicamente hablaremos de aquellos celos que son o pueden convertirse en un problema.

¿Cómo se trabajan los celos?

La mejor forma de evitar los celos y confiar en la otra persona es empezar a confiar en uno mismo. Seguro que habéis oído decir que los celos son síntoma de inseguridad. Pues algo de eso hay: cuanto más inseguro se siente uno, más aparecen los miedos, la idea de que no mereces a quien está a tu lado y la sospecha de que tarde o temprano se le caerá la venda y descubrirá quién eres en realidad, y cómo no, acabará por dejarte. En la práctica, una persona insegura teme que su pareja conozca a otras personas, porque siente que la mayoría son mejores que ella y le asusta que el otro lo descubra.

En terapia, sean hombres o mujeres —los celos no entienden de sexos—, trabajamos la autoestima y la seguridad como base fundamental contra los celos, pero no sólo es eso. En la práctica tenemos que abordar los pensamientos irracionales que inundan al celoso o celosa. Veamos un caso:

Sé que Reme nunca me sería infiel; sé que ni siquiera me engañaría. La conozco y sé de su honestidad. Pero lo sé ahora, hablando contigo y lo sé cuando estoy tranquilo, pero cuando pasa algo... lo que pienso no es precisamente que ella nunca me engañaría. El otro día, por ejemplo. Yo no iba a ir a casa a mediodía porque tenía una comida de trabajo. Reme lo sabía, y quedé con ella que como estaría muy liado con la reunión, la llamaría por la tarde cuando saliera del trabajo. El caso es que se canceló la comida y salí del trabajo feliz porque podría comer con mi mujer. La llamé al móvil y no me cogió el teléfono. «¡Qué raro!», pensé. Volví a llamar y tampoco lo cogió. Empezaba a ponerme nervioso. Una tercera y una cuarta y hasta una quinta vez. Mi cabreo iba en aumento y la locura de mis pensamientos también. Pensé primero que estaría hablando por el móvil con algún hombre; luego ya fue empeorando. Que estaba comiendo con algún chico que le gustaba y no quería cogerme el teléfono o simplemente no se estaba enterando porque estaba en la cama con otro. Con esos pensamientos continué insistiendo en las llamadas, no sé ni cuántas hice. Pero cada vez que saltaba el contestador me ponía más y más nervioso y le dejaba mensajes con un tono muy cabreado. Conduje como si mi coche fuese una ambulancia y yo llevara a un enfermo grave al hospital. Subí a casa encendido, convencido de que me encontraría a Reme con otro hombre... ¡Si hasta me la estaba imaginando con él! Cuando abrí la puerta escuché una música salir del baño, me apresuré hacia allí y abrí de golpe. Y ¿qué me encontré? Pues a mi mujer gritando del susto que llevaba encima. La pobre se estaba dando un baño, se había puesto música y descansaba después de un duro día de trabajo. Su móvil estaba en el comedor, con mil llamadas mías y unos cuantos mensajes desagradables. Ella no entendía nada, me miraba asustada mientras yo le recriminaba que no hubiese cogido el teléfono.

José Luis es un hombre de 31 años que tuve en la consulta por sus celos irracionales. No había nada que le pudiese hacer desconfiar. Él mismo era consciente de que no tenía ni un solo motivo, pero cuando se disparaban los pensamientos negativos, todos iban en la misma dirección y no era capaz de controlarlo. Imaginad el arrepentimiento que sentía después de cada ataque de celos, después de toparse una y otra vez con la realidad de una pareja que no tenía la menor intención de engañarle y que, eso sí, empezaba a estar al límite de su paciencia.

A José Luis —como al resto de las personas a las que se les dispara la imaginación, pero siempre por el lado negativo— le enseñamos a hacer *parada de pensamiento y reestructuración cognitiva*. No os voy a cansar con la explicación pormenorizada de estas técnicas psicológicas, sólo daré una somera definición.

—*Parada de pensamiento*. Técnica que consiste en identificar las emociones negativas y utilizarlas como señal de aviso de que mis pensamientos son nocivos y que por tanto debo interrumpir el diálogo interno que provoca estas emociones (por ejemplo, José Luis tendría que parar el pensamiento «Reme no me coge el teléfono, eso es que está con otro» y no continuar dando vueltas a lo mismo).

—*Reestructuración cognitiva*. Técnica que consiste en enseñar estrategias al paciente para poner en cuestión la validez de la interpretación que nos provoca emociones negativas y que hacemos de un hecho concreto, y encontrar pensamientos alternativos (por ejemplo, José Luis, una vez detenido el pensamiento, tendría que poner a prueba la validez de su idea, es decir: que Reme no coja el teléfono, ¿significa que está con otro?).

No espero que únicamente por leer esta breve explicación seáis capaces de hacer parada de pensamiento y mucho menos reestructuración cognitiva. A pesar de la sencillez aparente de estas técnicas, son más complicadas de adquirir de lo que podría parecer.

En este caso en concreto y en muchos otros, quizás en la mayoría, los celos son injustificados, tienen que ver con elucubraciones personales alimentadas por las inseguridades de uno. Pero no todos los casos son así. En ocasiones somos nosotros mismos quienes, con intención o sin ella, acabamos poniendo a prueba la seguridad de nuestra pareja. ¿Un ejemplo? Paciencia, ahora os cuento a lo que me refiero, pero primero distingamos esos dos grandes grupos: quienes lo hacen con intención y quienes lo hacen sin ella.

Alguien, en algún momento y en algún lugar, tuvo la brillante idea de aconsejar a su amiga: «Pon celoso a tu chico y verás cómo le tienes comiendo de tu mano». Quizá fue una famosa de época en la versión en papiro de las revistas *Superpop* o *Vale*. Digo lo del papiro porque intuyo que este consejo es ancestral. El caso es que esa inocente frase ha provocado peleas, enfados, broncas y en alguna ocasión, no creo que muchas, la verdad, que él se haya vuelto más cariñoso y haya aprendido a valoraros. Derivadas de este comportamiento, hay torpezas del tipo:

Cariño, tu amigo es muy majo. El otro día me dijo que yo le parecía guapísima.

Cielo, el camarero me ha invitado a un chupito. Me ha dicho que era la tía más interesante de todo el local.

Amor mío, en el trabajo, hoy, Juanvi me ha invitado al almuerzo, es un solete.

Cuando picamos el anzuelo y os decimos: «¡Joder! Pues es evidente que a *x* (camarero, compañero, amigo, etc.) le gustas», vuestra respuesta es: «¡Qué dices! Siempre estás igual, eres un malpensado».

La versión más cruel y dañina de los intentos por provocar celos tiene que ver con los alardes del pasado. Vosotras mismas juzgaréis por qué son más dañinas cuando escuchéis a Minerva. Ella es una profesora de música de 38 años que tras divorciarse conoció a Felipe. Él era director comercial de una empresa y tenía 45 años cuando inició su relación con Minerva después de varios chascos amorosos.

Cuando empecé a quedar con Felipe todo parecía ir bien. El sexo no es que fuera la bomba, pero disfrutábamos. Es verdad que yo no llegaba al orgasmo con la penetración, pero es que es algo que siempre me ha costado mucho y tampoco le doy demasiada importancia: total, puedo tenerlo de otras muchas formas y me encanta. Los problemas empezaron porque Felipe me insistía en que no era normal que no llegara con la penetración, que si era porque él no me gustaba. Yo le repetía que él lo hacía bien, que era cosa mía. Al final, tanto me insistió que le conté que para mí nunca había sido fácil tener un orgasmo durante la penetración, a lo que me contestó que entonces era evidente que yo tenía un problema, porque él siempre había hecho que sus parejas tuviesen orgasmos y que sin ir más lejos su ex tuvo cinco en una sola noche.

Éste no fue el único comentario de Felipe. Hubo más en esta línea, comparando a Minerva con sus ex amantes, hablándole de que muchas mujeres se le habían insinuado en el trabajo o explicándole el disgusto que tuvieron muchas «amigas» suyas cuando les contó que estaba saliendo con ella.

En terapia me he encontrado muchos casos como el de Felipe y Minerva. Con estos comentarios lo que se busca no es provocar celos sin más a la pareja, sino conseguir una posición de poder sobre ella. Me explico: en este tipo de relaciones, observas a hombres repletos de inseguridades que en realidad piensan que no son lo suficiente para ellas. Habitualmente se sienten inferiores a sus parejas, poco atractivos e incluso mediocres en el terreno sexual. La reacción de ellos, en estos casos, es hacer lo posible para que ellas no sean conscientes de «su inferioridad». ¿Cómo lo hacen? Responded a esta pregunta: ¿qué puedo hacer para estar más arriba que mi pareja? No sé que habréis contestado, pero hay dos opciones. O me subo yo, alardeando de lo bueno que soy, recalcando mis virtudes, explicando lo buen amante que soy y el éxito que tengo con las mujeres; o bajo a mi pareja, señalando sus defectos, haciéndole creer que es afortunada por estar conmigo, culpándola de los problemas que tenemos e incluso insinuando que tiene un problema sexual.

Felipe no se conformaba con una sola de las prácticas, prefería subirse al tiempo que la bajaba a ella. Los celos eran sólo una manera más de alcanzar su fin, y vaya si lo conseguía. Minerva llevaba dos años con él y todavía se preguntaba cómo había llegado hasta allí.

Yo empecé la relación un poco como un juego. Él no me gustaba demasiado, sin embargo aquí estoy. A veces me pregunto qué le veo. Pero es que es tan comprensivo conmigo.

QUIENES LO HACEN SIN INTENCIÓN

Hay personas, hombres y mujeres, que no buscan provocar celos, pero sus actitudes y comportamientos pueden sembrar la duda. ¡No! No me refiero a que su atractivo o forma de vestir llamen la atención sin quererlo, es algo bien distinto.

Os hablo de las personas que con el fin de evitar conflictos, ocultan, esconden o mienten con demasiada ligereza. Seguro que conocéis a alguien y hasta puede que vosotras mismas hayáis hecho esto alguna vez. Entendedme, no es que piense que hacer esto sea un delito, pero cuando se convierte en la manera habitual de funcionar... ¡cuidado! Qué difícil es que no acabe en un conflicto mucho mayor del que se trataba de evitar. Fijaos en Elvira, una mujer de 29 años que vino a la consulta con Damián, su pareja, después de dos años de celos y desconfianzas provocados por este tipo de mentiras.

Antes de conocer a Damián, Elvira contaba entre sus amigos con Oswaldo, un chico con el que había flirteado varias veces, pero con el que nunca llegó a pasar nada. «Por suerte —reconocía ella—, porque al tiempo me di cuenta de que sólo era amistad lo que nos unía.» Elvira de vez en cuando quedaba con él para tomar un café. Hasta aquí nada extraño. El problema llegó cuando conoció a Damián y le ocultó la existencia de Oswaldo por miedo a que su pareja no entendiera el tipo de relación que los unía.

Total, no nos llamamos y nos vemos de uvas a peras. Además, vive en otra ciudad, así que no hay riesgo de que nos encontremos. Pensé que si no se lo contaba, nos ahorrábamos una discusión.

Las semanas pasaron y, como de costumbre, el primer viernes de mes, Oswaldo pasaba por su ciudad y ella recibió un mensaje de móvil para quedar y tomar un café después de comer. Elvira no supo muy bien cómo reaccionar.

No sabía qué hacer. Pensé en decírselo a Damián, pero al final decidí que podía quedar con Oswaldo sin que él se enterara. Yo no estaba haciendo nada malo y a esas horas Damián está trabajando, así que mejor ni le preocupaba. Seguro que se pondría celoso y se acabaría enfadando.

No me enrollo con los detalles, pero el caso es que al final, por casualidad, Damián se acabó enterando. Las explicaciones de después de Elvira perdían fuerza; a él le costaba creer lo que ella le decía.

Le conté que era un buen amigo mío, pero ¡claro!, él no entendía por qué no se lo había dicho y la necesidad de mentirle.

Imaginaréis la desconfianza que se alimentó en Damián. Ya no se fiaba de ella y esto le hacía ver fantasmas donde no los había. Al final, la desconfianza, los celos y el enfado que Elvira trataba de evitar fueron precisamente lo que sus mentiras acabaron provocando.

En terapia, tratamos de ayudar a las parejas a perder el miedo a decirse cosas de este estilo. Al final, ocultar parte de tu vida a tu pareja por miedo a sus reacciones es siempre una mala idea; puede salirte bien una vez, dos, tres... pero tarde o temprano emergerá la mentira y con ella las dudas en la relación.

Un inciso. Si queremos que nuestra pareja nos cuente, tenemos que demostrar que confiamos en ella y que sabemos recibir sus confidencias. Claro que podemos decir lo que nos hace sentir bien o mal, pero hay que aprender a escuchar, entender y aceptar al otro. Cada uno tiene una forma de hacer y pensar. Si cada vez que le cuentas algo a tu pareja, ésta te cuestiona y le molesta tu decisión, es probable que opte por hacer sin contar, por actuar y por ocultar.

El pasado sexual

PASADO SEXUAL: lo pongo en mayúsculas porque merece una mención especial. ¿Qué le pasa a la gente con esto? Hace un momento os decía que es importante no mentir a la pareja, es la manera de *mantener* —me gusta más que *ganarse*—, la confianza que él o ella ha depositado en ti. Ahora os digo que ese no mentir no es sinónimo de fusionar mi cerebro y el suyo, para que el otro conozca cada mínimo detalle de mí (guardadme el secreto: en cierta ocasión fantaseé con una orgía multirracial). No es mentir, es tener derecho a mi intimidad, no explicarle cómo eran en la cama mis ex amantes. Callarlo no sólo es preservar mi parcela íntima, es ser una persona razonable y sensata.

Tu pasado sexual es tuyo, y el de él, también. ¡También es suyo, quiero decir!

Tenemos todo el derecho a guardarnos cómo fueron nuestras experiencias pasadas, incluso aunque nos pregunten directamente. Y es que ser sinceros está muy bien, pero con estos temas, si él te pregunta: «¿He sido el mejor amante que has tenido?» ¡POR DIOS, DILE QUE SÍ! Es verdad que lo que no se tendría que haber producido nunca es la pregunta, pues en el fondo es poner en un aprieto al otro. El caso es que aun no estando en absoluto preparados para escuchar algo que no queremos, una extraña fuerza nos arrastra muchas veces a plantear la pregunta. En realidad, si lo analizamos, lo que buscamos es reasegurarnos. Se parece al tan socorrido «¿Me quieres?»: ¿quién sería tan desalmando como para decir que no? Pues justo eso, buscamos que nos digan lo que queremos oír. Que somos los más sexis, los más atractivos, que la tenemos más grande que ninguno de los anteriores y por supuesto que nos cuelguen el título de mejores amantes. Pero ¡ojo!, hombres y mujeres tendemos a caer en el error de preguntar y al final puede pasar que nos contesten. Ya hay quien te cuenta su pasado sin que ni siquiera insinúes que quieres saberlo, imagínate lo que ocurrirá si encima lo buscas.

Y claro, por muy maduros, seguros y modernos que nos creamos, todos tenemos inseguridades en el sexo; los hombres tenemos sacos enteros. Por lo que llevaremos estupendamente bien que nos contéis lo torpe que era en la cama el anterior, pero nos hundiréis en la miseria si llegáis a insinuar tan sólo que era un portento de la naturaleza. A vosotras os pasaría algo similar, no disimuléis. Hay una sustancial diferencia entre escuchar: «Cariño, me gustaría que no fueras tan al grano» y «Mi ex me acariciaba y me besaba hasta que no podía más y tenía que suplicarle que me lo hiciera. ¿Por qué no haces tú lo mismo?». ¿Encontráis las diferencias? ¡Cómo dolería que te dijeran algo así!

Cuidado entonces con lo que contamos, pero también con lo que preguntamos. Lo único que de verdad puede importar del pasado sexual del otro es si ha tenido comportamientos de riesgo, y eso se resuelve con una analítica que descarte enfermedades de transmisión sexual. Al final se trata de aprender a disfrutar juntos aquí y ahora; el pasado es sólo el camino que ha convertido a nuestra pareja en quien es ahora, en la persona de quien nos hemos enamorado. Ricardo Arjona, un cantautor guatemalteco, tiene una canción titulada «Tu reputación» que dice algo que suscribo totalmente: «Si el pasado te enseñó a besarme así, si el pasado te enseñó a tocarme así, bendito aquel que vino antes de mí».

¿Y la celotipia?

Ya os conté algo sobre la celotipia en la primera parte del libro. Los llamados celos patológicos son un trastorno grave que tiene como base los celos compulsivos y que puede llegar a provocar cuadros psicóticos en el celoso, como delirios (una idea falsa sin sentido ni argumentación lógica que el sujeto cree como cierta) y alucinaciones (percepciones que el sujeto vive como reales, pero que no corresponden con ningún estímulo físico real).

La vida de un celotípico gira alrededor de los celos; no sólo piensa todo el tiempo en ellos, sino que también se comporta en relación con ellos. Lo habitual es que la persona con esta patología esté buscando pruebas constantemente de que su pareja le engaña, rumiando sobre lo que él interpreta como pruebas inequívocas de ese comportamiento y viendo la manera de evitar que su pareja pueda serle infiel.

Salva, la pareja de Águeda, sufría de celotipia. ¿Recordáis la escena del restaurante con el hermano de él? Salva había tenido una alucinación, había visto con sus propios ojos cómo su mujer le guiñaba el ojo y le sacaba la lengua al camarero, y cómo éste respondía rozándose con ella. Su delirio era que su mujer flirteaba con algunos hombres y estaba seguro de que ya le había sido infiel, pero no podía demostrarlo.

El tratamiento en pacientes con celotipia es muy complejo. La inmensa mayoría no aceptan que tienen un problema: ¿cómo convencer a alguien de que lo que ha visto con sus propios ojos no ha pasado en realidad? La única motivación de una persona con esta patología es venir a la consulta para que alguien le diga que tiene razón, para desacreditar a su pareja y convencerla para que diga la verdad de lo que está pasando.

Como os decía, la terapia es muy compleja, sobre todo por la dificultad para conseguir que el paciente la acepte. Intuiréis que el sufrimiento de ambos es inmenso. El del celoso porque está convencido de que la persona que ama le engaña. La pareja porque vive bajo la sospecha constante, controlada, cuestionada, impotente ante el comportamiento del otro y, por supuesto, infeliz.

Estaréis pensando que vosotras no aguantaríais una situación de este tipo. Es cierto, la mayoría de las parejas de celotípicos acaban por romper la relación, pero no todas y no tan pronto como cabría pensar, y es que a la celotipia se llega después de mucho tiempo en el que ha habido un comportamiento similar, aunque no patológico todavía. Me explico. Salva ya era celoso, ya le había montado alguna escena a Águeda cuando eran novios y alguna que otra ya casados, así que para ella no era una novedad, era una vuelta de tuerca muy dura a algo que ya estaba acostumbrada a vivir.

Y él, ¿por qué no dejaba la relación? Es llamativo, pero un celotípico no suele romper con la pareja, a pesar de estar convencido de que le está siendo infiel o de que ésa es su intención. Su obsesión es destapar el engaño y evitar que se produzca, así que centra sus pensamientos y acciones en esto. En casos graves, llegan a producirse agresiones verbales y hasta físicas hacia los supuestos amantes e incluso a la propia pareja. No olvidemos que los celos, no necesariamente la celotipia, aparecen como desencadenantes de muchos episodios de malos tratos.

¿Tiene tratamiento la celotipia?

Para diagnosticar celos patológicos, necesitamos asegurarnos de que los delirios y/o alucinaciones están presentes durante más de un mes. Si esto sucede, por desgracia el pronóstico no es muy favorable, sobre todo si el afectado —como acostumbra a ocurrir— no acepta lo que le pasa. En la mayoría de los casos, la celotipia se considera un trastorno crónico. Con el tratamiento adecuado se mejoran los síntomas, pero se tiene que seguir trabajando y llevando un seguimiento de por vida si queremos prevenir las recaídas.

Lo que hacemos en terapia, suponiendo que el paciente colabore, que es mucho suponer, es sumar a la psicoterapia el tratamiento farmacológico, habitualmente antipsicóticos, para tratar de eliminar la suspicacia, el delirio y las alucinaciones.

Los celos comunes, los pequeños ataques, el miedo constante a que te engañen, la celotipia, son formas diferentes de vivir una emoción, para muchos inevitable cuando amas. Mi opinión profesional es que, en dosis moderadas, no son el fin del mundo, incluso te ayudan a recordar lo que te importa la otra persona; sin embargo, no creo que sean necesarios para amar: si no sientes celos, no te preocupes, no te asustes, no significa que ya no le quieras, ni que él no te quiera a ti si está tranquilo cuando tú quedas con tu mejor amigo. Quizás algún día entendamos lo valioso de cambiar el egoísta «te quiero» por el desinteresado «te amo».

Competencia desleal

En el capítulo dedicado a los celos y la infidelidad os hablé de las consecuencias que tiene para la pareja el terrible descubrimiento de que la persona a quien amas te ha sido o te está siendo infiel. Quizá no hubiese hecho falta; imagino que la mayoría se hace una idea de lo que supone algo así, y puede que a algunas hasta os haya tocado vivirlo. Seré discreto y no preguntaré si desde el lado de la víctima o del infiel. Pero ¿qué ocurre si no se descubre la infidelidad, si se tiene un o una amante mientras se continúa con la vida en pareja?

Aquí habrá opiniones para todos los gustos, desde quien me diga que no pasa nada, siempre que no afecte a tu relación, a quien opine que eso significa que ya no se quiere a la pareja, por lo que se está engañando a uno mismo.

Cuando trabajas con parejas siempre has de dejar un espacio privado, para que ambos puedan expresar sus miedos, dudas, intimidades sin que llegue a la pareja. Al menos yo lo hago siempre. La experiencia me da la razón, porque aunque es verdad que algunas veces se expresan igual y cuentan lo mismo que cuando está su compañero al lado, muchas otras, al saberse bajo «secreto de confesión» hablan con más rotundidad sobre el problema. En ese momento, yo siempre pregunto: «¿Hay alguna tercera persona con la que se mantenga algún tipo de contacto sexual, flirteo o relación íntima?». La respuesta inmediata suele ser «no». Les insisto: «¿Seguro? Para ayudarles necesito toda la información; evidentemente esta es una información privada que yo no revelaré a su pareja, pero necesito que sea honesto conmigo». Llegados a este punto hay quien te cuenta que efectivamente hay alguien. Lo habitual es que le quiten importancia:

> Hay una amiga con la que tengo algún que otro encuentro, pero muy de vez en cuando, sin compromiso y es sólo sexo. Pero no afecta a mi relación, es una canita al aire de vez en cuando. Yo tengo clarísimo que a quien quiero es a mi mujer, y que esto pasará y punto.

Este o cualquier otro tipo de infidelidad afectan a la relación. Sé que suena muy rotundo, pero es que siempre es así. Digo que afecta, no la manera en la que lo hace; sin embargo, sin miedo a equivocarme os diré que en la mayoría de los casos, un o una amante actúan como *competencia desleal*. Difícilmente encontraréis este concepto en manuales sobre sexualidad y pareja, pero es que para mí es la expresión que mejor define lo que ocurre. En los libros sí se explica que no es posible llevar a cabo, con garantías, una terapia de este tipo mientras uno de los dos miembros de la pareja mantenga una relación fuera de ésta. La idea es sencilla: la atención se dispersa, aparecen las mentiras y el infiel se vuelve mucho menos paciente con su pareja. «¿Por qué tengo que aguantar tus reproches si tengo a alguien que está deseando verme y hacerme disfrutar?» Ésa es la competencia desleal. Una amante es alguien con quien quedas sólo para pasarlo bien, que se arregla para verte, que te da lo mejor de sí, que vive y te hace vivir una relación de fantasía. La otra cara es lo que queda en casa, tu pareja, que no siempre se pone sus mejores galas, que también te dice lo que no le gusta, que te recuerda que esta semana vienen el recibo de la luz y el seguro, que es un pastón. Lo peor es que sabemos que es normal que al principio sólo se vea lo bueno y después empieces a tener una visión más amplia y real, pero aún sabiéndolo, hay muchas personas que se dejan deslumbrar por relaciones nuevas, son infieles y acaban dejando a la pareja para probar con el amante, que cuando deja de serlo, cuando al tiempo se convierte en pareja, será remplazado por otro amante, un nuevo amor, que una vez más será competencia desleal, una competencia con la que no podrá luchar quien se queda en casa.

Os transcribo un monólogo de la película *Alta fidelidad** en el que su protagonista, John Cusack, explica muy bien esta idea, mientras trata de declararse a su pareja de siempre.

Esa otra chica o las otras mujeres no importan, creo que sólo son fantasía, y... siempre parecen ideales porque nunca hay problemas. Sí

* *High Fidelity*, Stephen Frears, 2000.

los hay, pero son hasta bonitos, como el que nos hemos comprado el mismo regalo de Navidad o que ella quiere ir a ver una película que yo ya he visto, y bueno... pero la acabas viendo sin problema.

Luego llego a casa y tú y yo tenemos problemas de verdad y no quieres ver la misma película y punto. Y no hay lencería sexi. En realidad sí la hay, pero también tienes esas bragas de algodón que has lavado miles de veces y que cuelgas en la ducha y... ellas también, pero yo no las veo porque no están en mi fantasía, porque no me las enseñan ¿lo entiendes?

Estoy harto de fantasías porque no existen y nunca hay sorpresas de verdad, y, además, he descubierto que no me llenan.

Ética emocional

La infidelidad provoca muchísimo sufrimiento; hiere y esa herida, si sana, tardará mucho tiempo en hacerlo. El sufrimiento es para el engañado, pero también para el infiel, que en la mayoría de los casos se arrepiente de haberse comportado de esta forma, en ocasiones porque se da cuenta del daño que ha hecho, otras porque pierde a la persona que quiere, por algo que en realidad no valió la pena.

Evidentemente, no todo el mundo tiene esta vivencia. Hay quienes guardan un buen recuerdo de su escarceo y no se arrepienten en absoluto; quienes continúan permitiéndose pequeñas escapadas furtivas y lo defienden; incluso quienes aseguran que de no ser por la infidelidad, no podrían ser y hacer tan felices a sus parejas. No seré yo el que diga que no, cada persona es un mundo y cada pareja un universo entero, por lo que es complicado contar con reglas de oro que sirvan para todas. Dicho esto, creo que es fundamental tener presente el concepto de *ética emocional*.

No quiero repetirme, ya os expliqué lo vulnerables que somos a los ataques de la persona ante la que hemos apartado todas nuestras defensas; ya os expliqué lo que significa para la autoestima de un hombre o de una mujer saber que tu pareja ha estado en otros brazos, ha besado otros labios y ha sentido con otro cuerpo. También os mencioné lo dañada que queda la confianza. Sin embargo, no quiero ahondar más en el daño que se le hace a la otra persona; en el fondo, ser o no ser infiel es una decisión personal que tomamos como adultos. No digo yo que no esté bien pensar: «Me encantaría acostarme con mi vecino, pero no lo hago por no hacer daño a mi pareja», lo que ocurre es que esa idea tiene trampa, porque si te pregunto: si estuvieses completamente segura de que tu pareja no se iba a enterar, ¿te acostarías con tu vecino? Si no va a sufrir, ¡qué más da! ¿No?

El concepto de ética emocional va más allá de hacer o dejar de hacer por el otro, es también actuar por coherencia y respeto a nosotros mismos. Sería un «Me encantaría acostarme con mi vecino, pero no lo hago porque creo en el compromiso al que he llegado con mi pareja». Y es que nadie nos obliga a estar con nadie: podemos iniciar una relación, romperla, retomarla, establecer nuestros propios acuerdos sobre lo que es y lo que no es fidelidad, o si vamos a permitirnos aventuras, de qué forma y de qué manera. Todo cabe si ambos estamos de acuerdo. Quizá pienso esto porque he visto muchas parejas en terapia y los escombros de relaciones que podían haber funcionado y no lo hicieron por falta de ética. Si tras diez años de matrimonio sientes que el sexo es previsible y aburrido, habla con tu pareja, recuerda que también tú has participado en convertir vuestro sexo en monótono. Hay mil opciones para recuperar la chispa y me parece bien que te plantees invitar a otras personas al juego erótico, pero sé honesta con tu pareja y pídele que lo sea él también. Si no aguantas más a quien tienes al lado, trata de resolverlo o déjalo, pero mi consejo es que no le hagas ni te hagas algo así.

Prevenir antes que curar

Está bien, admito que no siempre es tan sencillo, no siempre es fruto de una decisión racional, la pasión nos arrastra y las circunstancias... ¡Noooo! De eso nada. Es verdad que si estás pasando una mala racha con tu pareja, últimamente el sexo es un desastre, él está muy centrado en su trabajo y tú estás con tu mejor amiga pasando un fin de semana en Capri, la cosa se puede complicar si esa noche salís las dos, tomáis una botella de vino en la cena, cuatro copas en el pub y un par de chicos guapísimos os piden permiso para sentarse a la mesa con vosotras. Tu amiga decide aceptar el ofrecimiento de Marco para tomar la última en el bar de su hotel y tú, sola con un fotógrafo italiano, decides que no hay nada de malo en decir que sí a su propuesta de dar un paseo por la playa. Es más, piensas que hasta te irá bien un poco de aire fresco. El final de la historia lo pones tú.

Vale, sé que esto no pasa todos los días, puede que ni siquiera haya pasado una sola vez, pero me sirve la exageración para haceros conscientes de la manera en la que uno se acerca al fuego, hasta que al final se quema. Yo llamo a la manera en que se producen las infidelidades «si no pasa nada...».

Lo entenderéis enseguida.

Daniela pensaba: «Es verdad, Sandro, mi compañero de trabajo, me atrae y creo que yo a él también, pero yo estoy muy bien con mi pareja y no va a pasar nada. Intento coincidir todos los días con él en la cafetería, pero no pasa nada». Y es verdad, no pasa nada por eso. «Me cae bien, me río con él, no pasa nada porque algún día nos quedemos a comer juntos en el trabajo.» Y es verdad, no pasa nada. «No pasa nada porque me mande un *e-mail* de vez en cuando.» Y es verdad, no pasa nada. «No pasa nada porque algún día nos llamemos mientras mi pareja está en el gimnasio.» Y es verdad, no pasa nada. «No pasa nada porque quedemos una tarde a tomar un café.» Y es verdad, todavía no pasa nada. «No pasa nada porque desde ese día, en los *e-mails* se nos escapen sugerencias y comentarios subidos de tono. No pasa nada porque hayamos promovido los dos una cena para los compañeros de la oficina. No pasa nada si esa noche nos vamos a la barra juntos a tomarnos un chupito. No pasa nada si salimos fuera y nos metemos en el coche para hablar más tranquilos...» ¿Entendéis a qué me refiero? Suele ser así, vamos dando pequeños pasos que en sí mismos no son nada malo. ¿Qué hay de malo en tomar un café con un compañero de trabajo? No hay nada de malo, el riesgo es que ese compañero te atrae y lleváis tiempo tonteando, con lo que estás engañándote si no quieres ver que estás bailando en el filo de un alambre. ¡Suerte! Y no es sólo una cuestión de sexo, lo de

265

menos casi es que Daniela se acabara acostando con Sandro, porque sí, sí lo hizo. El problema es que empezó a dudar de su relación; veía en su compañero a una persona que la entendía, que le hacía reír, con la que compartía locuras, pasión y un enemigo común, el jefe más cafre del mundo.

Una vez dentro del círculo, la solución ya no puede ser sencilla. La relación con Sandro hizo que Daniela comenzara a distanciarse de su pareja; cada vez le reclamaba más espacio a Toni, su marido, más tiempo para ella que en realidad era tiempo para Sandro. En esos ocho meses que duró la historia, Daniela se planteó seriamente dejar a Toni, cegada por los centelleantes brillos de lo que ella creía un nuevo amor. Pero todo cambió cuando fue él quien la dejó a ella al descubrir lo que estaba pasando. De pronto se rompió el hechizo, primero por la respuesta de Sandro, *acojonado* ante la posibilidad de que lo suyo fuese en serio, después porque volvió a conectar con lo que sentía por Toni y se aferró a la mínima posibilidad de continuar juntos.

¿Puede continuar una relación después de una infidelidad?

Vosotras ¿qué pensáis? La respuesta más común a esta pregunta es: «No, al menos yo nunca perdonaría una infidelidad». Cuando sucede, sin embargo, son muchas las parejas que tratan de sobrevivir a ella. Daniela y Toni por ejemplo es una de ellas. Ahora os cuento cómo les fue.

La infidelidad es el motivo principal de divorcio en el mundo; sin embargo, no todas las parejas que la sufren acaban por separarse. Algunas, por mucho que cueste creerlo, superan el problema y acaban por formar una nueva relación. Porque, eso sí, nunca nada vuelve a ser igual. No necesariamente peor, pero sí distinto.

El primer paso para superar lo aparentemente insuperable es el perdón. Pero no un perdón cualquiera, no un perdón de esos que se dicen sin saber lo que significa. Se requiere un perdón sincero, consecuente y bilateral. Sincero, porque no basta con pedirlo, tiene que haber un arrepentimiento sincero, un mirar de frente a lo que se ha hecho, desde el entendimiento y la aceptación, sin justificaciones. Bilateral porque si bien es fundamental que quien ha sufrido el engaño perdone, también el infiel necesita perdonarse por lo que ha hecho. Y consecuente, porque no vale vivir un momento cargado de emoción en que ambos deciden seguir adelante por el amor que los une, lo difícil es mantener esa fuerza cuando caiga la emoción inicial y se escapen los reproches.

Os contaba que Daniela y Toni lo habían intentado. Como muchas otras parejas, después del enfado inicial llegó la tristeza. Toni recogía sus cosas cabizbajo, mientras Daniela, arrepentida de corazón y rota de dolor, lloraba sin consuelo ayudándole a meter los libros en las cajas. Cuando Toni estaba a punto de marcharse, Daniela sacó fuerzas y se acercó a él, le miró a los ojos y le dijo:

Sé que no lo merezco, sé que te he hecho mucho daño, pero aún te quiero y sé que si me dejaras, te demostraría que puedo hacerte muy feliz.

En la cabeza de Toni sólo aparecían argumentos lógicos a favor de la reconciliación y nada más. Era como si su razón estuviese secuestrada por el miedo al cambio y los pedacitos de amor que habían resistido al desengaño.

Pero aquello fue un espejismo. A la mañana siguiente, al despertar, Toni miró a su lado y ya no vio a su pareja, sino a la mujer que le había engañado con otro. Un cierre en falso supone vivir con un resorte en tensión, y Daniela se daba cuenta de ello; cualquier cosa que ella hiciera y a él no le gustara, por pequeña que fuese, provocaba que Toni se enfadara. Él saltaba a la mínima; ella al principio callaba, pues sentía que no tenía derecho a cuestionarle nada después de lo que había hecho. Pero el peso de la culpabilidad también se acaba y ese espacio que dejó se llenó de respuestas a los ataques de Toni y al final lo inevitable:

Tú no me has perdonado en realidad. Quieres estar conmigo para poder vengarte por lo que te hice.

Y Toni:

Si es que no me puedo fiar de ti. En cuanto me dé la vuelta me la volverás a pegar.

En terapia...

Así llegaron Toni y Daniela a mi consulta. Otras parejas, más previsoras, lo hacen cuando tras la infidelidad y la marea de su descubrimiento deciden darse otra oportunidad.

Lo primero que se trabaja en la terapia es el *perdón*. Como ya os dije, es fundamental para plantearse con garantías un segundo intento. Para que llegue el perdón es necesario *que desaparezca el odio*, primero; y *el ánimo de venganza*, después. Queremos que sienta lo que nosotros hemos sentido y finalmente *perder el miedo a que vuelvan a hacernos daño*; es decir, retomar la confianza perdida.

He dicho que el primer paso es el *perdón*, aunque la teoría dice que en estos casos el terapeuta debería evaluar si la pareja tiene sentido, si hay una base sólida donde construir o si la infidelidad en realidad se produjo porque la relación hacía aguas por todas partes. Y no es que yo desacredite a los teóricos; me parece muy sensata la idea, sólo que en la práctica no siempre es posible. Muchas parejas vienen tan contaminadas por lo que ha pasado, que hasta que no les ayudas a quitar esas capas de pesado dolor, no puedes ver lo que hay debajo y si lo que hay es una relación atacada por lo que les ha pasado, o el cadáver de una pareja en la que la infidelidad es sólo una consecuencia más por tratar de continuar con algo que ya estaba muerto.

Después del perdón, el siguiente paso —si queda algo de la pareja, claro— es *evaluar lo que ha pasado*, no para justificar la infidelidad, sino para entender lo que ha llevado al desencanto, la falta de ética emocional, las ideas mágicas sobre el amor romántico y ver los cambios que necesita la relación para tratar de convertir esta crisis en una oportunidad de fortalecer la relación.

El penúltimo paso es entender que nada volverá a ser igual; ahora son una nueva pareja. Y no siempre es sencillo *aceptar que nada volverá a ser como era*, entre otras cosas, se ha perdido la inocencia. Pero si a pesar de todo se ha conseguido superar el problema, también se ha ganado en madurez.

Por último, se trabaja la *prevención de recaídas*. La nueva pareja aprenderá a resolver los futuros problemas de una manera más honesta y constructiva. Sólo sobre la seguridad de saber cómo se actuará ante nuevas dificultades puede recobrarse la confianza real en el otro.

Daniela y Toni fueron de ese selecto grupo de parejas que pese a las dificultades lograron salvar este primer obstáculo. No fue fácil; ambos estuvieron muchas veces a punto de desistir en la lucha. A pesar de todo, nunca sabes si lo que los impulsó a seguir fue el amor o el miedo a perderse para siempre. Quizá fue una mezcla de las dos razones.

Aunque cueste creerlo, hay parejas que superan una infidelidad, pero hoy por hoy siguen siendo muchas más las que se rompen cuando se descubre el engaño, o quedan heridas de muerte y acaban por terminar después de una larga agonía. Una vez me llamaron para participar en un programa de televisión en el que se hablaba sobre una famosa página web que te facilitaba ser infiel. Su eslogan promocional era: «La vida es corta, ten una aventura». En aquel programa utilicé una expresión que todavía siento al pensar que allí se estaba frivolizando con el tema. Les dije que lo que yo había visto en terapia me había enseñado que la infidelidad era una estafa a la persona que te ama y que provocaba un *tsunami* emocional capaz de arrasar con la seguridad, la autoestima y el cariño con los que se ha construido una relación durante años. ¿Qué pensáis vosotras?

La profecía autocumplida

¡Ups! Casi escribo el *the end* al capítulo sin contaros lo que pasó con Lorena y Álex, qué cabeza la mía. ¿Os acordáis de ellos? Los escogí porque son un caso paradigmático de lo que solemos encontrar en terapia cuando intervienen los celos, la inseguridad y la necesidad de control. Pero es que además su desarrollo tiene un sabor que recuerda a las tragedias griegas, por aquello de la profecía autocumplida. Ahora entenderéis por qué lo digo.

Él es celoso, ve cómo hay otros hombres que se fijan en ella; la considera guapa, simpática y, en su obsesión, ve fantasmas donde no los hay. Llega —Álex lo hizo— a encontrar pruebas que en realidad no lo son e inicia un asedio contra ella. Sí, sí, he dicho contra ella. ¿De qué otra manera podemos nombrar el hacer sentir a su pareja como una persona horrible, como si fuera una cualquiera, alguien que quiere engañarle a toda costa? ¿Cómo nombramos el asalto a la privacidad de una persona que se siente mirada, observada y juzgada constantemente por la persona a quien ama?

Una vez que se enciende la mecha, sólo un milagro o una buena terapia pueden hacer que no explote la bomba. Y es que ella se sentirá atrapada, por lo que él dejará de ser una fuente de satisfacción y calma para convertirse en el carcelero con el que discute constantemente. Probablemente, el sexo desaparezca, lo que para él es una prueba más de que ella está buscando fuera y de que además ya no le quiere. Y así aumenta un poco más la presión de él y el dolor de ella.

Lorena no quiso ceder más a las presiones de Álex y se volvió mucho más celosa de su intimidad, mitad por ese «basta ya de ceder», mitad por el miedo a que cualquier cosa que él viera fuera malinterpretada y acabara en guerra.

Reconozco que tenía miedo a que él se enterara de que yo había hablado con David o con cualquier otro chico, porque ya conocía sus respuestas. Eran gritos, broncas, insultos. Así que empecé a ocultarle información. A mentirle, diciéndole que hablaba con una amiga, cuando en realidad era un chico quien me llamaba.

Álex, hipervigilante y controlador, descubre alguna de las mentiras y, claro está, esto confirma sus teorías, añade más dudas y legiti-

270

ma su control. Lorena se siente aún más agobiada y se aparta más y más, y esconde más y más.

¿Que cómo lo sé? Perdonadme, no os había puesto al día. Lorena y Álex dejaron de venir a la consulta. Pero volví a saber de ellos cinco meses más tarde. Esta vez fue Álex quien me llamó; estaba muy enfadado conmigo, con él mismo, con Lorena y con las nuevas tecnologías, porque al final ella le había engañado.

Ahora estaban pensando en la separación, pero su hija, entonces ya de 8 años, lo estaba pasando muy mal, tanto que desde el colegio los habían llamado para advertirles de que veían que la niña estaba triste, se enfadaba con facilidad con sus compañeros, contestaba a los profesores y había bajado su rendimiento. La tutora les aconsejó, muy acertadamente, acudir a terapia para llevar a cabo una separación lo menos traumática posible, sobre todo para su hija.

Después de las sesiones para aprender a dejar partir al otro, Lorena siguió viniendo a terapia. Había quedado muy tocada por lo ocurrido y necesitaba ayuda. Probablemente Álex también la necesitara, pero es que a nosotros nos cuesta mucho más admitirlo.

Lorena me contó lo que había pasado y no, no fue David el chico con el que Lorena había engañado a Álex. La historia fue diferente. ¿Recordáis que os he dicho que Álex estaba enfadado no sólo conmigo, con él y con ella, sino también con las nuevas tecnologías? ¡Exacto! Os sorprendería la de veces que oigo en la consulta historias parecidas a la suya, al menos con lugares cibernéticos comunes.

Nos habíamos quedado en el círculo vicioso y cada vez más destructivo en el que habían entrado Lorena y Álex. No os descubro nada si digo que la relación estaba al borde del abismo. Los celos de él y el control que ejercía eran, para ella, empujones que la alejaban más y más de su marido. Él, por su parte, después del tiempo que había pasado pensando que ella le mentía, por fin tenía pruebas de esas ocultaciones que su mujer decía esconder por miedo a sus reacciones.

Lorena se zambullía en su trabajo para evadirse, pero esto no siempre le servía. «Una tienda de ropa te deja muchas horas en las que tienes que estar allí, pero con poco o nada que hacer.» Un día, perdida, se fue a pasear por la ciudad y entró en una tienda de zapatos que hacía mucho que no visitaba. La dependienta la reconoció al instante, era una vieja amiga del colegio de la que no había vuelto a saber desde que pasaron a institutos diferentes. Estuvieron hablando un buen rato, y Lorena se descubrió riendo como hacía tiempo que no lo hacía. Por un momento cambió la cara de pena que llevaba a cuestas. Cuando algo es bueno, quieres repetir, así que le dijo a Mireia que le gustaría no volver a perder el contacto.

¿Tienes Facebook? —le preguntó Mireia—. Pero ¿cómo que no? Pues eso lo arreglamos ahora mismo. Coge el portátil y te abro una cuenta aquí mismo. Fíjate, además yo tengo como amigos a gente de clase. ¿Te acuerdas de Ricardo y de Belén? ¡Qué bien lo pasábamos entonces!

Lorena encontró en Internet el refugio donde guarecerse del temporal que había en casa. Todo fue mucho más fácil, porque las personas con las que contactaba eran viejos compañeros del colegio, y de alguna manera, aunque hubieran pasado tantos años, los conocía y la relación era más familiar de la que tendría con un desconocido. No os voy a contar toda la historia, pero el caso es que Lorena acabó topando con un viejo amigo al que siempre había tenido un cariño especial.

Éramos críos en realidad, pero siempre nos apoyábamos el uno al otro. Cuando le encontré en la red, me puse muy contenta. El caso es que empezamos a charlar a diario e inevitablemente le acabé contando que no estaba bien en casa y mira por dónde él hacía sólo unos meses que había roto con su pareja. Me encandilé, no paraba de pensar en él y en la manera de volver a conectarme para tener noticias suyas. Sé que no estaba bien lo que hacía, pero necesitaba vivir esa historia, era como volver a tener dieciséis años y enamorarte de nuevo. Por si fuera poco, cuando me entraban las dudas, miraba a Álex y teníamos nuestra enésima bronca por las mismas cosas de siempre. Sabía que ahora tenía motivos para sospechar, pero no sé, aun así me molestaba que me recriminara. Lo había hecho tantas veces sin motivo que sentía que no tenía derecho. Ahora lo digo y me siento muy culpable, sé que no hice bien, sobre todo cuando dejaba que él se quedara con nuestra hija y yo me iba a ver al otro.

Lorena se reprochaba no haber tenido el valor de haber roto la relación antes.

Estaba mi hija y sobre todo el terror a equivocarme. Pero tenía que haberlo hecho; esto ha sido mucho peor.

Lo que acabó pasando era casi de prever. Álex llevaba mucho tiempo persiguiendo fantasmas, buscando pruebas de algo que no existía y finalmente se tropezó, casi sin querer, con algo que esta vez sí era real. Os ahorraré los detalles del drama que se vivió.

Ésta es la historia de Lorena y Álex, pero es también la de muchas parejas con desenlaces similares o totalmente dispares, pero con emociones y motores iguales. Ella, en este caso —aunque podría haber sido él, el sexo no importa— se acerca a ese amigo que la hace sentirse valorada, querida, guapa y, sobre todo, le permite olvidar por un momento los problemas, las broncas constantes que hay en casa... y el frío de una cama repleta de grietas. Cada vez quiere pasar más tiempo con quien no tiene dificultades, con quien le aplaude todo; cada vez acude más a refugiarse en sus brazos de la tormenta que es su relación. Así es como tantas y tantas veces se acaba cumpliendo la profecía del celoso que encima acabará por creer que tenía razón desde el principio. «Y es que no te puedes fiar de ellas»: ¡qué horrible aprendizaje!

16

Resolviendo los problemas de anorgasmia masculina. Llegar a tiempo

> Nos dice más de la pareja lo que no nos dice y lo que no sucede a nivel sexual, que lo que nos cuenta y ocurre en su sexualidad.
>
> JOSÉ DÍAZ MORFA

Ya estamos llegando al final de esta segunda parte. A estas alturas ya hemos aprendido juntos cómo trabajar en la gran mayoría de los problemas sexuales de ellos. Pero nos queda uno, no el más frecuente, pero quizá sí uno de los más frustrantes y rebeldes a la hora de resolverlo.

Cuando somos nosotros quienes tenemos dificultades para llegar al clímax, la incomprensión acostumbra a ser la tónica. Como pasa con el deseo sexual, parecen problemas que sólo os afectan a vosotras. ¿Os imagináis qué pasaría si una pareja se quejara porque ella llega al orgasmo demasiado pronto? Pues seguramente, cosas similares a las que les ocurren a los hombres con estas dificultades, que tardarían en aceptarlo, admitirlo y sobre todo en pedir ayuda.

Hablar de ello, explicar que también los hombres podemos tener problemas de este tipo, nos ayuda a no sentirnos unos bichos raros cuando nos pasa, y a vosotras —ése es mi propósito principal— a comprender lo que está pasando sin sentiros culpables por lo que sucede.

Y una vez superada esta primera barrera, una vez que el paciente acude a la consulta, ¿qué se hace con los problemas masculinos de orgasmo y/o eyaculación? Vayamos por partes.

Qué hacer con la eyaculación retrógrada o los orgasmos secos

¿Recordáis lo que era la retroeyaculación? Sé que la palabreja se las trae, pero también el problema al que hace referencia. Ya os conté que la eyaculación retrógrada o retroeyaculación es un problema orgánico debido al cual el semen no alcanza la uretra y por lo tanto no se expulsa al exterior, sino que se pierde en la vejiga. Aparecen entonces lo que se conoce como *orgasmos secos*, es decir, hay placer, pero ni gota de semen. Seguro que os viene a la cabeza aquello del sexo tántrico y la supuesta capacidad de eyacular para dentro o para fuera a voluntad. Pero bueno, ésa es otra historia.

La eyaculación retrógrada se puede producir por diferentes causas:

—Efecto secundario de algunos fármacos (antihipertensivos y antidepresivos).
—Diabetes.
—Cirugía de próstata y uretra.

Cuando la causa es el consumo de fármacos, el tratamiento es tan sencillo como retirarlos o variar la dosis. El paciente por lo general recupera la capacidad de eyacular en cuanto deja el medicamento.

El pronóstico se complica cuando son la diabetes o la cirugía las que han provocado el problema. En estos casos, aunque se intenta corregir con medicamentos (imipramina y seudoefedrina), el trastorno no se resuelve.

Es en este punto donde entraría la psicoterapia. Al paciente con un problema de retroeyaculación crónica hay que ayudarle a entender que su virilidad no está asociada a la expulsión de semen y que sus relaciones sexuales no tienen por qué verse afectadas en absoluto, ya que la erección y el orgasmo están perfectamente preservados. En la mayoría de los casos, además, esta patología se da en personas mayores sin interés ya en tener descendencia, así que la terapia se centra exclusivamente en esa adaptación a una sexualidad con orgasmos secos.

Otra cosa es cuando el paciente sí quiere tener hijos, bien porque todavía es joven, bien porque todavía tiene ese deseo. Evidentemente, el apoyo ya no sólo tendrá que ser psicológico; por suerte, hoy en día contamos con procedimientos a través de los cuales se extrae el esperma de la vejiga o directamente de los testículos para, mediante técnicas de reproducción asistida, lograr un embarazo después.

Qué se puede hacer cuando hay eyaculación sin orgasmo

Hagamos memoria. El fenómeno por el que un hombre es capaz de eyacular, pero a la salida del líquido no le acompaña la sensación subjetiva de placer, puede tener dos orígenes principales bien diferentes: una lesión medular o problemas psicológicos.

Cuando el motivo de no sentir el orgasmo es la *lesión medular*, el mecanismo de la eyaculación está preservado, pero el del orgasmo y el de la erección pueden no estarlo. Es decir, se puede expulsar el semen, con mayor o menor fuerza, eso sí, sin que tenga por qué haber una erección y sin que se sienta el orgasmo.

En estos casos, el tratamiento pasa por una *reeducación de las zonas erógenas*. Lo que se trabaja en terapia o en los talleres con personas con lesiones de este tipo —quizá tras sufrir un accidente de tráfico o por una enfermedad neurodegenerativa— es ampliar el mapa de las zonas que nos pueden producir placer en el cuerpo más allá de los genitales. Tenemos, de media, dos metros cuadrados de piel y toda ella es potencialmente erógena. Con ganas y motivación un hombre puede descubrir cómo sus pechos, la espalda, el ano o el cuello le producen sensaciones placenteras que poco a poco podrá ir asociando a la eyaculación. No me puedo extender en los detalles, pero os aseguro que los resultados son de lo más gratificantes para las personas con esclerosis múltiple, lesión medular o espina bífida. Os lo digo con conocimiento de causa, porque tengo la suerte de impartir todos los años alguno de estos talleres.

Cuando el problema tiene un *origen psicológico*, nos podemos encontrar con hombres que por diferentes motivos (problemas de pareja, represión sexual, miedos sexuales, etc.) tienen dificultades serias para *atender a sus sensaciones erógenas*, y con el grupo mayoritario, aquellos a los que la *eyaculación precoz* les produce tanto sufrimiento que han terminado por desconocer el placer del momento en el que *se van*.

Para iniciar el tratamiento con un hombre que tiene problemas para atender a su placer, lo primero es hacerle algunas preguntas sobre sexualidad y pareja: «¿Tienes orgasmos cuando te masturbas en solitario? ¿Desde cuándo tienes estos problemas con el sexo? ¿Cómo te sientes dentro de la relación de pareja? ¿Qué es el sexo para ti? ¿Cómo descubriste la sexualidad?» y otras sobre su vida en general, al margen del sexo: «¿Qué te gusta hacer para pasarlo bien? ¿Disfrutas de una buena comida? ¿Qué haces en tu tiempo libre? En este momento de tu vida, ¿te preocupa algo?».

Éstos son sólo algunos ejemplos. Evidentemente, en una primera entrevista se hacen muchas preguntas y otras surgen de las respuestas del paciente, pero si os fijáis en la selección que os he puesto, podéis intuir qué cosas son importantes para ver lo que sucede. Si el paciente en cuestión llega al orgasmo cuando está a solas, pero no cuando está con su pareja, ya tenemos claro que algo está pasando con ella o por lo menos con la presencia de ella. Puede que no tenga problemas con su pareja en concreto, pero sí con el hecho de tener al *espectador* delante. No me detendré en estos casos, porque son muy poco frecuentes; es sólo para que sepáis que existen y cómo se trabajan. De todo se aprende ¿no?

Voy al grano. En estos casos, en el tratamiento se intenta que el paciente aprenda a *conectar con sus sensaciones de placer*, pero a la vez tendremos que resolver aquellas cuestiones que están en la base del problema. Si, por ejemplo, hay un cabreo con la pareja, tendremos que ver si hay que hacer terapia de pareja; si tiene ideas muy represivas sobre la sexualidad, tendremos que invertir un tiempo en la fase de educación afectivo-sexual. Es lógico, ¿verdad? De poco servirá que el chico en cuestión aprenda a concentrarse en sus sensaciones e incluso a potenciarlas, si no está bien con su pareja o si vive el sexo como algo sucio o pecaminoso.

¿Que por qué le he preguntado por la comida y lo que hace para pasarlo bien? Os cuento... Los estudios revelan —y así lo he visto en terapia— que muchos de los hombres con problemas para sentir el orgasmo no se permiten disfrutar, ya no del sexo, sino de cualquier actividad placentera. Viven teñidos de gris, pensando sólo en el trabajo y en las obligaciones, comen para alimentarse, beben para hidratarse y tienen sexo porque es parte de la vida en pareja. Con hombres con esta dificultad, trabajamos también cómo disfrutar del placer por el placer, sin sentimiento de culpa, como parte de la terapia.

La pregunta de la comida es más importante de lo que puede parecer. Siempre he creído que la relación que mantiene una persona con la comida tiende a parecerse bastante a la manera en la que vive su sexualidad. Si es una persona muy escrupulosa comiendo, lo será también en el sexo; si le gusta innovar y probar cosas nuevas, lo mismo; si no sabe disfrutar comiendo, difícilmente lo hará en la alcoba. Pensadlo y veréis que algo de verdad hay.

Dejo las divagaciones personales aparte y me centro en contaros lo que pasa cuando es la *eyaculación precoz* la responsable de la *anorgasmia*. Como ya os decía, el control eyaculatorio es el motivo más común por el que se produce esa especie de anestesia física. Los motivos ya los conocéis y no son otros que la asociación que hace el chico en cuestión entre eyaculación y fracaso, malestar, tristeza, rabia, derrota... Con esa equivalencia, lo raro sería sentir algún tipo de placer en la eyaculación, ¿no creéis? Repasad los capítulos dedicados a la eyaculación precoz si os cabe alguna duda.

Gabriel es de los que sentía el fracaso en su piel, y Olga también. ¿Recordáis cómo ella le gritó apenada «¡NOOOOO!» en plena relación, cuando él le dijo que estaba a punto de llegar?

La causa está clara, ¿y la solución?

En estos casos, el tratamiento no varía demasiado respecto al que se utiliza en la eyaculación precoz. Poco a poco, en la medida que el paciente va conociendo mejor su respuesta sexual, va mejorando también el reconocimiento de las sensaciones, incluida la de placer. Pero la parte fundamental para recobrar el placer es pedirle que deje de controlar, que se quite la responsabilidad de hacerlo, porque aho-

278

ra yo comparto parte de la responsabilidad en la solución del problema. Ni qué decir tiene que el papel como apoyo de la pareja es fundamental para recobrar la confianza.

Antes de acabar, dejad que os cuente algo. Hace poco tuve una pareja joven en la consulta. Él sufría eyaculación precoz y hacía más de un año que no sentía placer cuando eyaculaba. Pero lo más sorprendente es lo que ella me dijo cuando nos quedamos a solas.

A mí lo de la eyaculación precoz me da igual; si en realidad yo me lo paso mejor cuando me toca o me chupa. Lo que me preocupa de verdad es ver que él no disfruta. Me hace sentir fatal, poco mujer. A veces he llegado a pensar que es culpa mía y que él podría estar mejor con otra. Últimamente se me han quitado las ganas de sexo. Él insiste en que es porque no aguanta nada, pero yo no paro de explicarle que lo que me duele es que no se lo pase bien conmigo.

¿Qué se hace con el hombre que ni eyacula ni orgasma?

Hemos hablado de los hombres que no expulsan el semen, pero que sin embargo sí tienen sensación de orgasmo; también de los que, a pesar de no tener un orgasmo, sí eyaculan. Nos queda hacerlo de aquellos que ni tienen orgasmo ni eyaculan, es decir, sienten placer, disfrutan, perciben cómo va aumentando la excitación, pero aunque se acerquen más o menos a la puerta del placer, no logran traspasarla. Estrictamente, podríamos decir que es la anorgasmia femenina, pero en el varón. Para no liarnos, a partir de ahora os hablaré de clímax para hacer referencia a la suma de eyaculación y orgasmo. ¿Os parece? OK, interpretaré ese silencio como un sí.

Tomás sufría este problema. Tal y como nos contó en el capítulo 8, no conseguía tener un orgasmo cuando estaba con una mujer. Ahora su pareja era Susana y, aunque con ella tampoco lo lograba, al menos no fingía como sí había hecho con otras.

Tomás conseguía llegar cuando se masturbaba, pero no podía con ninguna mujer, ni con ninguna práctica sexual. Pero no en todos los casos es así; si queréis, os hago una lista de las particularidades más frecuentes a modo de recordatorio:

—Hombres que no llegan ni en solitario ni en pareja.
—Hombres que llegan en solitario, pero no en pareja.
—Hombres que llegan en solitario y en pareja, pero no con la penetración.
—Hombres que llegan en solitario y con alguna o algunas parejas, pero no con todas.

Puede haber más casos, pero estos cuatro son los más comunes. Sea como fuere, la forma de trabajarlo, al menos en el aspecto conductual, es muy parecida. Sólo cambiaría la jerarquía. Pero ahora os cuento.

El tratamiento para un hombre que no alcanza el clímax tendría que abordar varios aspectos para ser realmente efectivo. Al menos eso me dice mi experiencia profesional y la de muchos otros sexólogos. No os asustéis, no voy a ponerme en plan psicólogo pesado ni a utilizar palabras técnicas que sólo entienden los profesionales, sólo pretendo que entendáis un poco lo que se hace en terapia.

La intervención sería la siguiente.

—*Conductual: ¿qué hacemos?* Lo primero que se tiene que hacer es establecer una jerarquía de mayor a menor grado de dificultad. Por ejemplo, si el paciente consigue eyacular en solitario, aunque no pueda hacerlo con su pareja, se podría establecer como primer escalón alcanzar el clímax con la pareja delante, sólo mirando, y como escalón final alcanzar el clímax con la penetración. Luego, con el caso de Tomás, entenderéis mejor a lo que me refiero.
—*Cognitiva: ¿qué pensamos?* Ésta es la fase educativa. A la pareja se le explica lo que pasa, la hipótesis de por qué pasa y la lógica de lo que vamos a hacer para resolverlo. Pero no sólo eso. Si detectamos que el paciente tiene ideas negativas hacia el sexo, o mitos y falsas creencias, tenemos que dedicar un

tiempo a combatirlas. Un poco de educación afectivo-sexual es necesaria en la práctica totalidad de los problemas sexuales.

—*Emocional: ¿qué sentimos?* La ansiedad está presente en este tipo de problemas. En realidad, en cualquiera que tenga que ver con el sexo, sobre todo si se arrastra desde hace tiempo y ha supuesto discusiones o distancia en la pareja. Así que parte del trabajo es enseñar a manejar las emociones. Las técnicas de relajación y de control de la atención suelen ser muy útiles para los pacientes de este tipo.

—*Relacional: ¿cómo nos relacionamos?* Un problema sexual es siempre un problema de pareja, ¿recordáis? Pues bien, además de asegurarnos el apoyo de ella, tenemos que atender a los conflictos y a los roles que adoptan cada uno de ellos.

Ya, a mí también me parecen más claras las cosas cuando se ven en casos reales. ¡Qué bueno que tengamos a Tomás y a Susana dispuestos a contarnos cómo trabajamos su caso en la consulta!

¿Qué hacían Tomás y Susana?

Para Tomás, lo más complicado, como para casi todos en estos casos, era llegar a alcanzar el clímax con la penetración y más estando ella arriba. Así que ése fue nuestro último objetivo, como si se tratara de un «monstruo final» en un videojuego. Tomás empezó por intentar masturbarse en la cama, con Susana al lado, pero con la luz apagada y sin que ella le acariciara ni le dijera nada. Una vez conseguido, lo hizo mientras ella le besaba en el cuello y le acariciaba el pecho. De ahí se pasó a que él lo hiciera y cuando estaba a punto de eyacular, cuando ya era inminente, Susana le cogía el pene para acabar de masturbarle.

Algo similar se hizo con el sexo oral. Él se masturbaba y ella besaba su pene mientras tanto.

Poco a poco, Susana y Tomás fueron subiendo escalones, ayudados, eso sí, por las técnicas de relajación, los avances personales que él había hecho y las mejoras en la relación. Uno de los últimos pasos consistió en que Susana se tumbara en la cama y Tomás —de rodillas frente a ella— se masturbara y fuera acercando su pene a la vagina y penetrando ligeramente, para volver a salir y continuar con la masturbación. La instrucción era que cuando sintiera que el orgasmo y la eyaculación eran inminentes, tenía que penetrar para dejarse ir dentro. No importaba que ya estuviese sintiendo el orgasmo, la idea era que clímax y penetración empezaran a relacionarse.

Yo sentía que cada vez estaba más cerca, pero me costó mucho hacerlo con la luz encendida. Los avances se sucedían, pero seguía sintiendo como algo paralizante su mirada; era como si estuviese esperando que llegara, como si me analizara. A veces lo vivía como debe vivirlo un estudiante que se examina ante un profesor que le tiene manía y está esperando a que falle para poder suspenderle.

A Tomás le costó mucho contarme esto, quizá porque él mismo no se atrevía siquiera a decírselo a sí mismo, ya que suponía reconocer que tenía miedo a Susana.

No todo el mundo necesita que esté la luz apagada, pero a la mayoría de los hombres con este problema les ayuda sentir que no los ven y no ver a sus parejas. Recuerdo incluso en este caso, que los gemidos de ella y sobre todo frases del tipo «dámelo todo» o «córrete para mí» tenían el poder de bloquear su excitación. Así que con Tomás tuvimos que incluir el silencio en el procedimiento.

Que nadie piense que esas limitaciones son para siempre. La luz, los gemidos, las palabras... pueden ser parte del sexo y para muchas personas llegan a ser casi imprescindibles. En terapia sexual se busca que la pareja pueda disfrutar plenamente de su sexualidad. Con los ejercicios no se consigue únicamente superar el problema que los limita, sino que además los pacientes aprenden la manera de llegar tan lejos como ellos quieran.

Los pensamientos de Tomás y Susana, la manera en la que interpretaban cada vez que vivían un nuevo fracaso sexual, funcionaban como mantenedor del problema. Por su parte, Tomás se sentía fracasado, incapaz de ser un hombre completo y tenía mucho miedo a que su pareja fuese a dejarlo por culpa de esto. Ya había vivido con otras parejas las consecuencias de los problemas sexuales y sabía el poder que tenían. Susana, por su parte, como ya os he contado, pensaba que estaba haciendo algo mal. Ella reconocía que seguramente se había equivocado al buscar que él alcanzara el clímax animándolo en las relaciones.

> Creo que le jaleaba como si fuera un hincha en un partido tratando de motivar a su equipo. Le decía: «Vamos, dámelo... Venga, que tú puedes, quiero ese líquido para mí solita». Yo pensaba que esto le excitaría, pero nada más lejos de la realidad.

No podemos perder de vista la vergüenza de Tomás. En terapia admitió que le deba vergüenza pensar en las caras que debía poner cuando se excitaba y, por supuesto, él nunca se había permitido gemir en mitad de una relación sexual.

Descubrí hasta qué punto le avergonzaba el sexo a Tomás cuando le pedí como ejercicio que se masturbara frente a un espejo, él solo, acariciándose mientras miraba su imagen. Como podéis sospechar, le costó muchísimo hacerlo y más llegar al clímax. Incluso necesitó algunas pautas para lograrlo.

¿Lo habéis probado alguna vez? Puede ser un ejercicio sanísimo para perder el pudor sexual.

¿QUÉ SENTÍAN TOMÁS Y SUSANA?

Susana debía aprender a no vivir el problema de Tomás como un rechazo, como una manera de decirle que no la quería, que no le gustaba o que no le excitaba lo suficiente. Y es que él disfrutaba, al menos lo hacía antes de obsesionarse realmente con la eyaculación. Es lógico que Susana no se acabara de creer que él lo pasaba bien, al fin y al cabo tendemos a relacionar el placer con el orgasmo, sobre todo en los hombres.

El papel de ella era interiorizar todo esto, sentir que de verdad él estaba enamorado de ella, que le gustaba y disfrutaba de los encuentros, aunque no llegara al clímax.

Tomás estaba muy nervioso, y sus pensamientos se disparaban en mitad de la relación sexual y no precisamente hacia algo erótico.

> Cuando estoy con Susana me vienen a la cabeza imágenes de ella pidiéndome más y enfadándose porque no puedo llegar. Otras veces pienso: «No vas a llegar nunca, estás lejísimos del punto, déjalo, que con tanto entrar y salir le vas a hacer daño».

En terapia practicamos ejercicios para aprender a *potenciar las sensaciones* unidos a *técnicas de relajación*.

Estas técnicas ayudaron a Tomás a enfrentarse a las relaciones sexuales de una manera distinta. En su caso, uno de los mayores apoyos fue el uso de la llamada *intención paradójica*. Es sencillo, simplemente le pedía tras cada ejercicio que no eyaculara si no era como habíamos pactado en el ejercicio. Por ejemplo, si el escalón que tenía que subir de la jerarquía era lograr masturbarse y eyacular en la cama al lado de ella y con la luz apagada, él tenía prohibido hacerlo si ella le besaba mientras. A Susana yo le pedía pequeñas intervenciones controladas para que él se concentrara en no eyacular fuera de tiempo. Le dije que era importante ceñirse a los ejercicios. Y ¿sabéis qué pasó? En uno de los escalones, Tomás y Susana tenían como reto que él se masturbara frente a la vagina de ella y llegara a eyacular fuera. Aún conservo el correo electrónico que le mandé con el ejercicio:

> Con la luz apagada y con Susana en silencio, debes masturbarte y, cuando estés cerca de la eyaculación, introducir el pene en la vagina

284

y efectuar ocho movimientos pélvicos. Lo que pasará, Tomás, es que perderás la excitación, porque, claro, tú no puedes eyacular dentro de ella, eso queda lejos todavía. Así que cuando eso pase, retiras el pene y vuelves a excitarte fuera hasta que estés cerca de eyacular y repites lo anterior, penetras e introduces y sacas el pene al menos ocho veces. Tienes que repetir este ejercicio durante cuatro penetraciones y después ya intentas eyacular fuera lo más cerca de su vagina que puedas. Recuerda, Tomás, que la idea es llegar al clímax fuera de la vagina.

Tomás no pudo esperar a venir a la consulta. La tarde del domingo había hecho el ejercicio, y esa misma noche me escribió para contarme que había pasado algo y pensaba que la había fastidiado. Lo que me contó es que en el ejercicio, acabó por eyacular sin querer dentro de Susana y que había hecho mal el ejercicio.

No sé qué me ha pasado, pero es que estaba tan excitado que no he querido sacarla en ese momento.

Yo no buscaba que pasara esto; los ejercicios hubieran llegado a su culminación de la misma manera, pero es cierto que traté de darle la vuelta al problema. De repente, Tomás tenía miedo a llegar al clímax y no a que no pasara.

Relajación y perder el miedo a disfrutar y dejarse llevar

Como ya os he contado en otros casos, toda la parte de los ejercicios y el control de la ansiedad son fundamentales, pero siempre conviene ver qué pasa en la pareja, qué papel desempeña cada uno en la relación y cómo esto puede estar afectando al problema. En este caso era bastante obvio que lo hacía. Susana mantenía un rol muy dominante en la pareja, y él era la parte sumisa. Me contaba:

Es verdad que siempre es ella la que toma las decisiones, yo me dejo llevar, pero es que me cuesta decir lo que pienso o quejarme si algo no me gusta. Siempre he sido muy vergonzoso y he buscado a gente a mi

285

lado que me llevara de la mano. Esto lo estoy viendo ahora, trabajando en terapia, pero nunca había sido consciente de que me escondo detrás de los demás.

Tomás dejaba hacer a Susana a cambio de que ésta le sacara las castañas del fuego. El problema es que se estaban extremando cada vez más los roles, es lo mismo que le había pasado con otras parejas. Desde un punto de vista más psicodinámico (corriente psicológica) se diría que quería guardarse algo para él y su clímax era la manera de no dárselo todo a sus parejas.

En terapia, conviene tener cuanta más información mejor. Ésta era una más de las explicaciones de por qué le pasaba lo que le pasaba; sea como fuere y al margen del grado de influencia que sus papeles en la relación desempeñaban en el terreno sexual, lo cierto es que ambos tenían claro que querían cambiar la manera de relacionarse, aunque sólo fuera por la salud de la pareja.

Un inciso, ahora que hablamos de hombres que no alcanzan el clímax. ¿Recordáis a Vicente? Era un hombre de 42 años con el mismo problema que Tomás, sólo que él había empezado a tener problemas con su pareja actual y no con su ex. El tratamiento fue parecido al de Tomás, pero que nadie llegue a pensar que tiene que acostarse con su ex o con otra mujer como si fuese un escalón previo para poder hacerlo con su pareja. Lo advierto porque me consta que siempre hay alguna que otra mente maliciosa leyendo entre líneas. En casos como éste, el problema no es la pareja, aunque pudiera parecerlo, el problema es la manera en la que se habían relacionado sexualmente. Pero ésa es otra historia.

¿Os despedís de Tomás y Susana? Los dejamos tranquilos: Susana está embarazada y tiene ganas de marcharse ya. Sí, sí, finalmente pasó. Ellos tenían previsto buscarlo cuando acabara la terapia, pero llegó unas semanas antes. Tuvimos que dejarlo unas sesiones antes de que él tuviese perfectamente controlado alcanzar el clímax más o menos a voluntad en la mayoría de las posturas y con la luz encendida; sin embargo, estoy convencido de que pudieron ir subiendo los últimos escalones que les quedaban.

¿Qué hacemos con la eyaculación retardada?

Una variante de este problema es la conocida como eyaculación retardada. De hecho, muchos casos de hombres que no alcanzan el clímax se inician con esta dificultad. En estos casos, el hombre llega a eyacular, pero necesita mucho tiempo para conseguirlo, más de treinta minutos por lo general, con el consiguiente problema para él y para su pareja. Es cierto que algunos chicos lo viven como una ventaja, por lo que no sienten que tienen un problema, sino todo lo contrario. ¿Recordáis lo que nos contaba Marteta de su primer encuentro y último con un chico que le ayudó a descubrir que al techo le hacía falta una mano de pintura?

Al final, la dificultad para alcanzar el clímax acaba siendo un problema dentro de una relación estable. Las vivencias son similares a las de Tomás y Susana, y la forma de trabajarlo en terapia, una vez descartado el origen orgánico, también lo es. Eso sí, cuanto antes se empiece a trabajar, mejor. Tomás necesitó pasar por tres parejas y sufrir el problema durante años para decidir ir a terapia. Bueno, en realidad fue Susana quien le llevó de la oreja.

Con esto tampoco quiero decir que os alarméis si vuestro chico tarda un poco más de la cuenta un día u otro, ni siquiera por el hecho de que no llega al clímax en alguna ocasión.

A pesar de que no nos gusta mostrarlo, nosotros también tenemos «días de esos» en los que llegamos pronto o no llegamos, perdemos la erección, nos acomplejamos y hasta os llegamos a decir que no. Os pido en nombre de mi tribu que seáis compasivas con nuestros tropiezos. Recordad que darle más importancia de la necesaria es el principio del problema.

Tercera parte

¿Cómo hacer feliz a un hombre...
sexualmente hablando?

¡Basta de problemas! Admito que después de repasar la falta de deseo, la disfunción eréctil, la eyaculación precoz y demás contrariedades de nuestra sexualidad, se me ha quedado el cuerpo raro. Me imagino a un señor hipocondríaco leyendo este libro y analizando a cada paso su vida sexual. Pensando que eyacula muy pronto para después creer que quizá tarda demasiado, dándole vueltas a si tiene poco deseo para luego convencerse de que se pasa deseando o que la tiene muy pequeña al empezar el capítulo para acabar creyendo que en realidad la suya es demasiado grande. ¡Demasiado grande! A pesar del capítulo no creo que muchos hombres hayan llegado a pensar esto. Tendemos a ser muy cabezotas, ya lo sabéis.

Bromas aparte, los sexólogos estamos acostumbrados a trabajar con los problemas que nos da el sexo y muchas veces, demasiadas, se nos olvida que el sexo, en la mayoría de las ocasiones, está relacionado con el placer, el bienestar y la buena comunicación de la pareja. Yo soy de ésos a los que no les gusta que se les olvide, así que siempre que tengo ocasión, hablo de los beneficios del sexo, y de las maneras de disfrutarlo y de vivirlo de una forma saludable.

¿O es que los profesionales no podemos hablar del sexo de una manera divertida, lúdica y positiva? Yo creo que sí, por eso me voy a permitir hacerlo en esta tercera parte, sobre todo ahora que, tras dieciséis capítulos, nos hemos quitado juntos muchos de los problemas de encima.

17

¿Qué nos gusta en la cama?

Si vas a hacer algo relacionado con el sexo, debería ser cuanto menos genuinamente perverso.

GRANT MORRISON

Reunión de amigos. Ya hemos hablado de fútbol, de Fórmula 1 y de la maldita crisis. Y ahora ¿qué? Sí, ya toca. Ahora hablamos de vosotras, de lo buena que está la actriz de moda, del último ligue de Rober y de lo bien, mal o regular que es Bárbara, la nueva novia de Javi, en la cama. ¿Sorprendidas? Seguro que no. Espero que ofendidas tampoco, aunque es verdad que no es demasiado caballeroso estar hablando de lo que pasa en la alcoba, la realidad es que, en confianza, muchos hombres cuentan cómo les va en la cama, sobre todo, pero no necesariamente, si la *partenaire* no es la pareja estable y, para qué engañaros, si el encuentro sexual va a levantar la envidia del resto del grupo.

Aún seguís enfurruñadas por la falta de discreción. No os falta razón, aunque tranquilas, seguro que vuestras parejas no cuentan nunca lo que pasa en vuestra cama, preguntadles y veréis. Por cierto, ¿y vosotras? ¿Nunca habláis de cómo somos nosotros entre las sábanas? Seguro que sí.

Sea como fuere, se hable más o menos de vuestras o nuestras artes amatorias, ¿qué creéis que nos gusta a nosotros en la cama? Ya sé, ya sé lo que estáis pensado. «Los hombres se conforman con cualquier cosa y si han tomado dos copas de más, ni te cuento.» Algunas mujeres me han contestado esto, otras algo así como «Para disfrutar en la cama, vosotros, cuanto más explosiva sea la chica, mejor».

293

¿De verdad pensáis que somos tan superficiales? Pues creedme que os sorprendería hasta qué punto los hombres valoran, cada vez más, vuestra actitud sexual.

Y como muestra, aquí os dejo diez mandamientos sobre sexualidad masculina, que son en realidad algunas pistas de lo que la mayoría de los hombres os pedimos a vosotras como amantes.

Nota a la lectora: hasta el momento te he estado hablando a ti y al resto de las mujeres que estaban leyendo este libro, pero ahora que voy a darte algún consejo para tu intimidad con él, creo que es más sensato hablarte a ti sola. Qué les importa a las demás lo que tú vas a hacer con tu pareja, ¿no crees?

Decálogo para ser la mejor de las amantes

Todos los hombres no somos iguales. Descúbrelo

Puede parecer una contradicción, lo sé. Estoy dando una lista de lo que más nos gusta y por el otro lado te digo que cada uno es distinto. Pues sólo lo parece, porque en realidad no tiene nada de contradictorio. Y es que las pistas son sólo eso, pistas, que eso sí, te ayudarán a descifrar los gustos y predilecciones del hombre que tengas delante. ¡Búscalas!

Recuerda que él es él, y sus gustos no tienen por qué parecerse a los de tus ex. Que a tu último amante le gustara que le mordieras la oreja *durante*, no significa que tenga que hacerle disfrutar a él.

Un poco de acción

A los hombres también nos gusta que nuestra pareja tome la iniciativa. Está bien lo de dejarse seducir y hacerse la dura de tanto en tanto. Pero a la mayoría de nosotros nos encanta que nos busquéis, nos propongáis y podernos dejar llevar alguna vez. Se han quedado atrás los tiempos en los que la mujer se tumbaba y simplemente dejaba que fuésemos nosotros quienes hiciésemos todo el trabajo.

Cuéntale lo que te gusta

Es emocionante descubrir un cuerpo y aún más descubrirlo juntos. Pero la mayoría de nosotros no somos adivinos, así que, salvo que él lo sea, te agradecerá que le muestres el camino. Olvida la vergüenza y el miedo, responsabilízate de tu placer. Si quieres que tu pareja lo haga bien, enséñale qué y cómo te gusta.

No le hagas sentir que le haces un favor

Seguro que le encantaría que el sexo te gustara tanto y tantas veces como a él, aunque seguro que entiende que no sea así. Pero hay un buen trecho de ahí a que tenga la sensación de que le estás haciendo un favor cada vez que te acuestas con él, le masturbas o le haces sexo oral.

Si no te gusta tener sexo o alguna práctica en concreto, entonces háblalo y mira qué está pasando; pero si no es el caso, ayúdale a que sienta que también para ti es un placer.

Relájate, esto no es un examen

El sexo es demasiado serio para tomárselo en serio. No te obsesiones por causarle buena impresión, dar la talla o estar a la altura de sus expectativas. Esas tonterías ya las hacemos bastante los hombres y te aseguro que es el peor de los enemigos sexuales. Si eres capaz de quitarte la presión y de paso ayudarle a quitársela a tu pareja, seguro que lo pasaréis mucho mejor.

Sedúcelo

No dejes de ligar con él. Seguro que le encanta que te pongas sexi para él y coquetees, aunque llevéis más de diez años juntos.

Haz que se sienta deseable

Es un hombre, pero como te ocurre a ti, le encanta que te fijes en lo bien que le sienta la camisa que estrena, que le digas lo bien que huele o lo mucho que te gusta su cuerpo, o al menos alguna parte de su cuerpo. Vale que alabes cualquier parte, mejor si es verdad que te atrae. Pero eso sí, si lo que quieres es hacerle realmente feliz, cuéntale lo estupendo que es su pene. Puedes exagerar un poco si quieres, no se va a enterar de que lo haces.

No te quejes tanto de tu cuerpo y menos durante el sexo

Si está contigo es porque le gustas. Seguramente mucho más que eso: le encantas. Deja de evitar posturas, juegos o simplemente que encienda la luz, por miedo a que vea algo de tu cuerpo que no te gusta. La mayoría de los hombres necesitaríamos clases para saber lo que es la celulitis, las estrías, las patas de gallo y la dichosa piel de naranja. No sé tu chico, pero la mayoría de nosotros, hasta que os oímos hablar de ello, creíamos que esas cosas eran tan reales como los unicornios.

Dile que es el mejor

Sabe de sobra que es mentira, pero no te pases de sincera, por favor. Está bien que le digas lo que tiene que mejorar para hacerte disfrutar; es más, te lo agradecerá. Pero a la vez, él quiere creer que es el mejor amante que has tenido nunca. Si no quieres mentir, está bien, pero al menos no le cuentes lo bien que lo hacían los demás. Su autoestima sexual te lo agradecerá.

Ni te cortes, ni le cortes

Cuéntale las fantasías que te apetezca llevar a cabo. Atrévete a probar cosas nuevas y si es él quien las propone, no le digas que no enseguida, con cara de tener frente a ti a un enfermo sexual. Luego te quejarás de que no propone nada y que es demasiado predecible en la cama.

Piénsalo un poco antes de negarte. Si no te apetece, perfecto, pero quién sabe, con un poco de imaginación, quizá podéis encontrar juntos la forma de ampliar la sexualidad sin romper vuestros valores.

Los hombres tendemos a ser más atrevidos en el sexo, pero también a tolerar mejor la monotonía, así que si quieres innovar, díselo. Seguramente estará entusiasmado con la idea.

Bonus track: el poscoito

Esto lo añado porque últimamente se me quejan muchos chicos en terapia. Me dicen que sus parejas salen corriendo a la ducha o al baño una vez terminada la relación sexual.

Entiendo que para ti la higiene es muy importante, seguramente más que para tu chico, y que si él no usa preservativo tienes la necesidad de limpiarte tras el coito. Pero «el después» es importante en el sexo, así que te ofrezco dos opciones: o tenéis preparadas toallitas para limpiarte en la propia cama o te levantas a hacerlo en el baño, pero vuelves enseguida a su lado. Cuando se termina una relación sexual, a nosotros también nos gusta sentiros. Entiende que si la persona te importa, el haber compartido una relación erótica y después permanecer un tiempo abrazado es una forma de decir «te quiero» y fomentar la complicidad, no importa lo lascivo que haya sido el encuentro.

18

Cómo hablarle a él de eso

> Es curioso que le llamemos sexo a la práctica sexual en la que menos puedes hablar.
>
> WOODY ALLEN

¿Recordáis el último punto del decálogo para ser una buena amante? En ese punto os hablaba de la importancia de atreverse a proponer cosas nuevas a la pareja, de abrir el baúl de lo prohibido con el fin de ponerle un poco de sal a las relaciones. Pues cuidado, no es que me arrepienta de habéroslo propuesto, lo que ocurre es que hablar de fantasías, hacer proposiciones, pedir cambios, hablar de sexo en general, no siempre es fácil, y soy consciente de ello.

No sólo es complicado por el tabú que representa, sino también por la manera en la que él lo puede percibir.

Una buena relación sexual se basa, sobre todo, en establecer una buena comunicación sexual. Atrevernos a pedir, pero también a escuchar al otro. Haciendo un poco de autocrítica, os diré que los hombres, por lo general, nos llenamos la boca pidiéndoos que nos contéis lo que os gusta y nos lo creemos. Sin embargo, a la hora de la verdad, ¿estamos preparados para tomarnos bien esas peticiones? Pues he de decir que no siempre. A continuación os dejo algunas consultas reales que me han llegado vía correo electrónico y que hacen referencia a la comunicación sexual con los hombres.

* * *

Llevo un año y medio separada. Dentro de unos días hará cuatro meses que empecé una relación con un hombre maravilloso. El proble-

298

ma es que en el aspecto sexual, aunque lo paso bien, no llego a disfrutar como lo hacía con mi ex marido. El caso es que *hay cosas que echo de menos en el sexo, pero no me atrevo a pedírselas a mi pareja actual.*

¡Ah! Quizás es importante que sepa que mi ex y mi actual relación son los dos únicos hombres con los que me he acostado.

PEPA, 37 años

Pepa tiene que saber que hay una «fase de acoplamiento sexual» frecuente en el inicio de las relaciones. Es verdad que hay parejas que parecen encajar a la perfección, sexualmente hablando, y no necesitan demasiada práctica, pero también hay muchas otras que necesitan un poco más de tiempo para dar con las teclas del uno y del otro. Dicho esto, conviene tener en cuenta algunos consejos para esa fase de acoplamiento:

—Atrévete a pedirle a tu pareja lo que te gusta.
—Deja que él te cuente lo que le hace vibrar.
—Cuidado con el pasado sexual. A tu nueva pareja no le hace falta saber qué cosas te gustaban de las que hacías con tus ex; le basta con saber qué es lo que te gusta, no cuándo, cómo y con quién averiguaste que te gustaba.
—No te quedes en el pasado. Una pareja nueva es también una oportunidad para descubrir juntos nuevas maneras de disfrutar, así que permítete explorar.

*　*　*

Llevo cinco años con mi pareja y disfruto mucho del sexo. No hacemos nada fuera de lo normal, pero lo pasamos bien. Te escribo porque desde que vimos una película en la que salía alguna escena erótica, fantaseo con la idea de que me ate, me vende los ojos y que él me haga lo que hacían en la película. Quería pedirte consejo: ¿cómo se lo planteo a mi pareja? ¿Y si piensa que me va el sado? ¿Y si realmente me va?

ALICIA, 29 años

299

No es nada malo, ni tampoco extraño que nos excite la idea de que nuestra pareja nos ate o vende los ojos. Los juegos de dominio y sumisión son de lo más frecuente en pareja. Que disfrutemos de ellos no significa que lleguemos a gozar con otras prácticas en esa línea. De todos modos, no pasaría nada si nos gustaran, siempre que nuestra pareja esté de acuerdo. No hay más límite que ése.

Os digo lo mismo que le dije a Alicia. Es bueno perder el miedo y plantearle a nuestra pareja reproducir esta o aquella escena. Estoy seguro de que las respuestas de muchas de vuestras parejas sexuales os sorprenderían gratamente.

Romper la rutina y hablar sobre lo que os apetece explorar juntos fomenta la complicidad sexual.

* * *

Estoy casada desde hace siete años y hasta la fecha las relaciones íntimas con mi pareja siempre han sido muy satisfactorias. El problema es que no sé por qué, últimamente le ha dado al señor por decirme guarradas mientras lo hacemos. Yo no le dije nada, pensando que se le pasaría, pero esto va a peor. Además, ya ha llegado al punto en que me desconcierta y no me lo paso bien.

SONIA, 35 años

Las personas cambiamos, y sexualmente también, lo que en un momento no nos gustaba, en otro nos empieza a interesar y una práctica que antes nos ponía deja de hacerlo.

Puede que la pareja de Sonia disfrute diciéndole obscenidades, insultándola o susurrándole al oído los pecados más inconfesables. A muchos hombres y mujeres les encanta decirlas y también escucharlas. Pero ¿sabéis una cosa? No sería raro que el señor en cuestión lo estuviese haciendo porque está convencido de que a Sonia le gusta que lo haga. Os sorprendería la de malentendidos sexuales que me he encontrado en la consulta. Recuerdo a un hombre al que no le gustaba hacerle sexo oral a su señora, pero lo hacía para complacerla. Cuando hablé con ella, me dijo que no disfrutaba mucho del sexo oral, pero que a su marido le encantaba practicárselo, así que se dejaba hacer.

Para evitar estos malentendidos, una vez más, y creo que llevamos ya unas cuantas, lo único que podemos hacer es hablar. Con delicadeza, con cuidado, pensando en la manera de decir las cosas, pero diciéndolas al final.

En el caso de Sonia, es urgente que lo hable con él. De no ser así, lo más probable es que siga tragando hasta que un día, harta, acabe explotando y diciéndoselo de la peor forma posible.

Un consejo para decir que alguien deje de hacer algo que no nos gusta en el sexo es utilizar la *técnica del sándwich*. Consiste en poner entre dos rebanadas de elogios la crítica. Sonia, por ejemplo, podría decirle en un momento de intimidad: «Cariño, me encanta cuando me besas en el cuello mientras lo hacemos. ¡Uf, me pone a mil! Lo que no me gusta tanto y a veces me desconcentra es lo de decirme guarradas. Eso sí, cuando me lames el pecho, ahí sí que soy completamente tuya».

* * *

Vivo con un chico desde hace dos años. Nos llevamos muy bien y él me atrae mucho, pero en el sexo no acabamos de encajar. Él siempre callaba, hasta que un día explotó y, en mitad de la relación, se levantó y se fue. Decía que estaba cansado de que le cortara el rollo, que mejor le escribía lo que me gustaba y él se lo estudiaba. El caso es que se queja porque yo, cuando lo hacemos, le voy indicando. Le digo que me toque aquí o allá, que deje de hacerlo de determinada manera o que se mueva más rápido, por ejemplo. No sé qué hacer, porque me doy cuenta de que le estoy creando inseguridades y cada vez lo hace peor. Estoy en un callejón sin salida. Si no le digo nada, no me entero de la película y si se lo digo, se molesta y le creo inseguridad. Yo creía que era bueno decirle a la pareja lo que te gustaba. ¿Qué hago?

ALEXANDRA, 29 años

Ni Alexandra ni ninguna otra mujer deben dudar de lo positivo que resulta hablar de sexo con la pareja y de las ventajas de contarle lo que les gusta o no en ese terreno. Pero hay que escoger el momento y la manera. Un par de puntos que tener en cuenta:

—*El momento para hablar de lo que te gusta en el sexo es antes o después del sexo.* Cuando os digo que el momento no es en pleno acto, me refiero a que es mejor que en la intimidad, en un buen clima, le cuentes a tu pareja lo que te gusta, cómo quieres que te acaricien, las prácticas con las que disfrutas y con las que no. Entendedme, no me refiero a que haya que forzar la conversación, pero sí dejar que surja en un momento propicio, quizá después de un encuentro, cuando se genere la atmósfera adecuada para hacerlo.

Eso sí, no se trata de hacer una valoración a lo Risto Mejide de las cosas que no te han gustado, sino más bien de aprovechar para comentar las mejores jugadas del partido. Se trata de premiar lo que sí te gusta, para que él se centre en esas prácticas y también sugerir nuevas ideas. Por ejemplo: «Me ha encantado cuando me has tirado del pelo mientras lo hacíamos. Si quieres, la próxima vez me puedes dar un cachetito en el culo, no muy fuerte, eso sí. Seguro que me gusta».

—*Durante una relación sexual, es mejor apagar lo racional y, para eso, conviene aprender a decir las cosas sin palabras.* No es que pase nada por darnos alguna indicación verbal en mitad del encuentro erótico («¿me pongo arriba?», «házmelo ya» son algunas de las frases que podemos usar). En realidad, si estás guiando a tu pareja durante las relaciones sexuales y os funciona, no hay ningún problema: seguid haciéndolo, ¿OK?

Pero por lo general, para orientar al otro durante las relaciones, se recomienda dejar que fluya la parte más pasional y para eso el lenguaje verbal puede ser un impedimento, así que una idea para *decir sin decir* es usar la comunicación no verbal. Podéis coger la mano de vuestro compañero sexual y llevarla adonde queréis que toque o quitarla cuando empieza a molestar o aburrir. Aumentar la respiración y gemir son buenos argumentos para que él siga por ahí, aunque no hay nada de malo en decir «sigue así». El tiempo y la complicidad con la pareja van creando un lenguaje propio para guiaros el uno al otro.

A Alexandra, por ejemplo, le diría que pactara con su pareja esta forma de guía. Incluso que antes de ponerla en práctica en una relación sexual, se plantearan una *focalización sensorial I y II* pero con *mando a distancia*,* es decir, guiando sin hablar las caricias del otro.

Antes de terminar, no confundáis el hecho de que os haya aconsejado la comunicación no verbal para guiar al otro, con lo que nos gusta decirnos en la cama para excitarnos. Esos juegos, si os ponen, son del todo recomendables.

* * *

El otro día mi marido, con el que llevo once años casada, y yo estuvimos hablando de sexo. Nos abrimos como nunca lo habíamos hecho, fue muy bonito. El caso es que entre confesión y confesión, él me contó que le gustaría probar la estimulación anal y que se lo hiciera algún día sin decírselo, así como quien no quiere la cosa. Hasta ahí bien. Lo que pasa es que yo me envalentoné y le confesé que había fantaseado con un monitor del gimnasio. Él no me dijo nada, pero creo que le sentó mal. Ahora ya no sé si es bueno o es malo que le cuente mis fantasías, porque se creó un clima muy bueno que nos acercó, pero a la vez pienso que se sintió mal.

SANDRA, 38 años

Cuidado con las fantasías, chicas. Es verdad que contarlas puede ser una excusa estupenda para crear esa complicidad sexual tan positiva, incluso es una manera de darle chispa a la relación, una forma de proponer cosas nuevas e incluso a él puede excitarle que se las cuentes. Pero ¡ojo!, las fantasías sexuales son íntimas, podemos fantasear con lo que queramos y como queramos, por lo que contarlas

---

* Podéis encontrar el ejercicio de *focalización sensorial* en el cuadro del capítulo 11 «Resolviendo los problemas de erección. Levantar el soldadito».

303

depende de cada uno y no todas son recomendables. Y no es tanto que haya algún tipo de fantasías que no debas contar, sino que dependiendo de cómo sea tu pareja se las puedes confesar o no. Al final se trata de que conozcas bien a quien tienes delante y midas las ventajas y los riesgos de abrir una parte tan íntima de tu sexualidad. Ante la duda, es mejor no contarla. ¡Y no! No le estás siendo infiel a tu pareja por fantasear con otras personas de vez en cuando.

19

Las fantasías sexuales de ellos

> Uno no aprecia un montón de cosas de la escuela hasta que crece.
>
> Pequeñas cosas como ser castigado todos los días por una mujer de mediana edad.
>
> Cosas por las que de mayor, uno acaba pagando un buen dinero.
>
> ELMO PHILIPS

Acabábamos el capítulo anterior hablando de fantasías sexuales. Sin duda, uno de los principales alimentos del deseo. Hay estudios que ponen de manifiesto que las personas que dedican más tiempo a fantasear son las que mantienen mejor y durante más tiempo su capacidad sexual.

Pero fantasear no es sólo imaginarnos en un trío, haciéndolo en un avión o compartiendo alcoba con personas prohibidas o famosas. Es también rememorar encuentros pasados, escenarios románticos, inocentes, ¡incluso imaginarnos con nuestra pareja en la situación que nos excita! Estas ensoñaciones tienen una función sexual muy poderosa, estimulan el deseo, encienden los motores en el «antes», e incluso son imprescindibles para algunas en el «durante». En la consulta, muchas mujeres reconocen recurrir a las fantasías o simplemente necesitar cerrar los ojos e imaginar lo que está pasando en ese mismo instante, para poder alcanzar el orgasmo. Al final, el objetivo de la fantasía es llenar la mente de erotismo para que las tareas de la casa, el trabajo o cualquier otra preocupación no tengan espacio para desconcentraros.

Para mí, las fantasías son el *pilates* para la mente erótica. Fantasear significa ejercitar el más importante de los músculos del sexo.

Pero para fantasear, antes debemos dejar de lado las culpas y las falsas creencias. Aquí están algunas de las ideas que habéis de tener en cuenta para permitiros explorar vuestro lado más travieso:

—*Tener una fantasía no significa querer llevarla a cabo*. Claro que muchas veces fantaseamos con juegos que nos encantaría reproducir, pero no siempre. En el terreno seguro que es la fantasía, podemos fantasear con conductas que jamás querríamos llevar a cabo; por ejemplo, una violación, sexo con desconocidos o con personas de nuestro mismo sexo.

—*Fantasear es en sí mismo estimulante*. Aunque no tengamos pareja o estemos pasando por una sequía sexual. El hecho de fantasear es divertido y gratificante. ¿Acaso cuando se acerca el 22 de diciembre no te lo pasas pipa imaginando en qué gastarías el dinero del premio gordo de Navidad? Pues esto es similar.

—*Fantasear no significa ser alguien hipersexualizado*. La mayoría de las personas fantaseamos, además lo hacemos desde la pubertad y, salvo que nos impongamos dejar de hacerlo por cuestiones religiosas o de valores personales, seguiremos haciéndolo de forma natural.

—*Fantasear no te lleva a obsesionarte*. Hay gente que teme obsesionarse si fantasea. La única señal de alarma es que empieces a sentirte mal con tus fantasías; en ese caso, algo está pasando, y, sí, sería bueno que hablaras con un profesional antes de empezar a desarrollar algún problema. Si no te sientes mal por lo que fantaseas, sea lo que sea, no hay ningún riesgo.

El de la fantasía es un espacio donde no cabe la culpa, sólo las ganas de explorar nuestro lado más travieso en un terreno seguro, privado, barato y extraordinariamente placentero; si no, probadlo, y ya me diréis.

Ahora que ya sabemos un poco más sobre las fantasías, ¿os imagináis cuáles son las más frecuentes en los hombres? Seguro que si hiciese una encuesta entre vosotras acertaríais con algunas de ellas, pero seguro que también os llevaríais alguna que otra sorpresa.

En general, y antes de pasar al *top eleven* de las fantasías masculinas, os diré que habitualmente el contenido sexual de éstas suele tener un tinte de sexo rápido, brusco y salvaje. Así que añadirle esto a cada una de las once fantasías que os citaré. También sabemos que, por lo general, cuando los hombres nos imaginamos escenas sexuales, se da una felación además de la penetración y por supuesto siempre quedamos como auténticos machotes y generadores inagotables de placer. ¡Faltaría más!

Un detalle importante. Los estudios que he tomado como referencia para hacer esta lista son aquellos que utilizan la pregunta: «Cuando utilizas la imaginación para excitarte, ¿qué tipo de escenas reproduces?». Son mucho más fiables que aquellos que preguntan: «¿Con qué fantaseas habitualmente?». Es importante el matiz.

Allá vamos con el listado de las fantasías más frecuentes que reconocen tener los españoles. Las he ordenado de mayor a menor, de las más comunes a las menos.

Las fantasías más frecuentes de los hombres en España

1. Mantener relaciones sexuales o rememorar encuentros con la pareja.
2. Mantener relaciones sexuales o rememorar encuentros con ex parejas o amantes del pasado.
3. Mantener un encuentro sexual con la pareja de un amigo.
4. Mantener una relación sexual con una amiga o compañera de trabajo.
5. Tener una relación sexual con mujeres atractivas del cine, la televisión, la moda, etc.
6. Hacer un trío con dos mujeres.
7. Tener relaciones sexuales con mujeres notablemente más jóvenes o más mayores.
8. Imaginar relaciones sexuales de dominación/sumisión.
9. Imaginar a tu pareja teniendo sexo con otra persona (mujer u hombre).
10. Mantener relaciones sexuales con personas de su mismo sexo.
11. Imaginar que alguien los está viendo mientras se masturban y se está excitando al hacerlo.

¿Os sorprende algo? Puede que sí o puede que no. Yo por si acaso os explico los resultados, aunque no son tan extraños en realidad.

Por un lado, las fantasías más recurrentes que utilizamos los hombres son aquellas más «verosímiles». Es decir, nos excitan más las escenas que o bien se han dado ya o bien pensamos que podrían llegar a darse. Es por eso que antes de utilizar a la *sex symbol* de turno, recurrimos a nuestra pareja, ex amantes, parejas de amigos, compañeras de trabajo o amigas íntimas. Aquí me toca reconoceros que vamos a lo fácil.

Lo siguiente es quizá lo más predecible: tirar de supermodelos, actrices, presentadoras y demás mujeres que explotan su lado más sexual. Está bien, también esto es fácil.

Sin embargo, el último bloque es el que podríamos denominar morboso. No es que las otras situaciones no lo sean, es que las que cito a continuación lo son porque atentan contra nuestra moral privada o al menos la ponen en tela de juicio. Es por eso que cuesta algo más reconocerlas. Los tríos, el sexo con chicas mucho más jóvenes o mayores, relaciones en las que forzamos o en las que nos dominan, ver a nuestra pareja con alguien, el exhibicionismo y por supuesto las relaciones homosexuales.

Qué complicado que un hombre heterosexual, por más que entienda que las fantasías son sólo eso y no una forma de mostrar un deseo reprimido, admita que ha fantaseado alguna vez con otro hombre y que la idea, en su fantasía, le ha excitado. Pero no es éste el lugar para hablar de homofobia, quizás en otro libro.

Epílogo

Me duele la mano de tanto escribir. ¡Uf! He intentado hacer buena letra para que todo el mundo me entienda. De todos modos, quizá, por más legible que haya conseguido hacer mi caligrafía, puede que entre tantas partes, páginas y capítulos se hayan quedado escondidas las ideas principales que quería transmitiros. Así que he pensado, para ir acabando, dejaros, a modo de conclusión, unos puntos para reflexionar y darle la puntilla final a los mitos y falsas creencias sobre la sexualidad masculina. ¿Qué os parece?

Los hombres...

— *No siempre tenemos ganas*, aunque lo neguemos, aunque no nos permitamos decir que no, aunque creamos que en realidad siempre estamos dispuestos. Y por supuesto, que no tengamos ganas no significa que os queramos menos, tengamos a otra o hayáis dejado de gustarnos.
— *No siempre estamos a punto*, aunque nos guste creerlo, aunque se espere de nosotros, aunque hayamos dado el do de pecho hasta el momento. Debéis saber que más del 95 % de la población sufrirá una dificultad sexual en algún momento de su vida y un 60 % de éstos acabarán desarrollando un problema. Y una vez más, el que tengamos un gatillazo, por ejemplo, ni signifi-

ca que ya no nos gustéis o hayáis dejado de atraernos sexualmente.

—*No siempre controlamos la eyaculación a voluntad.* Aunque este mito no es el más extendido, hay mujeres que creen que sí podemos controlarla y que el eyaculador precoz es en realidad un egoísta que no lo quiere hacer. Lo cierto es que los hombres podemos aprender a tener un control razonablemente voluntario del momento en el que llega el orgasmo y/o eyaculación. Pero os aseguro que no siempre es así y que cuando un hombre «se va» antes de tiempo, no lo hace a propósito.

—*No sólo buscamos satisfacer el instinto u obtener placer en el sexo.* Aunque es cierto que es un instinto y sentimos placer en la sexualidad, la mayoría de las veces buscamos el sexo dentro de la pareja estable, lo hacemos para sentirnos queridos o como forma de comprobar que a pesar de las discusiones y los problemas la relación no peligra.

—*No creemos que «en tiempos de guerra, cualquier agujero es trinchera»*, aunque hay gente para todo y alguno habrá que con tal de tener sexo le vale cualquiera. La realidad es que la mayoría de los hombres necesitamos sentir atracción y, en muchas ocasiones, ni siquiera nos conformamos con la física. Hay más hombres de los que pensáis que buscan algo más para poder embarcarse en una relación sexual.

—*No tenemos orgasmos cuando queremos.* Aunque la anorgasmia parezca exclusiva de las mujeres, los hombres también podemos sufrirla. Y no sólo la falta de orgasmo, también los problemas para eyacular.

—*No somos infieles por naturaleza.* Aunque la fama sea nuestra, hay hombres y mujeres infieles y en ambos casos podemos decidir si queremos o no engañar a la pareja. No os dejéis llevar por las excusas. Al igual que podemos decidir tomarnos o no ese pastel de chocolate que tanto nos apetece, podemos decidir ser infieles o no. Si uno considera que la tentación es más fuerte que él o ella, que no tenga pareja, que evite la ocasión o que asuma las consecuencias de su conducta.

Unas cuantas verdades para ellos y ellas...

—El miedo a fallar es el principal enemigo del sexo.
—Que tengas una buena comunicación con tu pareja no garantiza que también tengas una fluida comunicación sexual. Trabaja en ello.
—La educación sexual que hemos recibido determina la forma en la que hoy vivimos la sexualidad, las ventajas y las dificultades. Por suerte, siempre estamos a tiempo de corregir lo «mal aprendido».
—Conocer más y mejor tu sexualidad, la de tu pareja y la manera en la que ambos os relacionáis es una garantía para mejorar vuestra vivencia de la sexualidad.
—Un problema sexual es siempre un problema de pareja y un problema de pareja puede causar un problema sexual. En ambos casos, si os cuesta resolverlo por vosotros mismos, no dudéis en poneros en contacto con un profesional de confianza.

Después de todo, ha llegado el final. Lo primero que me sale es preguntaros si seguís pensando que ser hombre es fácil. Seguro que muchas sí lo creéis todavía, pero no importa, me conformo con que os haya resultado interesante el camino que he trazado para intentar demostrar lo contrario. Y es que os confieso que mi objetivo prioritario no era convenceros de lo duro que es ser hombre, sino ayudaros a descifrarnos y a entender nuestra manera de vivir la sexualidad.

Después de acompañarme en estas páginas, estoy convencido de que habréis entendido que las dificultades para ser hombre o mujer aparecen, sobre todo, cuando tratamos de gustar, conquistar y seducir al otro. Yo al menos así lo he entendido.

Quizá sea por eso que escribir este libro tampoco me ha resultado sencillo, porque también para mí era importante «el ponerlo guapo», encontrar el tono adecuado y contar lo justo para resultar interesante sin llegar a ser pesado.

Y es que lo difícil es escribir, hacer el amor, bailar, trabajar, relacionarte con otras personas pensando mientras lo haces: «¿Les gustará? ¿Estaré a la altura de sus expectativas? ¿Y si esperan más?». Confieso que he llegado a pensarlo en algún momento, hasta que decidí aplicarme lo mismo que les digo a mis pacientes: «Deja de ponerte la zancadilla a ti mismo, reconoce tus errores y corrige los que puedas. Pero después fíjate en tus virtudes, permítete ser tú mismo y confía en que tienes la capacidad de hacer disfrutar a los demás».

Espero haberlo conseguido.

P. D. Es verdad que éste es el final del libro, pero no tiene por qué ser el final de esta conversación. Si tenéis dudas, comentarios, críticas o sugerencias, podéis escribirme a bustamantesexologo@ gmail.com o en mi página de Facebook, «José Bustamante Sexólogo».

Hasta pronto.